Gustav Milchsack

Die Oster- und Passionspiele

Literarhistorische Untersuchungen über den Ursprung und die Entwicklung

derselben bis zum 17. Jahrhundert

Gustav Milchsack

Die Oster- und Passionspiele

Literarhistorische Untersuchungen über den Ursprung und die Entwicklung derselben bis zum 17. Jahrhundert

ISBN/EAN: 9783741166648

Hergestellt in Europa, USA, Kanada, Australien, Japan

Cover: Foto ©Thomas Meinert / pixelio.de

Manufactured and distributed by brebook publishing software (www.brebook.com)

Gustav Milchsack

Die Oster- und Passionspiele

DIE

OSTER- UND PASSIONSSPIELE.

LITERARHISTORISCHE UNTERSUCHUNGEN UEBER DEN URSPRUNG
UND DIE ENTWICKELUNG DERSELBEN BIS ZUM SIEBENZEHNTEN JAHRHUNDERT
VORNEHMLICH IN DEUTSCHLAND

NEBST

DEM ERSTMALIGEN DIPLOMATISCHEN ABDRUCK

DES

KUENZELSAUER FRONLEICHNAMSSPIELES

VON

GUSTAV MILCHSACK.

I. DIE LATEINISCHEN OSTERFEIERN.

WOLFENBUETTEL.
JULIUS ZWISSLER
1880.

HERRN PROFESSOR

FRIEDRICH ZARNCKE

ZU LEIPZIG

AUS DANKBARKEIT UND INNIGER VEREHRUNG.

WOLFENBÜTTEL, DEN 9. DECEMBER 1879.

H. H.

INHALTSÜBERSICHT.

BERICHTIGUNGEN UND ZUSÄTZE.

I.

DIE LATEINISCHEN OSTERFEIERN.

Seit B. J. Docen i. J. 1800 als der erste zwei mittelalterliche schauspiele der öffentlichkeit übergeben[1], sind die bekanntmachungen auf diesem gebiete unserer literatur zu einem strome gewachsen. Neben Heinr. Hoffmann von Fallersleben, der den wert der fünf von ihm herausgegebenen dramen[2], durch hinzufügung einer reihe alter zeugnisse wesentlich erhöhte, hat sich F. J. Mone in diesem bezuge hervorragende verdienste erworben; seine Altteutschen schauspiele[3] und die Schauspiele des mittelalters[4] sind bis auf diese stunde eine hauptquelle für die kenntnis eines teils unserer ältesten dramatischen poesie geblieben.

Nachdem einmal die bahn gebrochen, das interesse geweckt war, geschahen weitere veröffentlichungen in rascher folge und mit ihnen machte sich das bedürfnis geltend, den wiedergewonnenen denkmälern durch wissenschaftliche behandlung in der geschichte unserer literatur ihren platz anzuweisen. Es fehlt daher nicht an versuchen, die entstehung und den verlauf der allmähligen entwickelung unseres altdeutschen schauspiels aufzuhalten, wozu von Mone selbst ein in mancher hinsicht sicherer boden schon geschaffen war. Nirgends aber ist diese nunmehr erste und notwendigste aufgabe auch nur für einen abgesonderten zweig desselben in befriedigender weise gelöst worden. Es bedarf nur eines hinweises auf unsere literaturgeschichten, in denen man eine klare darstellung gerade der älteren periode unserer dramatischen dichtung vergeblich suchen wird, um dieses zu bestätigen, und jedes ernsthafte unternehmen in das dunkel dieser epoche tiefer einzudringen hat darum in der sache selbst vollkommene begründung.

I. DIE BISHERIGEN ANSICHTEN UEBER DEN URSPRUNG UND DIE ENTWICKELUNG DER OSTER- UND PASSIONSSPIELE.

Bevor ich daran gehe, meine eigene untersuchung darzulegen, wird dem leser eine orientierung über den gegenwärtigen stand der frage willkommen sein. Ich führe daher in der kürze die ansichten derjenigen forscher vor, welche zuerst und auf grund eigener studien über den ursprung und die antriebe zur weiterbildung des altdeutschen oster- und passionsdramas sich geäussert haben, und übergehe hier eine grosse

1. Den ludus paschalis de passione domini in Aretins Beiträgen zur geschichte und literatur 7 (1806), s. 477—550) und eine Marienklage im Neuen Bayer. Anzeiger, 1809. Sp. 82—84.
2. Fundgruben für gesch. deutscher spr. u. lit. 2, s. 239—296, darunter den schon von Docen abgedruckten ludus paschalis unter dem titel Christi leiden und die Marienklage.
3. Als Nister bd. der bibliothek d. ges. deutschen nationalliteratur von der ältesten bis auf die neuere zeit. Quedlinburg u. Leipzig (Gottfr. Basse). 1841.
4. Zwei bände. Karlsruhe (C. Macklot) 1846.

anzahl von kleineren abhandlungen und besonderen schriften, welche die ansichten jener übernommen haben, ohne sie aus eigener beobachtung wesentlich zu modifizieren. Den besonderen verdiensten dieser werde ich, wenn sich nicht im laufe meiner arbeit gelegenheit dazu bietet, im schlusskapitel gerecht zu werden suchen, welches die resultate der bisherigen forschungen übersichtlich zur darstellung zu bringen bestimmt ist.

Schon der inhalt, namentlich des benediktbeuerner Ludus paschalis aber auch der anderen spiele, welche Hoffmann aufgefunden hatte, machte den geistlichen karakter derselben unzweifelhaft, und die darin erhaltenen reste der römischen liturgie wiesen ihren ursprung direkt in die kirche und deren gottesdienstliche gebräuche. Kaum im 12. jahrhundert, meint Hoffmann[1], habe man zuerst versucht, die wichtigsten lehren des kristlichen glaubens in dramatischer form mit selbst- und wechselgesprächen, die die ganze römische liturgie und das täglich gehalte amt der heiligen messe selbst dargeboten habe, öffentlich darzustellen. Die wunderbaren begebenheiten aus dem leben und leiden Kristi, seine geburt, seine kreuzigung und auferstehung seien die ersten gegenstände der aufführung gewesen, die aber schon frühe veranlassung gegeben, solche aus dem alten testamente und der legende auf gleiche weise zu behandeln. Dass zunächst die kirche selbst der schauplatz, geistliche die darsteller waren und die gesprochenen und gesungenen worte sich ganz an die bibel und die kristliche überlieferung hielten, so jedoch, dass deutsche verse mit den lateinischen wechselten, ist nahe zu vermuten und schien in dem benediktbeuerner Ludus paschalis, dem bis dahin ältesten bekannten stücke, bestätigung zu finden. — Dann aber haben sich laien unter die darsteller gemischt, welche in neuen szenen fremdartiges beitragen, und da zu gleicher zeit auch fahrende leute angefangen dergleichen spiele aufzuführen, so sei eine allmälige ausartung der anfangs zu religiöser erbauung und andacht bestimmten dramen in weltliche kurzweil die natürliche folge gewesen, wogegen auch die ermahnungen und verbote der päbste und bischöfe nichts auszurichten vermocht hätten. Bald sei dann das geistliche spiel, obschon es sich noch hie und da als alte sitte in kirchen und klöstern erhalten, vor den fastnachtspielen und possen eines Folz, Rosenblüt u. a. verschwunden.

Dieser deduktion, welche den weg, den die entwickelung des mittelalterlichen dramas genommen, in den ersten allgemeineren zügen aufzuhellen ganz geeignet war, stellte Jacob Grimm sogleich eine ganz entgegengesetzte zur seite. Schon in der ersten ausgabe der Deutschen mythologie[2] hatte er sich für den zusammenhang der altgermanischen mit weckselnden verbundenen aufzüge mit dem späteren deutschen schauspiele ausgesprochen und wiederholte diese ansicht mit nur geringen stilistischen änderungen in der dritten[3]. „Ich hoffe alter und bedeutsamkeit der vorstellungen von sommer und winter gewiesen zu haben und möchte nur noch eins näher ausführen. Das einkleiden der beiden vorkämpfer in laub und blumen, in stroh und moos, ihre wahrscheinlich geführten wechselreden, der zuschauende begleitende kor zeigen uns die ersten rohen behelfe dramatischer kunst, und von solchen aufzügen musste die geschichte des deutschen schauspiels beginnen". Die rezension[4] des zweiten bandes von Hoffmanns Fundgruben gab ihm gelegenheit, seine meinung näher auszuführen. Er glaubt, dass umgekehrt „die uralte, heidnische oder weltliche, lust des volks am schauspiele auch in die kirche drang und die sogenannten mysterien, oster und weihnachtsspiele hervor brachte, deren heitere und scherzhafte folie gerade das echt dramatische interesse begründet". Dies sei aber schon lange vor dem 12. jahrhundert geschehen, volks- und kinderspiele, die sich ins höchste

1. Fundgruben 2, 1 ff.
2. Göttingen 1835. S. 448.
3. Göttingen 1854. S. 714.
4. Göttinger gelehrte anzeigen, 1854 (bd. stück), 1, 441—448.

altertum verloren, heidnische opferversammlungen und feißenze, scenen aus dem gebiete der tierfabel, ein-führungen und vorkündigungen des sommers, mairitte, schwerttänze, vermummungen, welche sich um frau Holda, Berchta und knecht Ruprecht drehen, schienen die ältesten und eigentlichen anknüpfungen des schauspiels in deutschland. „Die kirche suchte, wie in andern fällen, zur zähmung und sättigung des volks einen teil jener gebräuche mit erbaulichen christlichen vorstellungen zu vermählen, und so entsprang eine reihe von mysterien und dramen, die um so anlebendiger werden, je mehr sie das weltliche element ein-mengen und auszuschließen trachten'. Die heilige geschichte habe eine menge handlungen von großer dramatischer wirkung dargeboten, welche durch die entgegenstellung geistlicher und weltlicher, d. h. tra-gischer und komischer elemente die ergreifendsten und die fantasie des volkes lebendig anregende züge ergeben. So verbinde sich im schwäbischen sternspiel von den heiligen drei königen vergangenheit und gegenwart, heilige geschichte und schwäbische lokalität auf das ergötzlichste, wie auch im osterspiele die kaufmannsscene auf eine komische wirkung berechnet sei. —

Damit waren der geschichte unseres schauspiels zwei probleme in die wiege gelegt worden, von denen das erstere durch die einfachheit seiner voraussetzungen lockte, die man aus den überkommenen stücken und aus dem wesen des christlichen kultus unter herbeiziehung zeitlich und örtlich verschiedener kirch-licher gebräuche leicht zu begründen hoffen durfte, während das andere, gestützt durch die autorität seines urhebers und die begreifliche anziehungskraft, welche das germanische volksleben und sein kampf mit dem christentum zumal für die gemüter vor vierzig jahren hatte, zu einer lösung in dieser richtung gar wohl reizen konnte. Gustav Freytag entschied sich für das letztere. Er versuchte, indem er Grimms ansicht weiter entwickelte, die entstehungsfasen der dramas bestimmter gegeneinander abzugrenzen und, da sich Hoffmanns argumente doch nicht ganz ignorieren ließen, beide mit einander zu versöhnen.'

Er geht davon aus, dass das volk, noch bevor es geistliche dramatische aufführungen gegeben, seine eigenen uralten belustigungen und spiele gehabt habe, die vorzüglich an den höchsten kirchlichen festtagen zur unterhaltung des volkes dienten. Diese seien eben mit den alten heidnischen festen durch die kluge politik des klerus zusammengetroffen, der denn auch bald sowohl durch die erhabenheit, als das äußerliche glänzende und pomphafte gepränge des gottesdienstes die achtsamkeit und den sinnenreiz der herbeigekom-menen menge mehr als die fahrenden durch ihre späße zu fesseln verstanden habe. Auf diese weise seien die alten volksgewohnheiten in die kirchen selbst hinübergeleitet und nun in diesen jener mummenschanz und die tänze ausgeübt worden. Hier aber haben die geistlichen durch eine möglichst feierliche und die gemüter ergreifende vorführung des leidens und der auferstehung Jesu in symbolischen handlungen den sieg davongetragen. Man habe im anfange der osterwoche das bildniss des gekreuzigten aufgestellt, am karfreitag und samstage, nach recitation der passion aus der liturgie, dasselbe in einem eigens dazu auf-geschlagenen grabe bestattet, um es am sonntage in der ersten frühe feierlich wieder zu erheben und das fest des auferstandenen freudig und dankerfüllten herzens zu begehen. Diese feier habe zwar mit scenischer darstellung außer jenen liturgischen wechselgesängen und symbolischen handlungen noch nichts gemeinsam gehabt, aber man habe nur diese dramatischen elemente, welche der kultus von selbst darbot und die gerade wegen ihrer ähnlichkeit mit den alten heidnischen gewohnheiten auf das volk einen besonderen ein-druck machten, dahin vervollkommnet, dass man die von der Maria, dem Johannes und Kristus gesprochenen partien ausschied und einzelnen personen übertrug. So sei, nachdem zu gesang und handlung ent-sprechende kleidung und gebärde hinzugetan worden, der anfang der mysterien ins leben getreten. Wann dies geschehen, sei ungewiss und wohl hier früher dort später; jedoch glaubt Freytag für das ende des 11.,

---

1. De rebus eroticos paulo apud Germanos. Berol. 1838. 4° pag. 24 f.

oder den anfang des 12. jahrhunderts solche aufführungen schon annehmen zu dürfen. — Diese spiele, sagt Freytag weiter, seien anfangs lateinisch gewesen und der text bisweilen wörtlich aus der heiligen schrift genommen worden; die kirche sei der schauplatz, die geistlichen die agierenden gewesen, während das volk zugeschaut habe. Nicht lange jedoch und man habe in die der bibel entnommenen wechselreden und die gesänge der liturgie deutsche strophen eingestreut, um dem volke verständlicher zu werden. Nachdem aber einmal die deutsche sprache eingang gefunden, habe sie die lateinische mehr und mehr verdrängt, laien und besonders die fahrenden haben sich mancher rollen bemächtigt, aber die kirche und die kirchhöfe seien noch der ort der darstellungen geblieben. Als man dann aber auch allerlei weltliche und komische teufelsmummen eingelegt, seien die zuerst rein geistlichen spiele dem klerus langsam entrissen worden und im 15. und 16. jahrhundert ganz in die hände des bürgertums übergegangen und verweltlicht.

Die stücke welche F. J. Mone in den Altdeutschen schauspielen herausgab, brachten doch, weil sie schon der blüte des dramas angehören, keine wesentlichen neben aufschlüsse über die ursprünglichste form desselben, womit indessen ihr wert, den sie in gemeinschaft mit den übrigen denkmälern für die geschichte der dramatik haben, keineswegs bestritten werden soll. Das zweite, die „Auferstehung Kristi", ist dem durch Hoffmann bereits bekannten wiener osterspiel in der szenischen anordnung und ausführung vollkommen ähnlich, zeichnet sich jedoch durch die erhaltung eingestreuter lateinischer hymnen und bibelstellen aus, von denen sich in diesem, da es weit jünger ist, nur noch die deutschen übersetzungen finden. Daher konnte auch die einleitung Mone's[1] für die geschichte unseres schauspiels nichts eigentlich neues geben. Er wiederholt, dass die anfänge des dramas lateinisch waren und die deutschen stücke manchmal noch reste der lateinischen texte enthielten (was aus dem benediktbeuerner ludus und der trierer marienklage schon bekannt war). Man sehe es den passions- und osterspielen an, dass sie nach einem gemeinsamen originale gemacht seien. Diese lateinische urform und der religiöse inhalt beweise, dass die geistlichkeit die urheberin und die bestimmung des schauspiels eine gottesdienstliche gewesen. Auch er führt die entstehung auf die kirchliche liturgie zurück. „Die vorlesung der leidensgeschichte am palmsonntage und karfreitag nach den evangelien des Matthäus und Johannes geschah auf eine art, die ungezwungen zum dramatischen gesang führte, indem der vorleser den text der evangelien in einem monotonen recitativ vortrug, die worte Kristi darin aber, nach art des evangeliums, gesungen wurden (Gerbert, De cantu et musica sacra. I, 533). Es durften zu diesem vortrage nur zwei stimmen verwendet werden, so war der dramatische wechselgesang vorhanden"[2]. Der grundkarakter unseres alten schauspiels sei demnach musikalisch. Dieser gesang sei aber noch nicht dramatisch (d. h. vielmehr drama, handlung), wozu eine mit demselben verbundene persönliche darstellung nöthig gewesen wäre. Dies sei aber über die kirchliche liturgie hinausgegangen, habe in willkühr ausarten und verboten werden müssen (Gerbert, a. a. o. und Hofmann, Fundgruben 2, 239). Die laien und die deutsche sprache haben dadurch eingang erhalten, dass die personen nicht ausscheinender auftraten, sondern alle zugleich aufstellung nahmen, und dass bei ihrer grossen zahl, welche die stücke erforderte, das geistliche kontingent nicht immer ausreichte. Dadurch seien deutsche bearbeitungen notwendig geworden, die, wenn sie von laien ausgeführt wurden, von den kirchenlehren abgewichen und endlich durch aufnahme weltlicher zwischenspiele, obschon wider den willen der verfasser und der zuhörer, zu einer verhöhnung des heiligen herabgesunken seien. Die oster-

1. Altdeutsche schausp. s. 33.
2. Altdeutsche schausp. s. 34

spiele betrachtet Mone als eine fortsetzung[1] der passionsspiele und wo sie gesondert auftreten, weil sie des tragischen schlusses entbehren, nur als eine episode derselben.[2]

In der reihe der forscher würde hier F. K. Grieshaber zu nennen sein, wenn dieser, wie Ant. Schönbach angibt[3], schon vor ihm, die sequenz Victimae paschali, als grundlage der lateinischen osterfeiern in Deutschland angeführt hätte. Grieshaber[4] ist indessen weit entfernt der von ihm besprochenen sequenz eine derartige bedeutung beizulegen und ist gegen diese insinuation schon durch Wilken[5] geschützt worden. Nachdem er auf s. 1—9 seines schriftchens über die sequenzen und prosen im allgemeinen gehandelt, bespricht er s. 10—12 die rollenverteilung, die der dichter des Victimae paschali beim absingen der sequenz in der kirche beabsichtigt habe, und weiterhin, dass sie so auch am schlusse der hl. Galler Kindheit Jesu[6] zur anwendung gekommen sei (s. 13. 14). Was Grieshaber im folgenden (s. 16—24) über die entstehung der mysterien und schauspiele sagt, ist der hauptsache nach der eben besprochenen einleitung zu Mones Altteutschen schauspielen entnommen.

Mit dem erscheinen von Mones Schauspielen des mittelalters beginnt eine neue epoche für unsere kenntniss des mittelalterlichen dramas. Durch sie wurden die bisher veröffentlichten denkmäler mehr als verdreifacht. Sie förderten mit einem mal eine ganze reihe umfangreicher stücke der verschiedensten art aus dem 14. und 15. jahrhundert ans tageslicht, aber auch mehrere jener ältesten kirchlichen mysterien, theils in den einfachsten ursprünglichen formen, theils schon mit mannigfachen erweiterungen, aber noch ganz ohne beimischung deutscher strophen und übertragungen der bisher wohl vermutheten, hier aber zum ersten mals erscheinenden ausschliesslich lateinischen texte. Auf der grundlage so wertvollen materiales konnte Mone in bestimmterer weise den ursprünglichen keim und das allmälige wachsthum des schauspiels in seinen einzelnen entwickelungsstufen bezeichnen. Er tat dies in einzelnen äusserungen, welche durch die vorbemerkungen beinahe sämmtlicher stücke zerstreut sind, und es ist zunächst nur meine aufgabe, diese zu sammeln und in gehöriger ordnung zu verzeichnen. — Das drama des mittelalters nahm seinen anfang im 12. jahrhundert[7], ist anfänglich lateinisch und geistlich, bestimmt zur erbauung des volkes, und wurde in der kirche selbst zur aufführung gebracht[8]. Es entlehnte seinen stoff aus der bibelgeschichte und der legende, mit dem der dichter nicht willkürlich schalten konnte, und ist somit geschichtlich. Daher war es an bestimmte festtage gebunden, deren kirchliche texte sich ganz oder teilweise wiederfinden[9], und seine wechselgesänge beruhen auf den responsorien des gottesdienstes, das sind wechselgesänge zwischen dem priester und volke, solo und kor[10]. Man fügte diesen „wechselgesängen" die nothdürftigste handlung bei, welche im gehen, kommen und räuchern bestand, und erlaubte sich weiter eine erweiterung des textes, noch eine andere handlung, als die übergabe der grabtücher an die apostel Petrus und Johannes[11], so entstand die dramatische osterfeier[12]. — Diese einfache abfassung wurde seit dem 12. jahrhundert durch

1. Altteutsche Schauspiele s. 17.
2. A. a. o. s. 16
3. In seiner recension v. F. Wilken, gesch. d. geistl. spiele i. Deutschland, Zarncke, Zeitschrift für deutsche philol. IV, 3[?].
4. Ueb. d. untergegangen Victimae paschali und deren beziehung zu den religiösen schauspielen des mittelalters. Carlsruhe 1844, 4[?] (Als beilage zum programm des rastatter lyceums.)
5. Feb. d. kritische behandlung der geistl. spiele. Halle 1873 n[?] s. 21.
6. Mone, Schausp. des mittelalters 1, 1[?].
7. Schausp. d. mittelalt 1, 1
8. A. a. o. s. 2.
9. A. a. o. s. 3 f.
10. A. a. o. s. 4.
11. S. a. o. s. 7.

und nur durch den verkehr der hansestädte vermittelt werden sein könne, weil aus dem Elsass und vom Mittelrhein keine dramen bekannt seien, daher hier in der reihe der anfangspunkt fehle, indem auch die niederdeutschen stücke auf die mitteldeutschen zurückzuführen wären. Dieser einfluss beruht jedoch nicht auf dem unmittelbaren anschluss und wörtlicher übertragung französischer vorbilder [1].

Diese von Hoffmann und Jakob Grimm begründeten und von Mone und Freytag vollständiger ausgebildeten teorien sind in den zahlreichen darstellungen der folgenden zeit, welche den ursprung und die entwickelung des mittelalterlichen schauspiels behandeln, in allen wesentlichen zügen unverändert aufrecht erhalten worden. So von Rob. Prutz [2], der die allmäligen übergange noch auf seine besondere weise ausmalt, von Karl Alt [3], an den sich Ed. Devrient [4] näher angeschlossen, bei Wilh. Wackernagel [5], Ad. Fr. von Schack [6], K. Weinhold [7], K. Hasse [8], H. Holland [9], Schlotterer [10], Drosihn [11], Heinr. Reidt [12], Anton Peter [13], Tittmann [14], Emil Knorr [15], K. Bartsch bei Gervinus [16] und Koberstein [17], F. Schönfeld [18] u. a., indem gewöhnlich die von Freytag zuerst angestrebte versöhnung der gegensätze in den ansichten von Grimm und Hoffmann, deren viele sich nicht einmal recht bewusst geworden zu sein scheinen, angenommen wird. Ebenso von den holländern J. H. Gallée [19] und Moltzer [20], den franzosen, z. b. Victor Luzarche [21] und E. du Méril [22], der ebenfalls in seinem durch eine fülle des wertvollsten materials ausgezeichneten, aber leider aus so selten gewordenen buche der älteren geschichte des dramas eine neue seite nicht abzugewinnen vermocht hat.

Fehlte es somit nicht an schriften, die das interesse an diesem wiedereroberten gebiete unserer altdeutschen literatur nicht allein in den kreisen der wissenschaft, sondern auch, unterstützt durch die mit gesteigerter lebhaftigkeit gepflegten und besuchten aufführungen der passionsspiele in Oberammergau, im grösseren

1. Schausp. d. mittelalt. 2, 165 ff.
2. Vorlesungen über die gesch. des deutschen theaters. Berlin 1847.
3. Theater und kirche in ihrem gegens. verhältnisse. Berlin 1846. S. 342 ff. Vgl. s. 328 ff.
4. Geschichte der deutsch. schauspielkunst. Leipzig 1848—61. 1, s. 31 ff.
5. Gesch. d. deutsch. literatur. Basel 1849. §§ 83—88 und Gesch. d. deutsch. dramas bis zum anfange des 17. jahrh. (1645), in den kl. schriften II, s. 48 ff.
6. Gesch. d. dramat. lit. und kunst in Spanien. Berlin 1845, 3 bde. und Nachtrag, Frankfurt a. M. 1854.
7. Weihnachtspiele und lieder aus Süddeutschl. u. Schlesien. Wien 1853 und 1875 (Vorbemerk.).
8. Das geistliche schauspiel. Leipzig 1858.
9. Die entwickelung des deutsch. theaters im M. A. u. d. ammergauer passionspiel. München (Carl Merhoff) 1861.
10. Das deutsche singspiel (auch u. d. t. Zur Gesch. dramatischer musik und poesie in Deutschland. 1. bd.) Augsburg 1863.
11. Ueber d. mittelalter osterspiel. Progr. d. forstl. hedwigschen gymn. zu Neustettin 1866.
12. Das geistl. schausp. des mittelalt. in Deutschl. Frankfurt a. M. 1868.
13. Zschokauer passionspiel. Programm des Turgauer ober-gymnas. 1868.
14. Schausp. aus dem 16. jahrh. Leipzig 1868, Einl. (Deutsch. dichter d. 16. jh. hsg. v. Goedeke u. Tittmann. 1. bd.)
15. Entstehung und entwickelung der geistl. schauspiele in Deutschland u. d. passionspiel im Ober-Ammergau. Leipzig und Ilmen. 1872.
16. Geschichte der deutschen dichtung. Leipzig 1871. 1³, 150 ff.
17. Grundriss der deutsch. nationalliteratur. Leipzig 1872. 1³, 160 ff.
18. Ueb. d. kulturgesch. bedeutung d. kl. rel.-ethisch. dichtungen in der deutsch. lit. Wissenschaftl. beilage zum progr. d. grossherzogl. realschule zu Darmstadt 1872. S. 16 ff.
19. Bijdrage tot de geschiedenis der drama. vertoon. in de Nederlanden gedurende de middeleeuwen. Haarlem 1873.
20. De middelnederl. dramat. poezie. Te Groningen (Wolters) 1875. Inleid.
21. Office de pâques ou de la résurrection. Tours 1856. Introduction.
22. Origines latines du théâtre moderne. Paris (Franck) 1849. Introd. pag. 43 s.

entwickelt sei neben dass züricher officium (H), in dem nach der rückkehr der frauen die apostel Petrus und Johannes unter dem gesangrufdes herrn Currehent duo simul (Joh. 20, 4) zum grabe eilen und mit dem von dem engel empfangenen schweisstüchern wiederkommen und singen Cernitis, o socii. Hier sei also auch das Johannesevangelium für die dramatische aufführung verwertet. — Diese aus Markus 16, 1—7 und Joh. 20, 1—10 kombinierte osternachtfeier sei mit geringfügigen variationen im 12. und 13. jahrhundert wohl über die grenzen Deutschlands hinaus verbreitet und weitere fortbildungen leicht zugänglich gewesen, die zwar dem texte der Vulgata fremd, aber als ,versus licet non authentici' von den kirchlichen oberen gerne geduldet worden seien. Solcher stücke gäbe es in Deutschland fünf, in süddeutschen handschriften erhalten.

Zwei in Einsiedeln. Das erste (AG) sei aus zwei teilen zusammengesetzt, von denen der zweite in resurrectione beititute aus zwei fassungen bestehe. In der ersten sei die frage der frauen Quis revolvet etc. ausgefallen; das die zweite fassung beschliessende zwiegespräch der frauen Dicant nunc Judaei und der bericht an die jünger Ad monumentum venimus etc. nebst dem Te deum lasse sich an die erste nach dem Noe est hic dem angelus unmittelbar anschliessen. Diese osterfeier sei somit eine hauptsächlich nach versus ausgeführte bearbeitung von D. — Eine andere, aus Klosterneuburg (N) bekannte, bilde dagegen ein seitenstück zu H, als dessen karakteristische eigentümlichkeit der auf Joh. 20, 4 beruhende wettlauf der jünger bezeichnet werden sei.

Das reichenauer ferner sei in dem wichtigeren anfangsteile variiert[1] und bestehe hauptsächlich aus dem zweiten teile der sequenz Victimae paschali. Beide teile dieser sequenz seien in den alten osterfeiern niemals zusammenhängend verwandt worden und diesen zweite von Dic nobis Maria an, sei als ein dem karakter einer sequenz fernliegendes und ursprünglich selbständiges responsorium anzusehen. Es schliesse sich dasselbe scheinbar an D, weil die jünger nicht selbst zum grabe eilen, sondern die M. Magdalena über das von ihr gesehene befragen; aber die antwort der letzteren Angelicos testes, sudarium et vestes bezeuge die indirecte benutzung von Joh. 20, 3—7 oder von H. — Dieses responsorium erscheine darauf in dem lichtenthaler mysterium (Z) in mehrfach variierter anwendung, während die einleitende kargenung in seinem gedankengange der eigentlichen sequenz ,Victimae paschali' sich nähere. Die erweiterung enthalte eine art erbaulicher belehrung über Kristi leiden und tot, wodurch zuerst karfreitagsmomente in die osterfeier aufgenommen würden.

Die beiden letzten stücke, das zweite einsiedelaer (R) und ein engelberger (Q) stimmen in allem wesentlichen überein. Den kern bilde das auf Mark. 16, 3—7 beruhende D. Dieser kern sei zunächst durch zwei hymnen Heu nobis internas mentes und Cum venissem ungere mortuum erweitert. Sodann aber auch durch das auftreten Jesu, der der M. Magdalena erscheine, welche scene bei R in etwas künstlicher weise eingeführt sei. Sie sei hervorgegangen aus Joh. 20, 13 ff., schliesse sich zuerst an v. 15. 16 und werde dann durch einen auf v. 17 beruhenden hymnus und das trishagion weitergeführt, um in Q mit dem Victimae paschali, in R minder glücklich mit dem responsorium die feier zu endigen.

Im 2. j. s. 72 ff. werden die Ludi de eocte paschas und Marienklagen behandelt. Die ludi unterscheiden sich von dem streng kirchlichen officium durch das zuerst meist interpretationsartige eindringen der deutschen sprache. Zeit und ort der aufführung und die komposition des textes blieben unverschoben. Die weitere entwickelung zeige sich im trierer ludus[2] vornehmlich in den mehrfach aus-

---

1. Wenn an dieser stelle zweideutigen ausdruck glaube ich im sinne Wilkens zu obsichtlich gehört nehmen zu müssen, nicht zu unvollständig überliefert.

2. Fundgruben. 2, s. 273—370.

gepoammen überlieferungen des hymnus Hos nobis internas mentes[1], in dem cristlichen Saal cannos ungun-
tum emnru[2], das schon gesseer auf den gang zum salbenkrämer deute, und der einfügung eines neuen
hymnus Jesu nostra redemptio[3]; im wolfenbütteler osterspiel[4], das sich sonst enge an das vorige anschliesse, in der aufnahme eines neuen hymnus Omnipotens pater altissime[5], der krämerscene[6] und der
doppelscene zwischen M. Magdalena und Thomas und dem letzteren und Jesus[7]. Das alles beruhe auf einem
weiterspinnen des fadens, wie es mit ungeschickter verwertung alter ritualstücke ein jüngerer redaktor wol-
gemut sich erlauben durfte.

Darauf wendet sich Wilken im 3. §, s. 81 ff. zu den synoptischen osterspielen. Die bezeichnung
,synoptisch' ist von ihm für die umfangreicheren stücke eingeführt worden, welche im zusammenschluss die
hauptmomente von Kristi lehr- und leidenszeit zur darstellung bringen[8]. — In dem benediktbeurener
osterspiele[9] wird nur dem zweiten teile (v. 106—300[10] = interrogatio coram pilato, flagellatio, illusio,
ecce homo, crucifixio, planctus Mariae, Longinus et sepultura) höheres alter und ursprünglichkeit zuerkannt,
obschon auch hier die eigentliche osterfeier fehle, die grablegung nur fragmentarisch erhalten sei und weder
in der scene unter dem kreuze noch der des Longinus diskrete anordnung herrsche. Die grössere erste
hälfte des stückes (v. 2—194 = vocatio apostolor., sanatio caeci, Zachaeus, convivium Simonis, conversio
M. Magdalenae, suscitatio Lazari, Judas pactio, oratio in horto, captio, Petri negatio, consilium Judaeorum,
interrogatio coram Pilato erste hälfte) halt er für interpolation, weil man zufolge der spielordnung und dem
ingressus Pilatus an der spitze des stückes einen anderen fortgang der handlung erwarten müsse, als er
in den nächsten blättern der handlung vorliege. Der angelpunkt derselben sei die anrede der M. Magdalena
an den mercator und dessen antwort (v. 89—88), welche, unmittelbar aus dem osterspiele hertibergenommen,
vielleicht dessen wegfall am ende zur folge gehabt hätten. Diese, zur bekehrung der Magdalena gehörende
scene, habe jene andere nach sich gezogen, welche das weltliche leben der Maria schildere und gleichfalls
durch eine kaufmannsscene eröffnet werde. Die die pactio Judas bis Petri negatio[11] umfassende partie
dieser interpolation hätten, meint Wilken, fast den schein' für sich einer älteren vorlage angehört
zu haben.

Das osterspiel aus dem kloster Muri[12], merkwürdig wegen seiner böhmischen sprache, habe als ganzes
nur einen geringen wert.

Auch bei dem osterspiel aus St. Gallen[13] wird die allmälige erweiterung durch kronologische ver-
stösse bezeichnet. So die hochzeit zu Kana, weil sie vor die taufe Jesu gesetzt sei. Die Magdalenenscene

---

1. Fundgruben. 2, 873, 16—874, 3.
2. Fundgruben. 3, 874, 4—8.
8 Fundgruben. 3, 876, 22 spielanweisung und v. 23—26.
4. Otto Schönemann, der Sündenfall und marienklage. Hannover 1855. S. 149—168.
5 S. 161, a. 5.
6. S. 162, g—rure 69.
7. V. 337—397.
8. Gesch. d. geistl. spiele S. 81, anm. 5
9. Fundgruben. 2, s. 245—256 und Andr. Schmeller, Carmina burana (Bibliothek des litterar. Vereins in Stuttgart.
   Nr. XVI.) 1847. S. 95—107.
10. Diese citate nach eigener textfürsorge den Hoffmannschen abdrucke in den fundgruben.
11. V. 157—179.
12. Herausgegeben von Bartsch, Germania 6, 884—897.
18. Schauspiele d. mittelalt. 1, 78—169.

habe hier, aus der ‚vermehrartigen‘ gestalt, in der sie nach im benediktbeurer spiele erscheine, herausgetreten, eine femere, in der folgezeit nur wenig sich verbreitende gestalt empfangen. Als ältester kern des ganzen vorspiels (v. 1—547) dürfe ‚sicher wohl die Magdalenenrolle in ihrer festen verknüpfung mit der älteren Magdalena des osternachtspiele betrachtet werden‘. Die scene vor der interrogatio coram Pilato (v. 863—90) sei dadurch wichtig, dass das ingressus pilatus hier genauer erscheine und dadurch seine beziehung auf Joh. 18, 33 sicher stelle. Das streben nach synoptischer vollständigkeit zeige sich in der aufnahme beider schächer. Der schluss (v. 1192—1540 = sepultura cum planctu Mariae et Magdalenes, custodia, discensio ad inferment und die scene de tribus Maria) besorge seine unverkennbare anlehnung an die ältere osternachtfeier trotz der wertreichen deutschen übertragung. — Die entwickelung des zweiten älteren teiles der synoptischen spiele von der ingressio urbis an denkt sich Wilken so, dass zu dem ursprünglichen ersten akt des officium sepulchri, der grablegung (?), die dabei mitwirkenden Nicodemus und Josef von Arimathia hinzutreten. Diese sagen dem Pilatus nach sich, von dem sie den leichnam Jesu zu erbitten hatten. An die person des Pilatus liessen sich sodann die verurteilung Kristi, anknüpfend an Joh. 18, 33 ff., und im weiteren die hauptmomente des lebens Jesu aus den ergänzenden berichten der anderen evangelisten leicht anschliessen.

    Jedoch habe man sich im 14. und 15. jahrhundert mit verliebe wieder besonderem, mehr eine populäre und burleske behandlungsweise gestattenden acenen der osterspieltradition zugewandt, nämlich dem um die höllenfahrt und die grabwächterscene vermehrten apparat der ludi de nocte paschalis, wobei aber trivialste nebendinge, behaglich ausgesponnen, das allbedeutsame verkürzt, verschmolzen und oft fast zur unkenntlichkeit verdunkelt haben. Diese weitere ausbildung durch populäre behandlung bespricht Wilken im 4. §, s. 94 ff., und versucht die dahin gehörenden spiele in bezug auf die entwickelung der höllenfahrt in denselben zu ordnen. Es werden in hauptsächlich referierender weise das wiener, innsbrucker, redentiner und das tyroler (sterzinger) vorgeführt. Bei dem ersten werden besserungsvorschläge in den spielanweisungen der ersten scene der grablegung gemacht, es wird hervorgehoben, dass die höllenfahrt noch einfacher gehalten und in der klage der juden bei Pilatus über die auferstehung der zweite teil[1] älter sei. Im innsbrucker[2] verrate sich die thomasscene[3] durch ihre unrichtige stellung als einschaltung, auch mehrere teile der kaufmannsscene[4] seien als rohe zusätze einer späteren zeit kenntlich. Im redentiner[5] sei der älteste kern, der schon im vorigen als eine veraltete materie erscheine, mit sicherer hand ausgewiesen, Kristus in der verhölle[6] der hauptakt. Im tyroler[7] endlich, das sonst auf alter tradition beruhe, weise die kontamination der gärtner- und krämerscene[8] in ihrer breiten humoristischen ausführung und die burleske behandlung der thomasscene[9] und des wettlaufs der apostel[10] auf die popularisierung einer nach plumpen witze lüsternen späteren zeit. In eine besondere kategorie stellt Wilken die ‚passions-osterspiele‘, um irrthümern vorzu-

1. Fundgruben. 2, 615, 5—618, 4.
2. Mone, Altdeutsche schausp. („Kristi auferstehung“.) N. 107—144.
3. V. 1108—1109.
4. V. 445 - 749, 770—852 und 911—954.
5. Schausp. d. mittelalt. 2, 55—107.
6. V. 256—712.
7. Pichler, Drama d. mittelalt. in Tirol. N. 141—168.
8. V. 262—457.
9. V. 507—542.
10. V. 697—726.

Schönbach mit geringer mühe eine von jenen wesentlich verschiedene neue teorie aufstellen konnte. Schlimmer aber noch als mit dieser prinzipiellen frage ist man im punkte des entwickelungsganges beraten, den die oster- und passionsspiele in vielen einzelnen stadien durchlaufen haben müssen. Das was Mone in dieser hinsicht geleistet, durfte sich dem stande der forschung, der erst durch ihn eine grössere aber immer noch verhältnismässig geringe zahl von denkmälern zugänglich wurde, und der anlage seiner herausgaben entsprechend auf bezeichnung allgemeiner gesichtspunkte und zerstreute beobachtungen über einzelne züge in den schauspielen beschränken. Hier einzusetzen, und mit hülfe des reichen materials, welches ihm zu gebote stand, zu begründen, zu widerlegen, in einzelheiten einzudringen, wäre Wilkens aufgabe gewesen. Den weg, auf dem er solche untersuchungen machen musste, bevor er das unternehmen, eine „geschichte‘ der geistlichen spiele zu verfassen, wagen konnte, wiesen ihm schon die bemerkungen Schönemanns zu der marienklage und dem osterspiel, deutlicher noch die von Bartsch zum egerer fronleichnamsspiel[1]. Jedem kundigen müssen so massenhaft auftretende übereinstimmungen des deutschen so gut wie des lateinischen textes, die sich oft durch die ganze reihe der spiele hindurchziehen, meistens aber grössere oder kleinere gruppen derselben in verbindung setzen, sofort als die nächstliegendste und sicherste handhabe für die enthüllung der entwickelung des dramas einleuchten; genaue vergleichung muss die ursprünglichste form einzelner sätze und ganzer scenen ergeben, ihre modifikationen, zusätze und erweiterungen die weise der umbildung und des wachstums. Die resultate dieser und ähnlicher untersuchungen geben erst das fundament für die historische darstellung. Bei Wilken blickt man an keiner stelle, wenigstens was die oster- und passionsspiele betrifft, bei denen ich es beweisen kann, auf die basis gründlicher und erfolgreicher vorstudien. Das zeigt schon mein referat, das ich deshalb so ausführlich gegeben habe. Was er daher bei den inhaltsangaben der verschiedenen stücke über das früher oder später einzelner sätze oder ganzer scenen und akte sagt, sind lediglich vermutungen, die darum auch mit so vielen ‚wohl‘, ‚vielleicht‘, ‚wenn und aber‘ umgeben werden, dass sie auch als solche wissenschaftlichen wertes baar sind. — Der weg der vergleichung, den Schönbach eingeschlagen hat, ist unzweifelhaft der richtige. Wenn er dennoch zu teils unrichtigen, teils ungenügenden ergebnissen gelangte, so lag dies am mangel der genauigkeit, welche diese untersuchung erfordert.

Bin ich manchem, der meinen gegenstand mit wärmerem interesse verfolgt, in den bisherigen ausführungen zu weitläufig gewesen, so hoffe ich dafür bei vielen anderen meiner leser verzeihung zu finden, die es in der folge angenehm empfinden werden, auf diese einleitung verwiesen zu werden, anstatt auf eine abhandlung, die wie die Freytags nicht jedem immer zur hand sein wird, oder auf lose bemerkungen Mones, die erst durch den zusammenhang mit allen übrigen ganz verstanden werden.

---

1. Pfeiffers Germania. 8, 247 ff. Vgl. bes. die verweise s. 261—265.

2. UNKENNTNISS UND FALSCHE AUFFASSUNG DER MONE'SCHEN TEORIE BEI DEN SPAETEREN.

Die grundsätze, welche Mone zur erklärung des ursprungs und der entwickelungsformen der oster- und passionsspiele aufgestellt hatte, oder vielmehr die missverständnisse, welche sich durch die oberflächliche lektüre seines buches bei dem mangel einer zusammenhängenden darstellung seiner ansichten erklären, sind seitdem beinahe dreissig jahre in unbestrittenem ansehen geblieben. Auch Wilken ist diesen missverständnissen zum opfer gefallen. Denn nirgends tut er der verschiedenheit seiner auffassung von derjenigen Mones erwähnung, so dass man an die schönste übereinstimmung beider glauben könnte, während sie sich doch tatsächlich in diametralem gegensatze befinden. Zumal hätte er sich da, wo er für die gewaltigen dramen des 15. und 16. jahrhunderts als der letzten stufe im erweiterungsprocesse der osterspiele die bezeichnung von populären ,passions-osterspielen' einführt, am irrthume vorzubeugen, als ob passions- und osterspiele zwei verschiedene gattungen seien[1], nicht so sehr gegen Vilmar als gegen Mone wenden müssen, der durchaus in der anschauung lebt, dass beide von haus aus verschieden sind. Denn Mone hält die passionsspiele für die älteren, die unmittelbar aus der liturgie, welche für die karfreitagsmesse das evangelium Johannes vorschreibt und in seinen erzählenden recitativischen partien von einem chore, in den reden Jesu, des Judas und des Pilatus von einzelstimmen gesungen wurde, hervorgingen, indem dem gesangsdialog die persönliche darstellung hinzugefügt wurde; sie umfassten das ganze leiden Jesu von seiner gefangennahme in Gethsemane bis zur grablegung, ev. Joh. cap. 18 und 19. Die osterspiele dagegen betrachtet Mone als eine fortsetzung jener, nicht aber etwa so, dass sie durch das streben nach erweiterung und vervollständigung des passionsaufführungen angeschlossen worden seien; eine solche annahme wäre schon wegen der zeit, in welche die letzteren fielen, unstatthaft gewesen, da man am karfreitag leiden und auferstehung nicht zur darstellung bringen konnte, ohne die hohe kirchliche bedeutung des leiden- und auferstehungstages auf das tiefste zu beeinträchtigen; auch wusste Mone sehr gut, dass die ältesten primitivsten osterfeiern immer selbständig überliefert worden und dass ihre aufführung für den vorabend (nach der vigilie) oder den frühmorgen des ersten ostertages mehrfach bezeugt ist. Er glaubt vielmehr, man werde wohl annehmen müssen, dass die osterspiele durch den österlichen gottesdienst veranlasst worden und die vielen feiertage dramatische spiele begünstigten, d. h., nachdem die karfreitagsspiele in aufnahme gekommen waren und man geschmack daran gefunden hatte, rieben diese dann, auch für andere festtage ähnliche dramen einzurichten und das osterfest und seine liturgie gaben hierzu die nächste veranlassung.

---

1. Siehe oben s. 13. 14.

Wilkens entwickelung steht hiemit, wie wir gesehen haben, im geradesten gegensatz. Nach ihm sind die osterdramen die früheren, die ebenso wie bei Mone die passionsspiele aus dem karfreitagsevangelium, aus dem evangelium des ersten ostertages Marc. 16, 1—7 entstanden, in ihrer weiteren ausbildung nach die besonderen berichte der anderen evangelisten, besonders des Johannes, aufgenommen und als der stoff des osterfestes erschöpft war, die darstellung von karfreitagsmomenten nach sich gezogen hätten, bis sie, immer rückwärts schreitend, zu ‚synoptischen‘ und ‚passions-osterspielen‘ heranwuchsen.

Es ist von wichtigkeit, die entstehung dieser grundsätzlich verschiedenen entwickelungsweisen und die ihnen zu grunde liegenden motive, welche für beide entscheidend waren, vollständig aus licht zu ziehen. Vor allem muss man im auge behalten, dass Mone die passionsspiele bei seinen kombinationen stets in den vordergrund stellt, was bisher hartnäckig verkannt worden ist. Die leitenden gesichtspunkte seiner darlegung aber ergaben sich ihm aus der betrachtung des benediktbeuerner ludus paschalis. In diesem glaubte er die merkmale der vier ersten stadien des entstehungsprozesses deutlich zu erkennen. Erstens nämlich enthält dasselbe einzelne teile der passion im texte des Johannesevangeliums, welches, wie schon erwähnt, zum karfreitag-gottesdienste gehört und von einem kore und einzelstimmen gesungen wird, wie der kurze dialog bei der gefangennahme Jesu (v. 164—170 = Joh. 18, 4—8), die verhöre vor Pilatus (v. 187—198 = Joh. 18, 29—38; 205—217 und 225, 226 = Joh. 19, 6—15) u. a.; dazu stellen wie v. 184' *Clerus caniei: Ab ipso ergo die cogitaverunt* etc. (Joh. 11, 53) und eine andere (vor v. 235) *Tunc suspendatur in cruce et titulus fiat: Jesus Nazarenus Rex Judaeorum* (Joh. 19, 19), die, weil sie mit musiknoten versehen ist, ebenfalls gesungen ward, aber beide nicht zum dialog gehören, sondern zum recitativ des evangelisten, resp. hier eines kores. Darin lag für ihn der augenscheinliche beweis, dass diese partie des spieles aus der liturgie und zwar im gottesdienste selbst entstanden sein müsse, und dass die ältesten dramen rein lateinisch und musikalisch waren. Zweitens aber enthält das benediktbeuerner spiel schon lateinische strofen, wie die des Judas *l'oemitei me graviter* etc., 220—222, der Maria mater Flete, fideles animi etc. (244—256), den hymnus Mi Johannes planctum move etc. (257 ff. und 260 ff.) und die sequenz Planctus ante nescia etc. (245), woraus er als zweite stufe folgerte: Ausschmückung des bibeltextes durch lateinische hymnenstrofen. Da aber drittens auch deutsche strofen in diesem spiele auftreten, von denen jedoch der text des evangeliums noch unangetastet bleibt, so ist, schliesst er weiter, die einführung dieser, die dritte fase. Als vierte endlich betrachtet Mone diejenigen szenen, welche über das karfreitag-evangelium hinausgehend abschnitte aus der lehrzeit Jesu darstellen, wie die berufung der apostel, die heilung des blindgeborenen u. s. w. — Diese hohe entwickelungsstufe des benediktbeuerner ludus paschalis setzte natürlich eine sehr lange zeit des werdens voraus, um so mehr, wenn man erwägt, dass die ersten fortschritte einer neu ins leben gerufenen dichtungsart gewöhnlich die langsamsten zu sein pflegen, und die osterspiele, die vom 11.—13. jahrh. und in weitester verbreitung existierend, in deutschland wenigstens erst im 14. durch aufnahme deutscher elemente aus den engsten grenzen kirchlicher übung herausgetreten, geben dazu eine beachtenswerthe analogie. Demgemäss verlegte Mone den ursprung des schauspiels, also zunächst der passionsspiele, in eine zeit, aus der uns nicht der dürftigste rest eines solchen, nicht einmal ein historisches zeugniss über dieselben erhalten ist. Einen bestimmten anhaltspunkt hiefür fand er in dem ‚Silentium habete‘, mit welchem engel oder der prolocutor ludi das spiel, häufig auch einzelne handlungen, eröffnen. Durch diese formel, nur mit der geringen abweichung ‚Silentium facite‘, wird aber in der mozarabischen und gallikanischen

---

1. Ich gehe dinn zinat nach Hoffmanns abdruck, Fundgruben 2, 246 ff. und nach eigener zeichenbentiff[...]rung, bei der nur die eigentlichen spielanweisungen übergegangen worden.
2. Schmp. d. mittelalt. 2, 167 ff.

liturgie vor der messe oder dem evangelium durch den diakon stillschweigen geboten, sie fehlt dagegen in der römischen. Da nun das gallikanische ritual in folge der bemühungen pabst Hadrian I. gegen ende des achten jahrhunderts durch das römische ersetzt wurde, so datieren die anfänge des französischen schauspiels aus der zeit, in welcher jenes noch in gebrauch war. Die deutschen aber entstanden unter dem einflusse der französischen, wofür gründe geltend gemacht werden, wie die aufnahme lateinischer strofen, welche in rythmus und reimverkettung denen der französischen stücke ähnlich sind[1], von stücken aus Sybillen weissagung, wie den gang Sethe zum paradiese[2], der drei Marien (Urola Magdelaines) auf dem leidenswege[3], des teufelspiels mit nachbildung französischer teufelsnamen[4], die karakteristik des Malchus[5], die personifikation der Christiana und Judaea (synagoga)[6], die stychotomie im wechsel des dramatischen dialogs[7].

Ist es hieraus schon klar, wie wenig der gedankengang Mones und dessen eigentliche motivierung von seinen nachfolgern erkannt worden ist, so erhellt doch das vollständige missverständniss derselben erst aus der fälschlichen übertragung von erläuterungen über den ursprung der ostermaterien auf denjenigen der passionspiele. Fast so oft man ein buch oder eine abhandlung in die hand nimmt, welchen über unser mittelalterliches schauspiel handelt, wird man jenes[*] aus der einleitung Mones zu den lateinischen osterfeiern entnommenen satzes begegnen, die die entstehung der ältesten ostermaterien erklären sollen, und ebenso oft wird man diese sätze als die kern- und angelpunkte seiner teorie von der geschichte nicht blos der osterspiele, sondern auch der passionsspiele aufgefasst sehen. „Ihren wechselgesängen [der latein. osterfeiern] liegen nämlich die responsorien des gottesdienstes zu grunde. Die responsorien sind wechselgesänge zwischen dem priester und volke', das sind die fundamentalsätze und gewissermaßen die schlagworte geworden, die, auf die zuerst bekannten von Gerbert mitgeteilten riten bezogen, allein für sich selbst zu sprechen und über jeden widerspruch erhaben zu sein schienen. Waren es doch bibelverse, aus denen hauptsächlich jene einfachsten mysterien bestanden, die in allen folgenden stücken immer wiederkehren, wie sehr sich dieselben auch erweitert und um eine reihe ganzer scenen vermehrt haben mochten. Passionsfeiern von so ursprünglicher einfachheit aber gab es nicht, auch die ältesten enthielten schon mehr, als die eigentliche leidensgeschichte Jesu. Was also konnte Mone anders gemeint haben, so urteilte man, als dass die schon vorhandenen osterspiele, die, aus den responsorien des gottesdienstes entstanden, mit handgreiflicher deutlichkeit ihre entwickelung von scene zu scene erkennen ließen, die passionsspiele nach sich zogen und, wenn auch allerdings zuerst im engeren anschlusse an das karfreitagsevangelium, sogleich in komplakterer form ins leben riefen. Allein, wie weit entfernt war Mone von einer solchen auffassung. Von diesem standpunkte aus die entstehung der passionsspiele zu erklären, würde er geradezu für eine unmöglichkeit gehalten haben. — Zunächst muss darauf hingewiesen werden, dass Mone sogleich in den einleitenden worten zur ersten osterfeier, welche die verschiedene bedeutung des responsoriums und der antifon definieren sollten, nicht verstanden wurde und dass man die begriffe beider identifizierte. Er sagt: „Ihren wechselgesängen liegen nämlich die responsorien des gottesdienstes zu grunde. Die responsorien sind wechselgesänge zwischen dem priester und volke' . . . „die kirchentexte der passion und der auferstehung

---

1. A. a. o. 1, s. 47 ff.
2. A. a. o. 1, s. 204 und 1, s. 27 f.
3. A. a. o. 1, s. 165.
4. A. a. o. 1, s. 47
5. A. a. o. 1, s. 164 f.
6. A. a. o. 1, s. 193 und 2, s. 164.
7. A. a. o. 2, s. 86 ff.
8. Siehe oben s. 7. Schausp. d. mittelalt 1, s. 6

sind in gross und kleinen grösstenteils aus bibelversen (antifonen[1]). Wie kann man diese sätze anders in eine logische beziehung setzen, als: die osterfeiern sind aus responsorien, d. h. wechselgesängen, entstanden, die aber nicht prosaische kirchentexte, bibelverse, antifonen sind; allerdings kommen auch kirchentexte, bibelverse in denselben vor, die alsdann als antifonen von ‚versweis abwechselnden kören' gesungen wurden. Mone fährt fort ‚gereimte texte, wie in folgenden stücken, habe ich vor dem zwölften jahrhundert keine gefunden, sie wurden nur in einzelnen kirchen zugelassen, nicht in das allgemeine ritual. Wo diese stücke wieder in bibelverse übergehen, enthalten sie gewöhnlich den kirchentext'[2]. . . . ‚Ich halte es für hinreichend, dass ich den begriff der antifonen und responsorien angegeben, um daran zu erkennen, wo die schauspiele den kirchentexten folgen.'[3] D. h. gereimte texte (versus), nämlich die auf strofischen wechselgesängen, responsorien beruhenden osterfeiern gab es, oder kennt man erst seit dem 13. jahrhundert, und nur vereinzelt, weil sie zum allgemeinen ritual nicht gehörten (non autentici). Sie enthalten aber zugleich auch bibelverse und es ist der begriff der responsorien und antifonen anzugeben, um jene, die eigentliche osterfeier, von diesen, dem kirchentexte, zu unterscheiden. Und weiter fügt er noch hinzu[4], dass diese gereimten osterfeiern (versus) geduldet wurden seien (non improbamus), wenn sie im kirchenstile blieben, und dass sie verhältnismässig jüngeren ursprunges sein müssten, weil der ordo romanus, dem die meisten liturgien folgten und ebensowenig Amalarius von Metz (um 830), der ausführlich vom ostersamstag spreche, nur den kirchentext gebe und keine dramatische feier erwähne, sondern nur wechselgesänge (= antifonen). Und endlich ‚in diesen feiertagen [nämlich der woche vom ostersonntag bis dominica in albis, welche in Frankreich aus lauter feiertagen bestand] wurden hauptsächlich osterlieder gesungen (hymnis paschalibus indulgentes) zum lobe des erlösers' . . . ‚Man wird wohl annehmen müssen, dass sie [die dramatischen osterfeiern] durch den österlichen gottesdienst veranlasst wurden und die vielen feiertage dramatische spiele begünstigten'[5]. Das kann doch nur heissen, dramatische aufführungen der auferstehung entwickelten sich nicht etwa unmittelbar aus dem osterevangelium und seiner vortragsweise, wie die dramatischen passionen, sondern es steht zu vermuten, dass sie durch die osterlieder, die festtage, den österlichen gottesdienst hervorgerufen, ‚veranlasst' wurden.

Wie war es aber möglich, dass Mone, obgleich er sich über seine meinung so deutlich ausgesprochen hatte, dennoch missverstanden wurde? Auch dafür findet sich die erklärung. Es ist schon oben darauf hingewiesen worden, dass die eben angeführte definition des responsoriums von seinen nachfolgern stets mit der aus Gerbert entnommenen ritualen in verbindung gesetzt wird und das war gegen Mones absicht, denn er bezeichnet sie ausdrücklich als ‚kirchengebräuche', deren wechselgesänge er nach seiner eigenen definizion, da sie lediglich aus bibelversen bestanden, nur als antifonen betrachten konnte. Allerdings trugen diese ‚kirchengebräuche' mit zur entstehung der schauspiele bei, sie selbst waren aber nach seiner ansicht noch keine dramen, sondern wurden es erst durch hinzunahme gereimter texte, responsorien (versus non autentici). Dies geht auch daraus hervor, dass er jene ‚kirchengebräuche', um den weitläufigen abdruck der verschiedenen rituale zu vermeiden, hauptsächlich nur zur erläuterung der vorhergehenden anmerkungen in der einleitung gegeben hat, welche ausdrücklich ‚A. Die kirchengebräuche' überschrieben ist, während

1. Vergl. dazu die anm. Schausp. d. mittelalt. I, s. 6, in der er zur verdeutlichung die antifonen von psalm- und anderen bibelversen in der vesper und im introitus der messe herbeizieht und sich auf die übereinstimmung seiner auffassung mit Du Cange, Glossarium (v. Antiphona) und Bastian, De Comsisiationibus s. misses beruft.

2. Schausp. d. mittelalt. I, s. 6 ff.

3. Ebenda.

4. Schausp. d. mittelalt. I, s. 10.

5. A. a. o. 2, s. 16f. Vgl. oben s. 16.

das eigentliche drama (Einsiedeln I und II = A,G) erst unter dem titel ,B. Text der osterfeier'
(S. 10) folgt.

Meine leser werden gewiss ein wenig mit mir darüber erstaunt sein, zu gewahren, dass Mone bis
auf den heutigen tag als der urheber einer ansicht über die entstehungsweise der osterspiele angesehen
wird, die er selbst von vornherein von sich abzuwehren bemüht war. Und es ist in der tat eine seltene
und originelle literarische erscheinung, dass gerade immer dieselben argumente für ein missverständnis
geltend gemacht werden, welche Mone, um es zu verhüten, gegen dasselbe ins feld geführt hatte, ohne
dass irgend jemandem, selbst nicht dem geschichtschreiber der geistlichen spiele dieser seltsame widerspruch
zum bewusstsein gekommen wäre. Dass vielleicht die falsch verstandene richtiger war, als die wahre Mone'sche
meinung, kann das missverständnis wohl begreiflicher machen, nicht aber es entschuldigen. Die ganze
teorie Mones ist, wie wir gesehen haben, aus einem sorgfältigen studium der historischen denkmäler und
nach allen seiten wohl erwogenen kombinationen hervorgegangen und seine anschauung über den ursprung
der ostermysterien lag folgerichtig in deren konsequenzen. Niemand von denen, die bis heute über unser
altdeutsches schauspiel geschrieben haben, besass eine ähnliche kenntnis dieser, des ausserdeutschen und
der kirchlichen verhältnisse, niemand hat mit gleich crasthafter bemühung und gleicher liebe zu seinem
gegenstande den entwickelungsgang und die gegenseitigen beziehungen aus den historischen bedingungen
zu erkennen versucht, und niemand hat eine entwickelungsweise gefunden und begründet, welche der seinigen
ebenbürtig an die seite zu stellen wäre. Ich habe mich daher verpflichtet gehalten, das sachverhältnis
auf das eingehendste zu verfolgen und darzulegen. Es war ein grosses und für sein buch verhängnisvolles
versehen Wilkens, dass er über Mone zur tagesordnung überging. Hätte er Mones teorie gekannt, so
würde er sich einer genauen widerlegung derselben nicht haben entziehen können. Er würde gefunden
haben, dass gerade die erklärung der entstehung und entwickelung der passionsspiele bis zum 14. jahrhundert, welche ihm so leicht und einfach sich zu ergeben scheint, den grössten schwierigkeiten begegnet.
Einem manne wie Mone, der auf diesem gebiete wie kein anderer zu hause war, war und konnte die nach
ihm vulgär gewordene ansicht nicht verborgen sein. Dass er sie nicht benutzte, beweist nur, dass sie ihm
nicht genügte. Der benediktbeuerner ludus paschalis (mit dem das wiener osterspiel [1] im lateinischen texte
beinahe vollständig, im deutschen gar nicht übereinstimmt) hat inhaltlich schon fast die höchste entwickelungsstufe erreicht; denn er bringt das ganze leben Jesu von der berufung der apostel bis zur grablegung zur darstellung (noch mehr das wiener osterspiel, welches mit dem fall der engel beginnt). In der gesammtentwickelung steht er aber in der auffallendsten isolierung, weil von ihm keine vorläufer, die in mannigfachem abstufungen
vorhanden gewesen sein müssen, erhalten sind und die späteren stücke wohl einzelne beziehungen zu ihm,
nicht aber die merkmale einer stetigen entwickelung aus ihm erkennen lassen, wie es bei den osterspielen
in der greifbarsten weise der fall ist. Mone erfand deshalb in der weise der gelehrten eine auf viele beobachtungen und kombinationen gestützte hypotese[2], Wilken formte nach art der dilettanten, die schwierigkeiten vollständig übersehend, aus weit geringeren beobachtungen, die jenem keineswegs entgangen waren[3],
einen beweis. Ich bekenne gerne, dass es mir nicht gelungen ist, das problem vollständig zu lösen und glaube,
dass man die geschichte der passionsspiele bis zum ende des 13. jahrhunderts auf der grundlage der hypotese
Mones weiter aufzustellen wird versuchen müssen. Dann aber habe ich einen neuen standpunkt gefunden,
von dem aus zwar der blick in die vergangenheit noch mehr getrübt erscheint, nach vorwärts aber einen teil

1. ,Herenbetbek eines osterspiele aus dem 12. jahrhundert herausg. von Josef Haupt in Wagners Archiv für die geschichte deutscher sprache u. dichtung. Wien (Kuhesta u. Voigt) 1874, s 625—801.
2. Siehe oben s. 17 ff.
3. Siehe s. 19.

wenigstens der ursachen erkennt, die einen schon von Mone[1] vermuteten plötzlichen und schnellen aufschwung des schauspiels im 14. jahrhunderts erklären: die benutzung geistlicher epen[2]. Die entlehnung einer stelle der erlösung[3] in dem bruchstücke eines weihnachtsspieles[4] (?) ist schon lange durch Bartsch[5] bekannt und das bisher einzige beispiel dieses verfahrens. Die erlösung ist aber höchst wahrscheinlich ursache und quelle der grossen populären passionsspiele überhaupt. Denn in dem alsfelder spiele ist eine grosse zahl von scenen aus ihr entstanden, indem die erzählenden teile ausgeschieden und die gesprochenen mit meist ganz geringen änderungen zum dramatischen dialog verarbeitet wurden. Das alsfelder spiel steht mit dem frankfurter und friedberger in engster verwantschaft und bei den übrigen ist die abhängigkeit von demselben in grösserem oder geringerem grade nachweisbar. Es ist ein schönes zeugniss für Mones sorgfältiges studium und seinen scharfblick, dass er die mittlere stellung der thüringisch-hessischen spiele erkannte und betonte[6]. Auch für die stellenweise benutzung anderer epischer dichtungen, z. b. des Auszuges, der Urstende, B. Philipps Marienleben, finden sich vereinzelte belege. Andere spiele mögen andere epen benutzt haben, was ganz besonders das osterspiel aus dem kloster Muri[7], und die st. galler Kindheit Jesu[8] vermuten lassen. Die ganze bedeutung dieses punktes wird bei der untersuchung der passionsspiele genauer dargelegt werden. Hier habe ich nur darauf hinweisen wollen, um zu zeigen, dass es Wilken keineswegs gelungen ist, ursprung und entwickelung methodisch zu erfassen, so dass sich die einzelbeziehungen der verschiedenen spiele auf der von ihm geschaffenen basis leicht nachholen liessen[9]. Gerade in dieser hinsicht hat sein buch seinen beruf verfehlt, zum teil, wie gesagt, weil er Mone nicht kannte. Mone's forschungen sind durch ihn keineswegs überholt und ich bin mir bewusst nicht zu viel zu sagen, wenn ich behaupte, dass sie im ganzen noch heute das beste sind, was wir über die geschichte unserer oster- und passionsspiele besitzen.

Ueber die tiefere motivierung der Wilken'schen anschauungsweise ist nach den bisherigen auseinandersetzungen nichts mehr zu sagen. Auch er erlag, wie die übrigen, den vulgären missverständnissen, die jeden, der in den bereich der schauspielstudien trat, unbewusst gefangen nahmen. An der hand geläufiger ansichten analysiert er jedes stück und giebt dabei allerhand beobachtungen, die keinem, der sich der mühe unterzieht, die schauspiele mit einiger sorgfalt zu lesen, entgehen können. Es fehlt ihm sozusagen vollständig an eigenem scharf entwickelten allgemeineren gesichtspunkten, man müsste denn die kapitelüberschriften dafür nehmen, denen ich indessen dringend wünsche, dass sie über die grenzen seines buches keine anwendung finden. Die ludi de nocte paschas sind auch nach Wilken nichts anderes als lateinischdeutsche osterspiele; warum also den siegertürgerien und bezeichnendes namen aufgeben. Die synoptischen osterspiele heissen von alters und nach Mones terminologie ihrem inhalts gemäss passionsspiele, 'synoptisch' sind nach Wilkens eigenem zugeständnisse[10] neben die entwickelteren lateinischen osterfeiern, so dass diese bezeichnung den engeren begriff dieser stücke gar nicht charakterisiert. Von den 'populären oster-

1. Siehe oben s. 8.
2. 'Dass epische behandlungen geistlicher stoffe aber nicht wohl zur kritik geistlicher spiele verwant werden können, habe ich im allgemeinen eingesehen.' Wilken, kritische behandlung, s. 24.
3. Herg. von Karl Bartsch. Quedlinburg und Leipzig 1858.
4. v. Stade, Spicimen lexicorum antiq. Francis. et Ostfrid libr. evang. Stade 1705. 4°. s. 34.
5. Koberstein-Bartsch, Grundriss der gesch. d. d. nationallitteratur. 1², 201 anm 23 und 22.
6. Siehe oben s. 7 und Schauop. des mittelalt. 3, 163.
7. Siehe oben, s. 12, anm. 12.
8. Schausp. d. mittelalt. 1, s. 148—161.
9. Geh. d. krit. behandlung d. geistl. spiele, s. 8.
10. Gesch. d geistl. spiele, s. 81, anm. 6.

spielen' gehört das Innsbrucker und sterzinger zu der klasse der lateinisch-deutschen, das wiener und redentiner zu den deutschen. Was ‚populäre passionsosterspiele' sind, wird jedermann sicherer verstehen, wenn wir ihm sagen, dass die ‚fronleichnamsspiele' damit gemeint sind. — Von anderen gesichtspunkten, welche Wilken gefunden und sich zum verdienst gerechnet haben möchte, war die einteilung der spiele im anschluss an die ordnung des römischen kirchenjahres[1] und ihre bedeutung für die entwickelungsgeschichte derselben mehrfach schon von Mone[2] hervorgehoben, die anlehnung der dramatischen osterfeier an den gebrauch der kruzifixbestattung[3] schon seit Freytag[4], von Alt[5], Hasse[6] u. a. betont und besonders auch die beobachtung, dass die magdalenenscenen der osterspiele frühzeitig in den passionsspielen eingang gefunden von Mone erkannt worden[7]. Gegenüber seiner verurteilung wollen wir uns nicht zum verteidiger dilettantischer vergleichungsversuche[8] aufwerfen, aber ebensowenig uns davon abhalten lassen, durch methodische vergleichung die lösung der probleme zu finden, welche vor einer unmethodischen, das einzelne mäkelnden, für das bedeutsame geblendeten kritik immer schon zurückflüchten wird.

1. Gesch. d. geistl. spiele, vorwort s. VI und Krit. behandlung d. geistl. spiele, s. 1.
2. Schausp. d. mittelalt. 1, s. 133. 251. 365.
3. Gesch. d. geistl. sp. s. 54 und Krit. behandl. s. 31.
4. De init. com. poven. pag. 34 s.
5. Theater und kirche. S. 344.
6. Das geistl. schausp. S. 16.
7. Schausp. d. mittelalt. 1, s. 53.
8. Kritische behandlung. S. 3.

3. URSPRUNG UND ENTWICKELUNG.

Lateinische osterfeiern in dem hier besprochenen sinne, sind bis heute 28 veröffentlicht worden, davon entfallen 13 auf Deutschland, 14 auf Frankreich und 1 auf Holland. Aus Italien haben sich solche, wenn sie überhaupt existierten, nicht erhalten; die älteste nachricht von der aufführung geistlicher spiele daselbst datiert aus dem jahre 1244 und berichtet schon von der darstellung des leidens und der auferstehung Kristi[1]. Auch in England und Spanien hat man, so viel ich weiss, bislang diese mysterien nicht gefunden.

Ich gebe zunächst ein vollständiges verzeichnis der bekannten nebst angabe der orte, wo sie zuerst und demnach wieder abgedruckt wurden. In der benennung der stücke durch buchstaben habe ich mich an die von Schönbach schon eingeführten bezeichnungen nicht gebunden, weil hier eine grössere zahl derselben in die untersuchung gezogen und die sich ergebende entwickelungsweise von der seinigen verschieden ist. Die übereinstimmung der alfabetischen folge der buchstaben mit den entwickelungsstufen der durch sie bezeichneten stücke schien mir bei der ohnehin schwierigen darstellung zur erleichterung der lektüre notwendig, und es wird immer noch leichter sein, sich die unregelmässigkeit von 11 auf einander folgenden buchstaben einzuprägen, als die von 28. Schönbachs bezeichnungen habe ich in klammern beigefügt.

A, Einsiedeln I, cod. no. 179, XII. jhdt; abgedruckt bei Mone, Schausp. des mittelalt. 1, 10—12.

B, Paris, handschr. der nationalbibliotek no. 1240 fol. 30ᵛ, XI. jhdt., bei Du Méril, Origines latines du théâtre moderne (auch unt. d. tit. Theatri liturgici quae latina superstant monumenta edita recensuit, inedita vulgavit, adnotationibus illustravit E. Du Méril), Paris (Franck) 1849, 8° s. 97, note 1.

C, St. Martial, Limoges, jetzt nationalbibliotek zu Paris handschr. no. 1139, fol. 53ᵛ, XI. jhdt., bildet den eingang zu ,Les vierges sages et les vierges folles' und wurde zuerst bekannt gemacht durch Raynouard, Choix des poésies originales des troubadours, t. II, p. 139—143; danach bei Thom. Wright, Early mysteries and other latin poems of the twelfth and thirteenth centuries. London (Nichols and son) 1838, p. 67; Monmerqué et Michel, Théâtre français au moyen âge. Paris (Firmin-Didot) 1839 und neue titelausgabe 1874. 8°, p. 3; Du Méril, Orig. lat. p. 97, note 1, wo die osterfeier von dem p. 233 ff. abgedruckten Mystère des vierges sages et vierges folles genannder sich findet; E. de Coussemaker, Drames liturgiques du moyen âge, textes et musiques, Paris (Didron) 1871. 4°, p. 1—10 und 311 ff. nebst faksimile, wo jedoch die osterfeier fehlt, nach der im facsimile angedeuteten lücke zu schliessen in folge absichtlicher auslassung, nicht weil die handschr. kennzeichen trüge, welche dieselbe aus der gemeinschaft mit dem folgenden verwiesen.

---

1. Vgl. Ad. Ebert. Die ältesten italienischen mysterien. Jahrbuch für romanische und englische literatur Bd 5, s. 51 ff.

D, St. Blasien im Schwarzwalde, ex ordine operis dei, handschr. des XIV. jhdts., bei Mart.
Gerbert, Monumenta veteris liturgiae alemannicae. II, 237 und daher bei Mone, Schauspiele d. mittelalt.
I, s. 7; Du Méril, Orig. lat. p. 107, note 2; Drosihn, Redentiner osterspiel, s. 6, anm. 3; Peter, Zwi-
rmantler passionssp., s. 3, anm. 6.

E, Dunstanus, Concordia; Ed. Martene, De antiquis monachorum ritibus. I, p. 446 und Du
Méril, Orig. lat. p. 116, note 1.

F, Rheinauer directorium, cod. 49, s. 113, bei Anselm Schubiger, Die sängerschule St. Gallens
vom achten bis zwölften jahrhundert. Einsiedeln und New-York (Benziger) 1858, 4°, s. 21, anm. 2.

G(F), Einsiedeln II, handschr. nr. 179, XII. jhdt. (siehe A), bei Mone, Schauspiele d. mittelalt.
I, s. 10—13; Du Méril, Orig. lat. p. 100. 101; Drosihn, Redentiner osterspiel, s. 8.

M, Cividale I, handschr. im archive der katedrale zu Cividale bezeichnet T. VII, XIV. jhdt., bei
Coussemaker, Drames liturgiques, p. 307—310 und 347 mit noten.

I, Zürich, handschr. v. j. 1260, bei Gerbert, Vetus liturg. alem. p. 864; danach Mone, Schausp.
d. mittelalt. I, s. 9; Du Méril, Orig. lat. p. 107, note 2; Pichler, Ueber. d. drama d. mittelalt. in Tirol.
Innsbruck (Wagner) 1850, 8°, s. 37; Drosihn, Redentiner osterap. s. 6, anm. 9.

N, St. Blasien in Braunschweig, Cod. St. Blasii VII, B 31 fol, XII. jhdt., auf dem herzogl. landes-
hauptarchive zu Wolfenbüttel. Aufgefunden und mir mitgeteilt von meinem freunde Dr. Paul Zimmermann.

L, St. Lambrecht in Steiermark, handschr. der grazer universitätsbibliotek nr. 40/d, 8°, fol. 135°.
pgmt., 2. hälfte des XII. jhdts., aufgefunden und mitgeteilt von Aut. Schönbach, Zeitschr. f. deutsch. altertl.
20, s. 131 ff.

M, Wien, handschr. d. k. k. hof- und staats-bibliotek nr. 3322, XII. jhdt, mitgeteilt von Denis,
Codices theologici manuscripti, tom. II, col. 2100. 2101 und danach bei Du Méril, Orig. lat. p. 316, note 1.

N(A), Klosterneuburg, nach einer abschrift von Maximilian Fischer mitgeteilt von Franz Kurz,
Oesterreich unt. herzog Albrecht IV. 2, s. 425—427, vgl. s. 29 und wiederholt von Du Méril, Orig. lat. p. 89—91.

O(B), Narbonne, nach einem alten ordinar bei Martene, De antiqua ecclesiae disciplina, cap. 25
p. 479; Daniel, Thesaurus hymnologicus. III, p. 290, 1; Du Méril, Orig. lat. p. 91—94.

P(E), Sens, nach einer handschr. des XIII. jhdts. in den Mélanges de la Société des bibliophiles.
1883, p. 105 und bei Du Méril, Orig. lat. p. 99—100.

Q(H), Engelberg in Unterwalden, handschr. 1/425 (nach Schubiger, s. a. o. s. 21, 1 1/23), 4°,
Bl. 75, mit musiknoten. v. j. 1372; bei Mone, Schausp. d. mittelalt. I, s. 23—27; auszüglich bei Du Méril.
Orig. lat. p. 102, note 7. Voran steht die nachricht: Anno domini 1372 in vigilia pascae factum est hoc
opus per fratres, scilicet fratrem Waltherum et Johannem Grebler et Waltherum Stoffacker.

H(G), Einsiedeln III, handschrift no. 300, s. 93, XIII. jhdt., mit alten musiknoten; bei Mone,
Schausp. d. mittelalt. I, s. 16—19; Du Méril, Orig. lat. p. 101—107; Kridt, Das geistl. Schausp. s. 16—20
mit verdeutschung der spielanweisungen.

N, Utrecht, antiphonarium auf der Utrechter bibliotek Script. eccles. no. 319, fol. 64°, XII. jhdt.,
in der ersten halfte mitgeteilt von Gaffré, Bijdrage tot de geschiedenis der dramat. vertoon., bl. 57. 58.

T, Cividale II, nach dem Processional A des XIV. jhdts. mit noten im archiv der der katedrale
zu Cividale herausgegeben von Coussemaker, Drames liturgiques, p. 298—300.

U(D), Rouen, aus Johannis Abrincensis Liber de officiis ecclesiasticis, App. p. 211 sehr ungenau
mitgeteilt von Du Cange, IV, p. 105, col. 2; bei Du Méril, Orig. lat. p. 90—98. — Dieses officium findet
sich ausserdem in einer handschr. des 15. jhdts. auf der nationalbibliotek zu Paris no. 1213, s. 96 und
in zwei anderen handschr. der bibliotek zu Rouen no. 48y und 60y und war nach de Molfon (Lehrm der

Maretint), Voyages liturgiques en France, p. 305, während des ganzen 10. Jhdts im gebrauch. Vgl. Du Méril, Orig. lat., p. 90, note 1.

V, Bigot, aus dem mit der bibliothèque Bigot in die nationalbibliotek zu Paris übergegangenen Antifonarium no. 904, s. 215, zweite hälfte des XIII. jhdts, mit noten; abgedruckt bei Coussemaker, Drames liturgiques, p. 250—255 nebst faksimile. Das stück stimmt mit T ausser in den spielanweisungen vollständig überein.

W(C), Mont St. Michel, handschrift auf der bibliotek zu Avranches unter den nummern inwendig 14, auswendig 2524, aus dem anfange des XIV. jhdts, bei Du Méril, Orig. lat., p. 94—96.

X(K) Orléans I, handschrift der bibliotek zu Orléans no. 178, s. 220, XIII. jhdt, zuerst veröffentlicht von Monmerqué in den Mélanges de la Société des bibliophiles 1833 und daher bei Wright, Early mysteries, p. 32—36; Du Méril, Orig. lat., p. 110—116; Coussemaker, Drames liturgiques, p. 178—194.

Y, Durandus, Rationale divinorum officiorum (verfasst 1286), lib. VI., rubr. de nocturno officio sabbati sancti. Strassburger ausgabe v. j. 1486, bl. 110 (antwerpener ausg. v. j. 1614, bl. 378 (l. 370); bei Mone, Schausp. d. mittelalt. 1, s. 9. 10; Du Méril, Orig. lat., p. 107, note 2; Drexhau, Redem. ostersp., s. 7, anm. 12.

Z(J), Lichtenthal, handschr. ohne nummer, XIII. jhdt, bruchstück; bei Mone, Schausp. des mittelalt. 1, s. 19—21; Du Méril, Orig. lat., p. 104—110.

a(L), Reichenau, Antifonarium jetzt auf der bibliotek zu Karlsruhe no. 209, bl. 11, XIV. jhdt, mit musiknoten; bei Mone, Schausp. d. mittelalt. 1, s. 23.

b, Orléans II, handschr. der bibliotek zu Orléans no. 178, s. 225, XIII. jhdt (vgl. X), mit der aufschrift Sanctae mulieres; bei Du Méril, Orig. lat., p. 116, note 1; es bildet den eingang zu dem Mysterium apparitionis d. n. Jhesu Christi duobus discipulis in Emmaus vico bei Wright, Early mysteries, p. 37.

e, Tours, handschr. auf der bibliotek zu Tours no. 237, kl. 4°, XII. jhdt (?), auf baumwollenpapier geschrieben, unter dem titel Prières en vers; herausgegeben von Victor Luzarche, Office de pâques ou de la résurrection accompagné de la notation musicale et suivi d'hymnes et de séquences inédites etc. Tours (Bouserez) et à Paris (Potier) 1856. 8° nebst faksimile und wiederholt von Coussemaker, Drames liturgiques, p. 21—48. Eine genaue beschreibung dieses wertvollen codex hat Luzarche in der einleitung zu einem anderen stücke desselben gegeben; Adam, drame anglo-normand du XII° siècle. Tours 1854. 8° und danach Coussemaker a. a. o. p. 319.

Ausser diesen gibt es noch eine anzahl bisher ungedruckter lateinischer ostermysterien. Drei solcher, die sich nur in ganz unwichtigen lesarten von U unterscheiden, sind bei diesem schon erwähnt worden. Vier andere finden sich in den handschr. der nationalbibliotek zu Paris no. 1009, fol. 21°, no. 1129, fol. 30°, no. 1240, fol. 30°, alle dem XI. jhdt angehörend, und Suppl. lat. no. 184, fol. 179°; vgl. Du Méril, Orig. lat., p. 110, note 1. — Mit wenigen änderungen steht 1. auch in den hss. der grazer universitätsbibl. 40/90, 4°, XII. jhdt. und 42/15, 4°, XIII. jhdt. Vgl. Schönbach a. a. o. s. 131. — Eine Visitatio sepulchri in nocte Paschatis in der wiener handschr. no. 2954 des XV. jhdts und einen vielleicht schon im XIII. jhdt aufgezeichneten Ritus visitationis sepulchri ante resurrectionem domini in der wiener handschr. Cod. rec. 2937 verzeichnet Denis, Codd. theol. manuse. II, col. 1954 und 2102. — Die zehn lateinischen mysterien einer aus St. Benoist-sur-Loire stammenden, jetzt der bibliotek zu Orléans gehörenden handschr., welche Luzarche, Office de pâques, p. XXVI erwähnt, waren damals schon durch den abbé la Boulerie und Monmerqué ediert in den publikationen der Société des bibliophiles français und demnächst von Wright, Early mysteries, p. 1—53; vgl. Coussemaker, Drames liturg. p. 320 f. und Wright, p. VI. — Meine vermutung, dass die von Schubiger (Die sängerschule St. Gallens, s. 21) bezeichneten st. galler direktorien, codd. 445 und

532—538, lat. osterfeiern enthalten möchten, veranlasste mich, herrn bibliotekar Idtsmohn am eine durchsicht dieser handschriften zu bitten; seine bemühungen haben indessen ergeben, dass sie dramatische osterofficien nicht enthalten. Ob sich in den ehemalls von Schabiger angezogenen rheinauer handschr. no. 80 und 74 etwa solche befinden, weiss ich nicht.

Endlich ist noch der Ludus paschalis[1] zu erwähnen, den Borak, Pez in einer pergamenthandschr. des XIII. jhdts zu Klosterneuburg fand, aber trotz eindringlicher bitten zur abschrift nicht erlangen konnte[2].

Maximilian Fischer, der geschichtschreiber des stiftes, hat bei später angestellten erneuerten nachforschungen das unzweifelhaft höchst wertvolle stück[3] nicht wieder auffinden können[4]; das oben angeführte (N), durch dessen auffindung er für seine bemühungen entschädigt wurde, vermag uns den schmerzlichen verlust jenes nicht zu ersetzen. Denn nach dem von Pez mitgeteilten eingang[5] jenes spieles zu schliessen, waren in demselben die grenzen, in denen sich die übrigen noch ausschliesslich bewegen, schon weit überschritten. Das auftreten des Pilatus unter dem später stereotyp gewordenen vorgesange ,Ingressus Pilatus' etc. (ev. Joh. 18, 33 ff.) und der pontifices, die ihn an die aussage Jesu erinnern, dass er in dreien tagen wieder auferstehen werde, beweisen, dass hier die bestellung der grabwache schon zur darstellung gebracht wurde. Es schloss mit dem bekannten ,Krist der ist erstanden', war aber sonst jedenfalls vollständig lateinisch[6], denn es ist nicht wahrscheinlich, dass das vorkommen deutscher strofen oder reimpare von Pez unbeachtet geblieben oder verschwiegen wäre. Das deutsche lied am schlusse ist wohl nur darum angefügt worden, um auch dem bis dahin stumm zuschauenden volke eine gelegenheit zu verschaffen, seiner festfreude lauten ausdruck zu geben.

Der Ludus paschalis de adventu et interitu Antichristi[7], obgleich auch ein lateinisches osterdrama, steht mit den hier besprochenen mysterien in keiner beziehung. Ich darf mich daher damit begnügen, ihn zu erwähnen, und auf die abhandlung von J. G. V. Engelhard, De ludo paschali sacculi duodecimi, qui inscriptus est: De adventu et interitu Antichristi. Erlanger Universitätsprogramm cataro 1831. 4°, die neueste ausgabe von G. v. Zezschwitz, Vom römischen kaisertum deutscher nation. Leipzig (Hinrichs) 1877 und die metrische übersetzung von Johannes Wedde, Das drama vom römischen reiche deutscher nation, eine nationale dichtung aus Barbarossa's zeit. Hamburg (Grädener) 1878, 8° hinzuweisen.

A. DIE ÄLTESTE FORM.

Der verhältnismässige reichtum und das hohe alter einzelner der erhaltenen denkmäler, dazu die langsamkeit ihrer entwickelung, die wir auf einem grossen Frankreich, Süd-und Westdeutschland umfassenden gebiete in einem zeitraume von beinahe drei jahrhunderten (vom 11. bis in die zweite hälfte des 14.) schrittweise verfolgen können, geben die hoffnung, dass sich annähernd wenigstens die älteste form der

1. S. Pez, Thesaurus anecdotorum novissimus. Tom. II. Dissert. isagog. pag. LIII.
2. Perlat onter ludum paschalem clerotromenohargymnum adjiciuntur, nisi preces et litteras, in quibus aliquod ejus apographum neagna studio requisiturus, irritus factus sum. Pez ibid.
3. Aus dem 13 jhdt besitzen wir nur zwei lat-deutsche pasionsspiele, das benediktbeurer Ludus pasch. und das alt-osterspiel von den Haupt herausgegebene wiener (Wagners archiv f. d. gesch. deutsch spr. u. dicht. Wien 1874. S. 350—361). das erstere behandelt in verworrener und unvollständiger überlieferung, das zweite nur in spärlichen trümmern. Alle späteren stücke sind ausnegen vollständig verdeutscht.
4. Frz Kurz, Oesterreich unter herzog Albrecht IV. 2, s. 89.
5. Vgl. Fundgruben 2, 241.
6. Hoffmann u. s. w. vermutet aus diesem schlusse, dass es nicht durchweg lateinisch gewesen.
7. Antiqufunden und mitgeteilt von Pez, Thes. anecdot. nov. Tom. II, pars III, pag. 185—196.

lateinischen osterfeiern werde festzustellen lassen. Gemäss den drei über ihre entstehung aufgestellten ansichten kann sie eine dreifach verschiedene gewesen sein. ihre spuren können in keinem falle ganz verloren sein, wenn eine jener hypotesen begründeten anspruch auf wahrscheinlichkeit erheben darf. Denn mögen es lateinische gottesdienstliche responsorien (versus) gewesen sein, welche, das osterdrama erzeugend, mit kirchlichen gebräuchen wie dem aus St. Blasien (D), Zürich (J) und von Durandus beschriebenen (Y) in verbindung traten (Mone), oder mögen die gesprochenen sätze des ostervangeliums Markus 16, 1—7 (Wilken), oder endlich die wechselreden in der zweiten hälfte der sequenz ,Victimae paschali' (Schönbach), als die grundlagen angesehen werden, als sich zur dramatischen auferstehungsfeier entfalteten: immer wird man entweder jene keime selbst als einen integrierenden bestandteil bei denselben antreffen und die ihnen innewohnende zur gestaltung des vorliegenden osterdramas treibende kraft zu erkennen, oder aber die gründe zu finden erwarten müssen, welche die vernachlässigung und das aufgeben des ursprünglichen keimes hinreichend erklären. Der weg, den hienach die folgende untersuchung einzuschlagen hätte, könnte also der sein, dass die gründe, welche für die bestehenden ansichten geltend gemacht worden sind, gegen einander abgewogen, widerlegt oder bekräftigt würden, so dass einer von ihnen, als der den umständen nach wahrscheinlichsten, der vorzug eingeräumt werden dürfte. Allein, es sind diese teorien in wirklichkeit aus einem umfassenden studium der vorhandenen denkmäler weder hervorgegangen, noch überhaupt eingehender begründet worden, und sie haben einstweilen durch wenig anderes, als durch die auterität ihrer urheber eine bedeutung. Müssen also dafür oder dagegen sprechende entscheidende beweise erst noch gefunden werden, so wird doch eine vorurteilslose und vom grund aus neue sorgfältige untersuchung angemessener und eher gesicherte resultate zu ergeben geeignet erscheinen. Und wenn diese aufgabe metodisch angegriffen wird, so muss ihre lösung von selbst zur übereinstimmung mit einer der früheren ansichten führen, oder die beweise ihrer unhaltbarkeit im gefolge haben.

Jedem der eine grössere anzahl der erhaltenen lateinischen osterfeiern bintreinander liest, werden alsbald gewisse sätze auffallen, die, wenn auch mit mannigfachen militärischen abweichungen, in allen stücken wiederkehren. Es ist jener kurze dialog, welcher die begegnung der drei Marien mit dem oder den engeln im grabe des gekreuzigten am ostermorgen vergegenwärtigt, durch welche die auferstehung Jesu zuerst bekannt und erwiesen wurde und die eine unmittelbare anlehnung an die evangelischen berichte deutlich erkennen lässt. Versuchen wir also zunächst die reden und gegenreden der frauen und engel in allen verkommenden fassungen zusammenzustellen und unter sich und mit den biblischen darstellungen zu vergleichen, um zu sehen, ob sie sich in solcher übereinstimmung befänden, dass daraus auf eine oder mehrere ursprüngliche formulierungen derselben geschlossen werden darf, und ob einige davon und welche die eigenen worte des biblischen textes benutzt haben können. Es ergibt sich sofort, dass bei jedem satze zwei wesentlich verschiedene fassungen zu unterscheiden sind, nämlich

Ia

1. Quis revolvet nobis lapidem ab ostio monumenti? RUV
2. Et dicebant ad invicem:
   Quis revolvet nobis lapidem ab ostio? M
3. Quis revolvet nobis lapidem? D
4. Quis revolvet? FJW
5. Sed magnam hoc putare sine adiutorio:
   quisnam autem hoc revolvet ab monumenti ostio? X

Ib

6. Quis revolvet nobis ab ostio lapidem, quem tegunt sanctum (sacrum T) cernimus sepulchrum? GHKLNQT

Dieser satz fehlt in ABCEOPS. DEFJO können nur in beschränktem maase hier herbeigezogen werden, weil sie nicht in ihrer eigentlichen spielabfassung überliefert sind, sondern nur in beschreibender form von kirchenschriftstellern mitgeteilt werden, die nur auf eine veranschaulichung der feier im ganzen, nicht auf die einzelheiten gewicht legten und deshalb die einzelnen sätze meist nur durch ihre anfangsworte bezeichneten, vielleicht auch solche, die ihnen unwesentlich erschienen, ganz übergingen. Auch W gibt anschließlich die notwendigsten anfänge, gewiss weil diese genügten, um das übrige zum teil so geläufiger bibelstellen in einer alljährlich sich wiederholenden kirchlichen feier im gedächtnisse der agierenden geistlichen sofort zu reproduzieren.

Die fassung von RUV ist wörtlich die aus Markus 16, 3 bekannte; M gibt den ganzen vers einschließlich der erzählenden worte des evangelisten, welche nicht zum dialog gehören, nur momentani fehlt. FJW deuten die frage offenbar nur an, wahrscheinlich auch D; auch das letztere lautete vollständig, nach dem anfange zu schliessen, wie im evangelium, während sich von FJW nicht sagen lässt, ob sie Ia, oder Ib folgten. X repräsentiert nächst dem officium aus Tours die ausgebildetste form der lateinischen osterfeiern und zeigt an dieser und an mehreren anderen stellen die neigung auch anderer späterer stücke (namentlich T), den dialog rytmisch umzugestalten, hier ersichtlich aus der durch BUVMDFJW bezeugten ursprünglichen fassung. — Dass auch Ib auf jenem älteren biblischen texte beruht, ist klar. Derselbe ist jedoch in eine bestimmte neue form umgeprägt worden und zwar schon im 12. jhdt und begegnet auch in HT, zwei französischen stücken, was zu beachten ist.

IIa

1. Quem quaeritis in sepulchro, o (o fehlt P) christicolae?   ABCMPSUV(W)X
2. Quem quaeritis in sepulchro?   O
3. Quem quaeritis?   DEFJ
4. Quem vos, quem fleatis?   R

IIb

5. Quem quaeritis, o tremulae mulieres, in hoc tumulo gementes (plorantes GHT)?   GHKLNQT

Im ganzen dasselbe verhältnis, wie bei I. W deutet diese stelle nur an durch Venite, erailet es muss aber ebenfalls eine ähnliche frage der engel enthalten haben, wie die anderen stücke, weil sonst die folgende antwort der frauen der motivierung entbehrte. Bei I stellte sich W zu Ia und wird demgemäss hier IIa beizuzählen sein. O stimmt mit der hauptmasse der durch IIa vertretenen stücke überein, es fehlt nur die anrede. DEFJ sind zweifelhaft, jedoch gehört D nach analogie von I zu IIa, ebenso E nach IV. R scheint verderbt. — IIb ist wiederum eine besondere eigentümliche fassung und erscheint in denselben stücken wie Ib. — Auch bei diesem satze finden beziehungen zu den evangelien statt. Es empfiehlt sich indessen zuerst noch no. III, IV und V vorzulegen, die in den biblischen darstellungen enge mit einander verflochten sind, und sich daher besser im zusammenhange besprechen lassen.

IIIa

1. Jesum Nazarenum crucifixum (crucif. fehlt M), o coelicolae (caelicolae BCP)!   ABCMPQSUVX
2. Jesum Nazarenum!   DEFJOW
3. Non Jesum Christum!   R

IIIb

4. Jhesum Nazarenum crucifixum quaerimus!   GHKLNT

Die verteilung der stücke ist im ganzen unverändert. DEFJOW lassen wiederum ihre zugehörigkeit nicht erkennen, jedoch wird man auch hier von DEJOW annehmen dürfen, dass sie sich IIIa angeschlossen haben. Bemerkenswert ist nur, dass dieses mal Q bei IIIa begegnet, während im übrigen in der besondern fassung IIIb dieselben stücke zusammengehen, wie bei Ib und IIb.

IVa

1. Non est hic, surrexit sicut (enim sicut UV, sicut ipse E)
   praedixerat (dixit EUV)   ABCEMPSUV
2. Quid, christicolae, quaeritis viventem cum mortuis?
   Non est hic, sed surrexit, praedicit ad discipulis!   X
3. Non est hic, surrexit!   O
4. Non est hic, vere!   R
5. Non est hic!   DFJOW
6. Nolite metuere vel haud terrore;
   scio quia quaeritis Iesum hic sepultum,
   cuius vos insandisia venerari cultum.
   Iam surrexit, hic non est, ut non loquar maltum,
   mihi si non credidis, videte sepulchrum!   T

IVb

7. Non est hic, quem quaeritis!   HKLNQ

Die scheidung der dramen in zwei klassen bleibt im wesentlichen dieselbe. DFJOW bleiben in der schwebe. X hat wiederum seinem streben nach rytmischer änderung nachgegeben, lässt aber die ursprüngliche mit IVa 1 übereinstimmende form in seiner zweiten zeile noch erkennen. Q ist zur gruppe IVb zurückgekehrt, während G und T ausscheiden, G mit annäherung an IVa 1, T mit ganz neuer veränlässierter umgestaltung.

Va

1. Ite, nuntiate discipulis eius, quia praecedet vos in Galilaeam! C
2. Ite, nuntiate quia surrexit!   BP
3. Ite, nuntiate quia surrexit a mortuis!   E
4. Ite, nuntiate quia surrexit de sepulchro!   AM
5. Ite, nuntiate quia surrexit dicentes Surrexit; docentes de
   sepulchro!   S
6. Ite, nuntiate   D
7. Ite ad discipulos eiusque nuntiate,
   quod dominus a mortuis surrexit; festinate,
   in Galilaeam fluite cum gaudio et pace,
   ubi eum videbitis; nolite dubitare.   T

Vb

8. Sed cito (R UV) euntes dicite (nuntiate HKLN) discipulis
   eius et Petro quia surrexit Ihesus (Ihesus fehlt UV)!   GHIKLNQUV
9. Cito euntes dicite discipulis, quod surrexit dominus. Alleluia! X
   Euntes dicite discipulis eius, quia surrexit et ecce praecedit
   vos in Galilaeam; ibi eum videbitis.   W
   Fehlt: FJOR.

Die bisher beobachtete einmütigkeit der der ersten recension angehörenden dramen ist hier verloren. Man darf indessen vermuten, dass die wenigen worte Ite, nuntiate quia surrexit, welche als das konstante in den mitten der verschiedenen fassungen hervortreten, die originale form dieses satzes repräsentieren. Bei Vb hat sich dagegen nun auch G wieder eingefunden. UV treten hier zum ersten male in dieser recension auf, und X und W, welche früher ebenfalls hauptsächlich der ersten folgten, haben sich der zweiten in bemerkenswerter weise genähert, W allerdings zunächst nur durch den wörtlichen anschluss an Matthäus 18, 7, vielleicht aber doch nicht ohne einwirkung der zu Vb zählenden stücke. Dass diese rede

In FJOR ganz gefehlt habe, ist nicht unmittelbar aus dem fehlen derselben in der überlieferung zu schliessen; vielmehr wird man annehmen dürfen, dass das andeutende *Non est hic* des vierten satzes nach diesen in sich begreife, da er z. b. in GHIKLMNQ direkt mit jenem verbunden ist.

Sehen wir nun, wie sich dieser dialog zur darstellung der drei ersten evangelisten verhält. Die bezüglichen stellen sind folgende

EV. MATTH. 16, 5—7	EV. MARK. 16, 6. 7	EV. LUK. 24, 5—6
5 Respondens autem angelus dixit mulieribus: Nolite timere vos; scio enim quod Iesum qui crucifixus est quaeritis: 6 non est hic, surrexit enim sicut dixit: venite et videte locum ubi positus erat dominus. 7 Et cito euntes dicite discipulis eius quia surrexit, et ecce praecedit vos in Galilaeam: ibi eum videbitis. Ecce praedixi vobis	6 Qui [eis angelus] dicit illis Nolite expavescere: Iesum quaeritis Nazarenum crucifixum: surrexit, non est hic: ecce locus ubi posuerunt eum. 7 Sed ite dicite discipulis eius et Petro quia praecedit vos in Galilaeam: ibi eum videbitis, sicut dixit vobis	5 cum timerent autem et declinarent vultum in terram, dixerunt ad illas Quid quaeritis viventem cum mortuis? 6 Non est hic, sed surrexit: recordamini qualiter locutus est vobis cum adhuc in Galilaea esset, 7 dicens quia oportet filium hominis tradi in manus hominum peccatorum et crucifigi et die tertia resurgere.

Diese einfachen erzählungen unterscheiden sich von den dramatischen osterfeiern in sehr wesentlichen punkten. Erstens ist hervorzuheben, dass sie nicht dialogisch gehalten sind, dass vielmehr nur der engel redend eingeführt wird, der die fragen der Marien vorwegnimmt und zugleich die auferstehung Jesu und die botschaft seiner erscheinung in Galilaea verkündet. Zweitens sind seine worte auch nicht der art, dass sie unverändert zum dramatischen dialog verwant werden konnten. Dennoch sind auch diese partien der evangelien zur abfassung der osterdramen benutzt worden, das zeigen einige wörtliche übereinstimmungen schon bei der oberflächlichsten vergleichung. Es ist also zunächst zu untersuchen, in welcher weise ihre benutzung stattgefunden hat. Selbstverständlich nur in bezug auf die stücke der ersten rezension, denn die zweite ist eine spätere eigene bearbeitung, die nur auf grundlage der ersten entstanden sein kann.

Die erste frage der frauen *Quis revolvet* etc. hatte das evangelium Markus sogleich in paesender form dargeboten; man sollte demnach erwarten, dass dasselbe, besonders auch weil es das evangelium des ostertages ist, dem ganzen drama zur grundlage gedient habe. Für die frage des engels *Quem quaeritis* etc. und die antwort der Marien *Iesum Nazarenum crucifixum* etc. ist in der tat die anlehnung an Markus 16, 6 wahrscheinlicher, als an Matthaeus 18, 5. Das *Non est hic* etc. dagegen lässt sich auf die worte jenes *Surrexit, non est hic* nicht zurückführen, sondern steht in offenbarer abhängigkeit zur fassung des letzteren. Denn UV stimmt mit Matth. 18. 6 wörtlich zusammen, R setzt nur *sicut ipse* statt *enim sicut* und die hauptmasse der übrigen stücke *sicut praedixerat* für *enim sicut* dixit. Va enthält nichts, was einen engeren anschluss an einen der beiden evangelien zu behaupten gestattete. — Das evangelium des Lukas ist bei der ursprünglichen abfassung gar nicht in betracht gezogen worden. Die frage des engels *Quid viventem quaeritis cum mortuis?* (Luk. 18. 5) liess sich im drama nicht gebrauchen, weil sie die verkündigung der auferstehung schon vorwegnimmt und den in dem *Non est hic* etc. konzentrierten dramatischen effekt ganz abgeschwächt haben würde. In dem hier besprochenen abschnitt ist sie nur von X in IVa verwertet worden.

Fast ebenso häufig, wie die bisher besprochenen fünf sätze, begegnet in den lateinischen osterfeiern der sogenannte ambrosianische lobgesang, das *Te deum laudamus*. Es ist zwar nur in DEFGJKLMNOP

---

1. Der wahrscheinliche verfasser ist bekanntlich nicht der h. Ambrosius, sondern Nicetas, bischof von Trier (um 535). Vgl. X. Alt, der christliche Cultus. Berlin 1843. S. 422 anm.

E(S)UVWXY überliefert, hat aber ohne zweifel auch die übrigen stücke (ABCHQT) beschlossen und ist bloss deshalb in diesem nicht erwähnt worden, weil er bekanntermassen im österlichen ritus eine feste stelle inne hatte. Durch die ihm unmittelbar vorausgehende dramatische aufführung musste die wirkung dieses gewaltigen gesanges erheblich gesteigert werden, dessen hohe bedeutung vielleicht durch sie erst den nichtgeistlichen andächtigen zum verständniss gebracht wurde.

Es ist im obigen gezeigt worden, dass die genannten fünf sätze allen deutschen, französischen und dem holländischen mysterium gemeinsam sind und mit ausnahme des ersten aus dem ev. Markus wörtlich entlehnten, unter benutzung der erzählungen der evangelisten Markus und Matthäus zu einem dramatischen dialog frei komponiert worden. Es hat sich dabei zugleich ergeben, dass sich dieselben in zwei streng geschiedene versionen teilen, deren zweite ein eigentümliches festes von dem biblischen texte stärker abweichendes gepräge erhalten hat und deshalb späteren datums sein muss. Bei den dramen, welche der ersten version folgen, war dagegen eine unsicherheit und ein schwanken bemerkbar in der formulierung, die ja durch die quelle, die evangelien, nicht eine gegebene bestimmte war, sondern durch den oder die urheber und verfasser der ursprünglichen dramatischen formen erst gefunden werden musste. Diese werden wir daher noch einmal genauer ins auge fassen müssen, um zu entscheiden, ob sie auf einer mehrfachen von einander unabhängigen autorschaft beruhen, oder auf eine bestimmte, erkennbare urform schliessen lassen und als unwesentliche leicht erklärbare variationen einer solchen betrachtet werden dürfen. Dabei wird es nicht ohne interesse sein, die nationalität der stücke zu beachten; denn es ist gar wohl denkbar, dass die französischen stücke mit den deutschen anfänglich nichts zu schaffen gehabt haben, sondern nur zufällig in verfolgung des gleichen zweckes und durch die naheliegende benutzung derselben evangelien zu einer nur scheinbaren, mehr äusserlichen übereinstimmung gekommen seien. Ich trenne deshalb die stücke beider länder durch einen senkrechten strich und stelle die deutschen vor, die französischen, denen ich das sternzeichen (S) anschliesse, hinter denselben. Da ferner hier nur bestimmte urformen eruiert werden sollen, so bedürfen erkennbar willkürliche spätere ausweichungen einzelner stücke nur einer erwähnung mit übergehung der bereits angegebenen speziellen fassungen. Die nur die anfangsworte gebenden dramen führe ich bei übereinstimmung derselben mit denen anderer unter diesen auf, setze sie aber, um das urteil des lesers nicht zu trüben, als zweifelhaft in klammern; es sind dies, wie schon bemerkt, besonders DEFJUW.

Ia:	Quis revolvet nobis lapidem ab ostio monumenti?	(DF) (JM R)	UV W);	abweich. X: fehlt A BCKOPS.
IIa:	Quem quaeritis in sepulchro, o christicolae?	A(DF) (JM	BCFKO,PUV(W)XS,	
IIIa:	Iesum Nazarenum crucifixum, o coelicolae!	A(DF) (JMQ	BCFKO)PUV(W)XS; abweich. R.	
IVa:	Non est hic, surrexit sicut praedixerat!	A DF QJM	BCFKO)PUV(W) S; abweich. RTX.	
Va:	Ite nuntiate quia surrexit.	so nur die franzö. stücke BF, anfangsworte D, mit reaktion AM JM,	
	abweichend CT, fehlt FJR OW.		

Gegenüber dieser übersicht wird man sich der überzeugung nicht verschliessen dürfen, dass diese fassungen die ursprüngliche form der lateinischen osterfeiern überhaupt darstellen. Denn es ergibt sich, dass in IIa, IIIa, IVa AM BCPUVS und den anfangsworten nach zu schliessen auch DFJ EOW regelmässig zusammengehen, dass X in IIa und IIIa diese ältere form bewahrt und IVa in offenbar ihm eigentümlicher weise geändert hat, dass ferner Q und G, die im übrigen durchaus zur zweiten rezension gehören in IIa resp. IIIa noch die ursprüngliche fassung erhalten haben und die übrigen abweichungen in R und T (das ebenfalls hauptsächlich zur zweiten rezension gehört) dagegen nichts beweisen können. Wenn die angegebene fassung von Va die ursprüngliche form repräsentiert, was durchaus wahrscheinlich ist, so stimmen auch hier die meisten stücke überein, nämlich A(D)M BFS. Zweifelhaft ist nur der erste satz Quis revolvet etc., der in A BCEOPS fehlt, also in solchen dramen, die sowohl wegen ihres hohen alters, als auch weil sie von den erweiternden zusätzen späterer stücke (namentlich der schon sehr früh aufgenommenen *Ad monumentum venimus* etc., *Currilis, e mori* etc., *Currebant duo simul* etc.) noch ganz oder nahezu frei sind, die annahme, der ursprünglichen abfassung besonders nahe zu stehen, sehr wahrscheinlich machen. Dabei ist zu beachten, dass sie drei verschiedenen ländern angehören und dass jenes *Quis revolvet* etc. aus Markus 16, 3 wörtlich entnommen ist, also sehr leicht an weitauseinander liegenden orten mit vollkommener gegenseitiger übereinstimmung dem von einem verfasser komponierten urdrama hinzugefügt werden konnte. Dass nun aber die angegebenen fassungen der übrigen sätze nicht bloss die ältesten sind, sondern auch wirklich von einem verfasser herrühren müssen, wird durch folgende beobachtungen unwiderleglich erwiesen. Erstens ist dieser kurze dialog, wie wir gesehen haben, eine ziemlich freie bewusste komposition aus zwei evangelien, der sich also nicht aus dem osterevangelium des Markus und seiner vortragsweise mit verteilten rollen gleichsam von selbst im gottesdienste zum drama gestaltete, sondern aus ganz undialogischen erzählungen mit erheblichen veränderungen des biblischen textes in bewusster absicht zum dramatischen dialog erst geschaffen werden musste. Es geschah dieses zweitens mit einer solchen ausnahmslosen übereinstimmung in der auswahl der gegebenen stoffe, dass sich z. b. die übergehung von stellen wie *Ecce locus* etc. (Mark. 16, 6), oder *Venite et videte locum* etc. (Matth. 19, 6), die sich unmittelbar zur benutzung darboten und späterhin ihrer verwendung in den osterdramen auch nicht entnommen sind, bei der voraussetzung mehrerer verfasser nicht erklären liesse. Drittens ist die gestaltung des dialogs als ganzes bei allen erhaltenen und die fast wörtliche übereinstimmung der meisten zur ersten recension gehörenden dramen eine solche, dass sie erstern schwerlich, die letztere niemals von mehreren unabhängigen verfassern erreicht worden sein könnte. Denn, wenn man schon voraussetzt, dass die verschiedenen verfasser ihr augenmerk sofort auf die beiden evangelien des Markus und Matthäus gerichtet hätten, — wozu indessen eine nötigung keineswegs vorliegt, da sich die auferstehung Jesu auch in anderer weise dramatisieren liess und in den lateinisch-deutschen osterspielen tatsächlich auch noch anders dargestellt worden ist und z. b. nach Schönbachs annahme durch die wechselreden der M. Magdalena mit den aposteln Petrus und Johannes in der zweiten hälfte der sequenz *Victimae paschali* ursprünglich zur anschauung gebracht worden sein soll, — so hätte die ausführung doch immer noch sehr verschiedenartig ausfallen können und müssen, weil die evangelien den verfassern in dieser beziehung hinreichend spielraum gewährten. Die reden IIa und IIIs mussten ja erst gemacht werden; es wäre aber in der tat ein äusserst merkwürdiger zufall, dass unter der voraussetzung je eines verfassers für Frankreich, Deutschland und Holland alle drei hier gerade an Markus 16, 6 sich enger angeschlossen haben sollten, als an Matthäus 19, 6, bei IVa die version Matthäus 19, 6 mit *sicut dixit* in *sicut praedixeret* einhellig geändert und wiederum bei Va sämtlich eine übereinstimmende aber von beiden evangelien abweichende fassung gefunden haben sollten, anstatt eine der von diesen zur aufnahme gebotenen einfach anzunehmen.

Hieraus ergiebt sich von selbst, dass die ansicht Wilkens durchaus falsch ist, bei der kritischen betrachtung unserer deutschen osterfeiern könnten die gallikanischen, so viel ähnliches sie enthalten möchten, ohne schaden bei seite bleiben[1], da man auf beiden ufern des Rheines von selbst gewusst habe, welche stellen des neuen testamentes für ein osterspiel in betracht kommen, weshalb die übereinstimmung solcher texte für einen direkten zusammenhang nichts beweise[2]. Wilken konnte eine solche behauptung natürlich nur aussprechen, weil er eine sorgfältige vergleichung der deutschen und französischen stücke gar nicht unternommen und eine scharfe unterscheidung zwischen dem nicht gemacht hatte, was von untereinander

1 Ueber die kritische behandlung der geistlichen spiele. S. 19.

2 Daselbst s. 18, anm. 1.

unabhängigen verfassern bei der dialogisirung des markusevangeliums übereinstimmendes hervorzubringen möglich oder unmöglich war. Eine darauf gerichtete untersuchung ist ihm auch dann nicht in den sinn gekommen, als Schönbach den unmittelbaren zusammenhang der französischen und deutschen dramen behauptet und ihm darum die gänzliche übergehung der ersteren zum vorwurf gemacht hatte[1], wo es doch sehr in seinem interesse gewesen wäre, denselben durch stichhaltige beweise von sich abzuwehren. Dass er nicht schon vorher von Mone dazu gedrängt worden war, erklärt sich, wie wir gesehen haben[2], aus der völligen unkenntnis und verkennung seiner anschauungen. Er glaubt sich vielmehr mit Mone in vollkommenem einvernehmen und bezieht sich auf ihn als einen solchen, der seine entwickelungsweise schon „mit genügender klarheit" gezeigt habe[3]. Aber gerade in der dialogisirung des markusevangeliums, welche Wilken sogar unter der voraussetzung mehrerer verfasser so sicher und leicht sich zu ergeben scheint, dass er sich jeglichen beweises überhoben erachtet, lag für Mone eine schwierigkeit, gross genug, um ihn auf andere formen und antriebe für die ableitung der osterdramen sinnen zu lassen. Ich will jedoch hier nicht wiederholen, was ich oben s. 16 ff. schon des weiteren auseinandergesetzt: ich habe nur geglaubt an dieser stelle nochmals darauf hinweisen zu müssen.

So weit die erste rezension. Mit der zweiten werden wir uns ungleich viel schneller abfinden können. Es begegnen hier nur sehr wenige differenzen und diese sind ganz nebensächlicher art. Die variante aestum T statt aestus GHKLNQ in Ib ist ganz irrelevant; die andere pluraties GHT statt genuites KLNQ in IIa könnte nur etwa für pluraties als die ursprünglichere lesart geltend gemacht werden, weil sie von den beiden französischen stücken LT und G, dem seiner entwickelungsstufe nach ältesten deutschen dieser rezension, bezeugt ist, während sich bei der dritten nuntiate KLN H statt dicite GQ¦UV in Vb auf beiden seiten französische und deutsche stücke gegenüber stehen; da indessen die stücke der ersten rezension sämmtlich nuntiate vertreten und dirite aus Matthäus 18, 7 und Markus 16, 7 sehr leicht nachträglich eingang gefunden haben mag, so wird man sich mit mehr wahrscheinlichkeit für ersteres entscheiden müssen. Daran, dass diese rezension nur das werk eines umarbeiters sein kann, wird von vorne herein niemand den geringsten zweifel haben. Die einzelnen sätze tragen ein viel bestimmteres aber auch von den evangelien stärker abweichendes gepräge, als die der ersten, Q steht bei IIIa, G bei IVa mit einem fusse noch in dieser, UV sind zuerst mit Vb in die zweite übergetreten, und die annahme, dass die zweite rezension die frühere sei, dass die stücke der ersten später jedoch einen engeren anschluss an die eigenen worte des biblischen textes gesucht hatten, würde die dabei erreichte und oben nachgewiesene übereinstimmung in den einzelnen fassungen völlig rätselhaft erscheinen lassen. Ausserdem ist die zweite rezension nur in solchen dramen vertreten, die zufolge augenscheinlich später eingeschalteter elemente eines höheren entwickelungsgrad bezeichnen, und wenn wir sehen, dass die folgende zeit nicht allein durch die aufnahme von neuen bibel- und ritualsätzen, hymnen und ganzen szenen, sondern auch durch die umdichtung der schon vorhandenen formen (z. b. T IVa und Va, X Ia und IVa) unaufhaltsam zu weiterer entwickelung trieb, so können wir auch in dieser zweiten rezension nichts anderes erblicken, als eine wirkung eben dieser schon im 12. jahrhundert erwachten neigung nach rundung und vervollständigung des dialogs und des dramatischen stoffes.

Schliesslich scheint mir die eigentümliche mischung von Matthäus 18, 7 und Markus 16, 7 in Vb noch eine besondere anmerkung zu verdienen. Man sollte erwarten, dass ein umarbeiter, der hier auf die evangelien zurückging, die eine oder die andere version unverändert aufgenommen habe, weil beide seinem

1. In seiner rezension, Zeitschrift für deutsche Philologie 4, 367 ff. Vgl. oben s. 14.
2. Siehe oben s. 16 ff.
3. Ueber die kritische behandlung der geistlichen spiele s. 19 und 21.

Milchsack, Oster- und passionsspiele. b

zwerke entsprachen. Hier jedoch bildet Matthäus 18, 7 ersichtlich den kern, aber statt *Et cito euntes* liest man mit Markus *Sed* (ausgenommen in UV) und aus demselben evangelium ist das bei Matthäus fehlende *discipulis eius et Petro* hinzugefügt worden. Dieser zusatz lässt sich aber nicht, wie man an-zunehmen versucht sein könnte, aus der einrichtung des spieles erklären, dass zuweilen die übergabe der engelsbotschaft durch die frauen an die jünger durch einen dialog zwischen Maria Magdalena und Petrus vermittelt wird. Denn in GHKLNUV findet ein solcher dialog noch nicht statt, in QT nur unter anwendung der zweiten hälfte der sequenz *Victimae paschali*, den *Dic nobis Maria* etc., aber auch hier pflegt der frag-steller nicht Petrus allein, sondern der kor der jünger zu sein. Ferner würde man auch nicht begreifen können, warum nicht in allen zur zweiten rezension gehörenden stücken jene sequenz sich findet, wenn der umarbeiter durch das *et Petro* wirklich eine solche beziehung ausdrücken wollte, sei es nun, dass er die-selbe in dem von ihm bearbeiteten exemplare schon vorgefunden, oder in dasselbe erst eingefügt habe, zumal die anwendung der sequenz mit dem 12. jahrhundert im gottesdienste schon ziemlich verbreitet war, mithin in ihr selbst ein hindernis nicht gefunden werden durfte.

Das vorkommen der zweiten rezension auch in den französischen LT ist vorhin schon mehrfach er-wähnt worden. Wir sehen also auch hier wieder, wie unrecht Wilken that, die herbeiziehung derselben ne-gierig von der hand zu weisen und ihren direkten zusammenhang mit den deutschen auf den oberflächlich-sten augenschein hin zu leugnen.

Das resultat unserer bisherigen untersuchung ist demnach folgendes. Die fünf nachgewiesenen sätze mit dem *Te deum* sind der gemeinsame kern aller lateinischen osterfeiern. Sie beruhen auf ev. Markus 16, 3, 6, 7 und Matthäus 18, 6, 7 und spalten sich in zwei scharf geschiedene rezensionen, die beide gemäss den übereinstimmenden besonderheiten ihrer fassungen an fixen orte entstanden sein und von fixem ver-fasser herrühren müssen. Die erste bekundet sich als die ältere durch die treuere bewahrung des biblischen textes und weil sie in den meisten, ältesten und einfachsten, darunter dem einzigen holländischen stücke erscheint und in einigen der zweiten (GQ) noch nicht ganz überwunden ist; zweifelhaft ist jedoch, ob die erste frage der frauen *Quis revolvet* etc. von anfang an darin aufgenommen war. Die erste rezension ist in Frankreich und Deutschland ziemlich gleichmässig verbreitet, in Holland durch die einzige bekannte utrechter osterfeier vertreten; die zweite ist dagegen hauptsächlich in Deutschland heimisch und findet sich nur in zwei französischen dramen, die überdies aus derselben stadt Cividale stammen[1]. —

Dass die erste rezension zugleich die ursprüngliche form der lateinischen osterfeier repräsentiere, ist schon jetzt im höchsten grade wahrscheinlich. Sie oder die aus ihr später entstandene zweite ist der einzige konstante kern sämmtlicher mysterien und macht bei AH ohne jeden ferneren zusatz überhaupt das ganze drama aus. Wären responsorien, versus, osterlieder (hymnen) die das osterschauspiel erzeugendes elemente gewesen, so müssten sie einen gewissen dramatischen karakter gehabt und den stoff behandelt haben, der in unsern osterfeiern dramatisiert worden ist, oder ähnliche, die zur dramatisierung dieses triebens. In diesem falle aber müsste es wunderlich erscheinen, dass derartiges in unsern denkmälern nicht mehr ge-funden wird. Unter den spärlichen hymnen oder sequenzen, welche in denselben vorkommen, hat nur die zweite hälfte des *Victimae paschali* gesprächsform. Die sequenz kommt jedoch nur in QRa OPTc vor, ist also bei weitem nicht ein gemeinsames merkmal auch nur der deutschen stücke, wie Schönbach angibt[2]. Sie

---

1. In lateinisch-französischem osterspielen habe ich das erste mals der zweiten rezension nur in einer handschrift des 14. jahrhunderts aus der abtei d'Origny Sainte-Benoite gefunden. Vgl. Luc Iroix Marius bei Coussemaker, Drames litur-giques no. XVIII, p. 226 ss. Coussemaker setzt die handschr. im 18. jahrhundert, wie ich indessen nach dem fak-simile glaube mit unrecht.

2. Siehe oben s. 14.

ist allerdings schon frühe in das ritus des ostergottesdienstes aufgenommen worden und hat sich bis heute darin erhalten. Ob dies aber schon im 11. Jahrhundert geschehen, aus dem unsere ältesten dramen datieren, wissen wir nicht, war doch bis vor wenigen jahren noch unbekannt, ob sie in dieser zeit überhaupt existierte. Andererseits ist es aber mehr wohl begreiflich, dass ein so schönes lied, das wie zur aufnahme in die dramatischen osterfeiern gemacht zu sein scheint und ohne alle schwierigkeit eingefügt werden konnte, tatsächlich hin und wieder in dieselben aufgenommen worden ist. Wilken vermutet sogar, dass nur die erste hälfte der sequenz alt, die zweite von Die nobis Maria an und als ,responsorium' bezeichnete dagegen ursprünglich selbständig gewesen und in den osterdramen selbst im freien anschluss an Markus 16, 7 und mit benutzung von Joh. 20, 3—7 entstanden sei. Dass ist jedoch ein irrtum. Er hat übersehen, dass Anselm Schubiger schon im jahre 1858 zu Einsiedeln eine mit neumen versehene handschrift aus dem 12. jahrhundert gefunden hat, welche beide teile der sequenz umfasst und Wipo († um 1050), den priester und kaplan kaiser Konrads II. und Heinrichs III., als verfasser nennt[1]. Seine heimat ist wahrscheinlich Deutschburgund, seine wirksamkeit gehört aber hauptsächlich Deutschland an, da er am hoflager des kaisers lebte und nur wenn ihn seine kränklichkeit verhinderte demselben zu folgen, in Burgund zurückgeblieben zu sein scheint. Wir werden daher auch seine sequenz als ein deutsches erzeugnis ansehen und seine verbreitung zunächst in den kirchen deutschlands voraussetzen dürfen[2]. Wenn also Schönbach die sequenz als die grundlage der deutschen stücke zu erweisen sucht, weil sie eine gemeinsames kennzeichen dieser und vielleicht aus Frankreich, wo es schon dramatische osterfeiern gegeben (?), entlehnt oder durch eine kirchliche ordnung von Rom in Deutschland eingeführt worden sei, so hat sich der erste dieser gründe als unzutreffend ergeben, der zweite aber ist mindestens sehr unwahrscheinlich. Auch ist es mir unverständlich, wie diese annahme mit jener anderen in einklang gesetzt werden soll, dass die französische gruppe OP(BE) mit dem responsorium am schluss den übergang zu den aus Deutschland stammenden bilde[3]. Denn meint er damit, dass stücke von der entwickelungsform OP selbst nach Deutschland gekommen seien, so ist es nicht nötig eine besondere entlehnung der sequenz anzunehmen; meint er aber nur, dass die ältesten aus der sequenz hervorgegangenen deutschen osterfeiern OP sehr ähnlich wären, so ist nicht abzusehen, warum bloss die deutschen und nicht auch die französischen auf grundlage der sequenz entstanden sein sollen.

Aber auch von andern hymnen enthalten die lateinischen osterfeiern nur eine, die zu der masse der engel und frauen am grabe gehört und zugleich in mehreren stücken vorkommt, nämlich Haec nobis interunt mentio. Sie bildet die einleitung zu QRT, indem von den drei Marien wechselnd ja eine strophe gesungen wird. Auf diese wird indessen noch weniger jemand die entstehung der dramen zurückführen wollen. Was sich überhaupt in einer grösseren anzahl von stücken gemeinsam findet, sind entweder bibel- und ritualverse, die allerwärts jedem zu gebote standen, oder neue dramatische elemente, die behufs vervollständigung erst nachher

1. Schubiger, Die sängerschule St. Gallens vom 8.—12. Jahrhundert. S 43 und taf VIII. der Monumenta no 55, ed. Einsiedl. frag. 1. Vgl. Jos. Kehrein, Lateinische sequenzen des mittelalters. Mainz (Kupferberg) 1873. no 63. Schubiger setzt die handschrift ins 11. jahlt; er weit seine erfahrungen reichen, trägt dieselbe den regelmässigen schriftcharakter der handschriften des 12. — Ueber Wipo ist ausser Schubiger s. a. o. t. 20 ff. auch W Wattenbach, Deutschlands geschichtsquellen im mittelalter. I[1], 10 ff. zu vergleichen.

2. Früher hat man geglaubt, dass es wohl in Italien gedichtet sein könnte, weil sie in italienischen drucken besonders häufig gefunden wird. Vgl. Daniel, Thesaurus hymnologicus II, 96.

3. Was Schönbach unter Herberts bekanntem werten meint, ob für mein vermutung aus Rom als ältestes zeugnis gelten sollen, weiss ich nicht

4. Siehe oben s. 14

verfasst und eingeschaltet wurden. Mit diesen werden wir uns ferner hauptsächlich zu beschäftigen haben. Von jenen nahm jedes kloster auf, was ihm zur erweiterung und verschönerung der feier passend erschien. Rom kannte nur erst wenige unserer alten osterdramen und er war, wie wir gesehen haben, zu seiner hypothese durch die unmöglichkeit bewogen worden, dieselben wie die passionsspiele aus der vortragsweise des merkuterauspelivus im gottesdienste abzuleiten. Einen beweis für dieselbe hat er nicht geliefert und wir sehen, dass ein solcher nicht geliefert werden kann.

2. ERSTE GRUPPE, ABCDE.

Die nachgewiesene älteste form der lateinischen osterfeier ist in keinem denkmal ganz rein überliefert. Die einfachsten formen liegen in ABCDE vor, es fehlen jedoch in ABCE das *Quis revolvet* etc. und in AHC auch das *Te deum*. Sie folgen alle der ersten rezension und die zusätze, welche in CDE aufnahme gefunden haben, gehören zum kirchlichen ritus des ostertages. Sie bilden die erste gruppe, die ich zunächst in übersichtlicher zusammenstellung folgen lasse, um dem leser das zum teil schwer erreichbare material in geordneter gruppierung vorzulegen und die mühsame vergleichung desselben nach möglichkeit zu erleichtern.

A, EINSIEDELN I, XII. JAHT.	B, PARIS, XI. JAHT.	C, ST. MARTIAL, XI. JAHT.	D, ST. BLASIEN, XIV. JAHT.	E, NANTERRE, I JAHT.
[PROPHETAE:] 1 Gloriosi et famosi regis festum cele- bramus gaudeamus, cuius ortum, vitam partum, nobis datam prae- dicamus habeamus. CHORUS: Gloriosi etc. PROPHETAE: Ecce regem, novam legem dantem, orbis cir- cuitum * praedicamus, quem futurum reg- natorum prophetico annunci- atum nuntiamus.				

* Vor diesem worte
ist *per* zu verstehen.
Nor—

A,	B,	C,	D,	E,
RIMBERDOLI I, XII. JHDT.	PARIS, XI. JHDT.	ST. MARTIAL, XI. JHDT.	ST. BLASIEN, XIV. JHDT.	MANTUA, I JHDT.
CHORUS: Gloriosi etc.				

PROPHETAE:
Sunt impleta, quae
    prophetia
quisque dixit de fu-
    turo
summo rege,
impiorum Iudaeorum
corda negant regna-
    torum
sua lege.				

CHORUS: Gloriosi etc.				
PROPHETAE: Dilatata iam privata fit regali potestate plebs Iudaea, et gentiles prius viles convertuntur maies- tate aetherea.				
CHORUS: Gloriosi etc.				

PROPHETAE:
Deum rerum, regem
    regum
confitentes per lava-
    crum
salvabuntur,
sed Iudaei, facti rei,
renuentes sa-
    crum regem
damnabuntur.				

CHORUS: Gloriosi etc.				

PROPHETAE:
Floruisse et dedisse
novum fructum di-
    noscitur
radix Iesse,
Israheli infideli
iam Maria natus sci-
    tur
[hic *] adesse.				

* Fehlt in der Hs.
Mone

A,	B,	C,	D,	E,
CHORUS:	CHORUS:	ST. MARTIAL, XII. JHDT.	ST. BLASIEN, XIV. JHDT.	

A,

CHORUS:

Gloriosi etc.

[PROPHETAE:

9 Hortum praedesti-
nasio.
parvo sabbati spatio.
providerat lu proximo
civitatis pro fascia
[sic!]
Hortum pomorum
vario
con insignem edulio,
quantum virtutis
spatio
coaequalem Elysio.
In hoc magnus de-
curio
ac nobilis] oratorio
forem Mariae pro-
prio
sepelivit in tumulo.
Flos autem die tertio,
qui floret ab initio,
refloruit e tumulo
summo mane dilu-
culo.
In resurrectione.

ANGELUS dicit:

1 Quem quaeritis
in sepulchro, o
christicolae?
MULIERES respon-
dent:

4 Jesum Nazare-
num crucifixum, o
coelicolae]
ANGELUS dicit:

5 Non est hic, sur-
rexit sicut prae-
dixerat;

B,

[CHORUS:]
1 Psallite regi magno,
devicto mortis im-
perio.

[ANGELI:]

2 Quem quaeritis
in sepulchro, o
christicolae?
[MULIERES:]

3 Jesum Nazare-
num crucifixum, o
coelicolae!
[ANGELI:]

4 Non est hic, sur-
rexit sicut ipse
dixit;

C,

[H]oc est de mu-
lieribus,
[VIRGO MATER DEI:]
1 Ubi est Christus,
meus dominus et
filius excelsus.
[MULIERES:]
2 Eamus videre se-
pulchrum.

[ANGELUS:]

3 Quem quaeritis
in sepulchro, o
christicolae?
[MULIERES:]

[4 Jesum Nazare-
num crucifixum, o
coelicolae]]
[ANGELUS:]

5 Non est hic, sur-
rexit sicut prae-
dixerat;

D,

DUO SACERDOTES
in cappis induent sum-
sunt duo thuribula, et
thuraria in capite po-
sunt intrantes chorum,
paulatim veniant versus
sepulchrum, vox se-
dicti cantantes:
1 Quis revelvit no-
bis lapidem?
quos DIACONUS, qui
debet esse retro sepul-
chrum, interroget pri-
mado:
2 Quem quaeritis?

deinde ILLI (sc. mu-
lieres]:

3 Jesum Nazare-
num!

Quibus DIACONUS
respondet:

4 Non est hic!

Mox incensant sepul-
chrum et dicendo DIA-
CONO:

E,

Dum tertia resiliunt le-
tio, quatuor fratres in-
duant se Quorum unus
alba indutus acsi ad
aliud agendum ingredia-
tur, atque latenter se-
pulchri locum adeat;
ibique, manu tenens pal-
mam, quietus sedeat.
[D]umque tertium psu-
lebratur responsorium
revidel tres reliquos,
omnes quidem cappis
induti, thuribula cum in-
censu manibus gestantes
et pedetentim, ad simi-
litudinem quaerentium
quid, veniunt ad locum
sepulchri. Aguntur enim
haec ad imitationem an-
geli sedentis in monu-
mento atque mulierum
cum aromatibus veni-
entium, ut ungerent corpus
Jesu. Cum ergo ILLE
RESIDENS tres, velut
errouneo ac aliquid quae-
rentes, viderit sibi ad-
proximare, incipiet me-
dioeri voce dulcesono
cantare:

A, HEIDENHEIM, XII. JHDT.	B, PARIS, XI. JHDT.	C, ST. MARTIAL, XI. JHDT.	D, ST. BLASIEN, XIV. JHDT.	E, BAMBERG, I JHDT.
4 Ita, nuntiate quia surrexit de sepulchro.	5 Ita, nuntiate quia surrexit.	6 Ita, nuntiate discipulis eius quia praecedet vos in Galilaeam.	5 Ita, nuntiate	4 Ita, nuntiate quia surrexit a mortuis.
				Cultus ministralis vero versus ad ILLI TRES ad chorum dicuntur: 5 Alleluia! Surrexit dominus!
				Diaconus, versus ILLE HOMINES, vel ut revocans illos, dicat e ntiphonam: 6 Venite et videte locum, [ubi positus erat dominus.]
		[MULIERES:]	versus ad [MULIERES] ad chorum, resumentes ea per gradum, et cantant:	Haec vero dicens surgat et erigat vultum ostendat que sive loca vacuo sudario, sed tantum lintheamina ponitur, quibus erat involuta erat. Quo viso, deponant thuribula, quae gestaverunt in eodem sepulchro, resumantque lintheos et extendant contra chorum; ac veluti ostendentes, quod surrexit dominus et iam non sit involutus, hanc canant antiphonam: [MULIERES:]
	7 Vere surrexit dominus de sepulchro cum gloria. Alleluia!	6 Surrexit dominus de sepulchro, [qui pro nobis pependit in ligno.]		7 Surrexit dominus de sepulchro!
		oupto in domo. Finita antiphona dominus AB BAS incipiat:		... qui dependens in limine ... altari Finita antiphona. Ultima resurgendo pro triumpho regis nostri, quod dextera manus surrexit, incipiat hymnum: 6 Te deum laudamus.
		7 Te deum laudamus In medio ante altare. Monique campanam concintur in angelorum.		

Das karakteristische an diesen stücken ist allein der ursprüngliche dialog. Was darüber hinaus geht, sind selbständige zutaten, deren quellen leicht nachgewiesen werden können. Das *Venite et videte locum, ubi positus erat dominus* E 6 stammt aus er. Matth. 18, 7, das *Surrexit dominus de sepulchro, qui pro nobis pependit in ligno* DO und E7 (?) aus dem Introitus der ostermesse und auch das *Alleluia, surrexit dominus* E 5 und *Vere surrexit dominus de sepulchro cum gloria* C 7 wird man unter den responsorien des unten abgedruckten ordinary für die matutin des ostertages finden, aus welchem D herrührt. Diese zusätze zeigen uns, dass man schon bald anfing das anfangs in den nageren grenzen gehalte e drama in einzelheiten weiter auszuführen und wirkungsvoller zu machen. An dieser stelle wurde man dazu auch durch die lücke in der dramatischen komposition getrieben, welche durch den plötzlichen übergang von dem *Ite nuntiate* der engel zum *Te deum* des an der aufführung unbeteiligten korrs entsteht. Die botschaft der engel ist an die frauen gerichtet, welchen durch den plötzlich einfallenden kor der rückweg abgeschnitten wird. Es ist klar, dass sich hier bei der darstellung die notwendigkeit eines überganges sogleich fühlbar machen musste, der zugleich den frauen eine angezwungene rückkehr zu den kor gestattete und die mitteilung der erhaltenen botschaft an den kor vermittelte. Durch das responsorium *Surrexit dominus* etc. wurde beides in ebenso einfacher als durchaus angemessener weise erreicht. — Auch das *Venite et videte* etc. ist ganz geeignet die dramatische wirkung zu erhöhen; denn indem der engel die frauen mit solchen worten herbeiruft, schlägt er sich auftrichtend das ,velum', welches ihn bis dahin verborgen hatte, zurück, weist die geleerte grabstätte und übergibt ihnen die schweisstücher angesichts des erwartungsvoll schauenden volkes zum beweise der wahrhaftigkeit seiner wunderbaren worte. Nur allerdings sollte man diese aufforderung wie im evangelium vor jener für die jünger bestimmten botschaft erwarten, weil sie zur ergänzung und bekräftigung des *Non est hic* etc. dient. Darin, dass sie hier einen anderen platz erhalten hat, liegt für uns der indirekte beweis für ihre spätere aufnahme und dass sie zur ältesten form der osterfeier noch nicht gehörte.

Natürlich war auch eine einleitung gottesdienstlicher oder gesanglicher art erforderlich, welche die dramatische aufführung vorbereitete. Aus den grossen verschiedenheiten, welche sich hier in beinahe sämmtlichen stücken zeigen, (vgl die übersichtstabelle), geht jedoch hervor, dass sie ebenfalls in der ursprünglichen abfassung nicht einbegriffen war, sondern dem eigenen ermessen jeder kirche anheimgegeben blieb. In A sind dazu zwei hymnen verwant worden. Der erste *Gloriosi et famosi* wurde von zwei kören gesungen, indem man die erste strofe nach jeder der übrigen von einem gegenkore in refrainartiger weise wiederholen liess. Es ist offenbar ein präalibel auf die geburt Kristi, also für das weihnachtsfest bestimmt, darauf deutet auch die bezeichnung des hauptkores als ,prophetae', weil an diesem feste die alttestamentlichen profeten vorgetragen zu werden pflegten[1]. Der zweite, *Hortum praedestinatio* etc., aus vier vierzeiligen strofen bestehend, ist nur von der zehnten zeile an erhalten, der anfang konnte jedoch aus P, welches diesen hymnus ebenfalls als einleitung benutzt hat, ergänzt werden. Wenn die lücke in der handschrift, wie Mone vermutet, durch den ausfall eines ganzen blattes enstanden ist, so wird ausser den ersten zehn versen dieses liedes auch der schluss des ersten, oder etwas anderes verloren sein, weil jene, die notation eingerechnet, ein ganzes blatt nicht wohl ausgefüllt haben können, (Mone hat weder die grösse der hs. angegeben, noch in seinem textabdruck den blattwechsel derselben angegeben)[2]. Dieser zweite hymnus enthält direkte beziehungen zur osterfeier und ist daher zur vorbereitung der folgenden dramatischen aufführung ganz geeignet. Beide hymnen kommen in den bekannten hymnensammlungen nicht vor und es ist mir nicht bekannt, ob sie sich anderwärts erhalten haben. — Auch in B dient ein vorgesang als einleitung der dramatischen feier, von dem ich jedoch nicht anzugeben vermag, woher er genommen ist. — Sehr bemerkenswert ist C 1, welches offenbar von der Maria mater gesungen wurde, die sonst in diesen drama niemals auftritt. Die spielanweisungen hat Du Méril hinzugefügt, da sie in der handschrift gänzlich fehlen, vielleicht jedoch sind C 1 und 2 nicht an verschiedene personen zu verteilen. C bildet bekanntlich den anfang des mysteriums von den klugen und thörichten jungfrauen, sehr merkwürdiger weise, dass dies aber

1. Wilken, Geschichte der geistlichen Spiele. S. 67, anmerk. 7

2. Wilken, a. a. o. S. 67, anmerk. 6. — Möglich ist es auch, dass der erste hymnus nicht zu der osterfeier, sondern zu einem weihnachtsspiele gehört, welches mit jenem blatte verloren gegangen ist.

für die untersuchung der gallikanischen osterfeiern eine besondere bedeutung haben könnte, vermag ich nicht zu ersehen und auch Wilken[1] scheint darüber eine bestimmte ansicht nicht gehabt zu haben.

D und E haben keine gesangliche einleitung, wie ABC, sie sind vielmehr zwischen der dritten lektion und dem Te deum des matutinalen gottesdienstes am ostermorgen eingeschaltet und damit zu einem teil dieser im engeren sinne gottesdienstlichen handlung erhoben worden. So wird es der erfinder der dramatischen osterfeier selbst gewollt haben, denn auch bei mehreren späteren stücken finden wir denselben brauch und bei denen, die uns ohne einleitung überliefert worden sind, dürfen wir ihn mit aller wahrscheinlichkeit vermuten, weil ja abweichungen von den gewöhnlichen kirchlichen riten in dieser hinsicht ebenso sehr eine besondere aufzeichnung erfordert haben würden, als das drama selbst. Dazu weisen die vom ritus der matutio abweichenden vorspiele unter sich die grössten verschiedenheiten auf, welche in dem masse nicht vorhanden sein könnten, wenn der urheber des dramas selbst in dieser beziehung bestimmte vorschriften und texte gegeben hätte. D ist aus einer beschreibung des kirchlichen gottesdienstes am ostermorgen entnommen, den ich deshalb hier zum besseren verständnis und weil später auch noch aus anderen rücksichten darauf verwiesen werden muss vollständig mitteilen will. Er findet sich in Gerberts Monumenta veteris liturgiae alemannicae, pars II, pag. 236—239, aus einer handschrift des 14. jahrhunderts zu St. Blasien gezogen, unter der aufschrift

In die sacro resurrectionis dominicae.

Nocte sacratissima resurrectionis domini, cum tempus fuerit pulsandi matutinum, secretarius surgit, summam lanternam cum lumine domuum abbatem excitabit atque priorem, deinde alios de fratribus ad compulsandas campanas, qui sibi placuerint. Surgens autem domnus abbas ad ecclesiam est et induit se alba, stola et cappa, prior autem alba et caeteri fratres summumtasque duo thuribula cum incenso praecedentibus candelabris eant ad sepulchrum cum responsorio *Maria Magdalena* cum versu et eant ad sepulchrum, ac illud 5 incensent exterius, deinde levato tegimento iterum incensent interius. Postea summum corpus domini super altare ponit cantans responsorium *Surrexit pastor bonus* cum versu. Interim levet corpus dominicum incensusque candelis sonetur classis. Post ternas orationes incipiat domnus abbas XV gradus. Omnes qui in hac nocte aliquid cantare vel legere volunt, debent esse revestiti albis praeter puerum, qui dicit versum. Infra XV gradus sonantur duo maxima signa in angulari, deinde duo majora signa in choro, postea fiat compulsatio 10 ab omnibus campanis. Tunc veniens domnus abbas ante altare indutus cappa incipiat *Domine, labia mea aperies*, deinde *Deus in adiutorium*. Postea tres fratres induti cappis ante gradus cantent invitatorium *Alleluia*, ps. *Venite exultemus*. Postea exuunt cappas et remanent in albis. Hymnus non cantatur, sed statim incipiet hebdomadarius est. *Ego sum*, quae dividitur in duas partes per constructiones: primam partem canit chorus, in quo concepta est, secundam partem canit chorus oppositus. Similiter fit de 15

---

1. Ueber die kritische behandlung der geistlichen spiele, s. 18.

Zeile 5. *Maria Magdalena et alia Maria ferebant diluculo aromata, dominum quaerentes in monumento* als responsorium und *Et valde mane una sabbati* als versum. *Alleluia!* lautet der dazu gehörende versus. Beide nach ev. Markus 16, 1. Vgl. K 1 J, 6 und L, S 9, 7, a

Z. 7. *Surrexit pastor bonus, qui posuit animam suam pro ovibus suis als* responsorium, *Et pro grege suo mori dignatus est, Alleluia!* als versus. Vgl. N 1.

Z. 11. *Domine, labia mea aperies, et os meum annuntiabit laudem tuam.* Psalm 50, 17.

Z. 12. *Deus in adiutorium meum intende. Domine, ad adiuvandum me festina.* an. Ps. 69.

Z. 13. *Venite, exultemus domino, iubilemus deo, salvatori nostro.* Ps. 94, 1.

Z. 14. *Ego sum, qui sum, et consilium meum non est cum impiis, ord in hoge domino voluntas mea est, Alleluia!*

Z. 16. *Surrexi vir, qui non obest in cunsilio impiorum, et in via peccatorum non stetit, et in cathedra pestilentiae non sedit,* Ps. 1, 1.

ps. *Beatus vir*, qui incipiendus est in choro, in quo incepta est antiphona, et secundus versus legendus est in choro opposito. Finito psalmo et *Gloria* cantanda est antiphona per totum ob omnibus. Similiter fiat ad ant. *Pastolari patrem* et *Ego dormivi*, ac psalmos *Quare fremuerunt* et *Domine quid multiplicasti*. Omnes antiphonae cantandae sunt ad hoc matutinum sine finalibus. Versus *Resurrexit domi-*
5 *nus* dicendus est a puero. Ad tertium psalmum induit se levita, qui primam evangelicam lectionem lecturus est, stola et dalmatica, et accedens ad analogium, in quo liber matutinalis est repositus, praecedentique eum tres conversi, unus portans incensum, alii duo candelabra et stant iuxta eum. Deinde diaconus petat benedictionem dicens *Iube domine*, et pronuntians evangelium secundum Marcum dicens *Lectio s. evangelii secundum Marcum*. In illo tempore *Maria Magdalena*; cumque dixit *Et reliqua*, tunc re-
10 cedant conversi ab eo et incendant omnia lumina. Interim induant illi se, qui debent primum responsorium cantare, cappis et incensent principale altare; venientes autem ad fratres in superioribus locis debent sedere usque in finem lectionis. Tunc accipiant duo conversi thuribula ab ipsis et offerant incensum omnibus, qui sunt in utroque choro. Post lectionem incipiant responsorium *Angelus domini* cum versu et *Gloria*. Similiter faciendum est ad secundam et tertiam lectionem atque responsoria. Qui secundam lectionem
15 legit, debet remanere in sola alba; similiter, qui tertiam legit, faciet, excepto abbate, qui debet legere in cappa. Tertiam vero responsorium cantent tres cantores in cappis, quorum duo incensent altare, ut supra scriptum est. Responsorium *Dum transisset*, quod post *Gloria patri* reincipiendum est. Interim duo sacerdotes se cappis induunt summentes duo thuribula, et humeraria in capita ponant intrantes chorum, paulatim eantes versus sepulchrum, voce mediocri cantantes *Quis revolvet nobis lapidem*. Quos diaconus, qui debet
20 esse retro sepulchrum interroget psallendo *Quem quaeritis*, deinde illi *Jesum Nazarenum*, quibus diaconus respondet *Non est hic*. Mox incensent sepulchrum et, dicente diacono *Ite*, nuntiate, vertant se ad chorum remanentes super gradum et canent *Surrexit dominus de sepulchro* usque in finem. Finita antiphona domnus abbas incipiat *Te deum laudamus* in medio ante altare, mox que campanae sonentur in angularibus. Cum cantatur per singulas dies sonentur omnia signa in choro. Finito *Te deum laudamus* procedat domnus
25 abbas ante altare et dicat cap. *In resurrectione tua Christe*. Deinde inchoet matutinas laudes *Deus in adiutorium*. Mox incipiat hebdomadarius ant. *Et valde mane*, quae alternatim per constructiones est cantanda sicut ant. *Ego sum qui sum*. De psalmo *Dominus regnavit* etiam faciendum est, ut de psalmo *Beatus vir* et sic primus versus incipiendus est in illo choro, in quo incepta est antiphona et secundus versus in choro opposito. Cap. *Si consurrexistis*, responsorium duo cantores in cappis cantant *Surrexit dominus*.

Zeile 3. *Pastolari patrem meam*, alleluia! dedit mihi genus, alleluia! in hereditate, alleluia! — *Ego dormivi et somnum cepi*, et exsurrexi, quam dominus suscepit me.] — *Quare fremuerunt gentes et populi meditati sunt inania*. Psalm 2, 1. — *Domine, quid multiplicati sunt, qui tribulant me? multi insurgunt adversum me* Ps. 3, 2.

Z. 4. *Resurrexit dominus de sepulchro, qui pro nobis pependit in ligno, Alleluia!*

Z. 9. *In illo tempore Maria Magdalena et Maria Iacobi et Salome emerunt aromata, ut venientes ungerent Jesum* etc. Ev. Markus 16, 1. Die hierauf abweichungen des rituals vom wortlaut des evangeliums finden sich auch in den drucen. unterführen.

Z. 13. *Angelus domini descendit de coelo et accedens revolvit lapidem, et super eum sedit et dixit mulieribus: Nolite timere: scio enim, quem crucifixum quaeritis: iam surrexit: venite et videte locum, ubi positus erat dominus. Alleluia!* Ev. Matth. 28, 2. 5. 6.

Z. 21. *Surrexit dominus de sepulchro, qui pro nobis pependit in ligno, Alleluia.*

Z. 25. *In resurrectione tua Christe, alleluia! Coelum et terra laetentur, Alleluia!*

Z. 26. *Et valde mane una sabbatorum veniunt ad monumentum, orto iam sole.* Ev. Mark. 16, 2.

Z. 27. *Dominus regnavit, irascantur populi: qui sedet super cherubim, moveatur terra* etc. Psalm 98.

Z. 29. *Si consurrexistis cum Christo, quae sursum sunt quaerite, alleluia! ubi Christus est in dextera dei sedens: quae sursum sunt sapite. Alleluia!* Coloss 3, 1. 2.

Z. 29. *Haec est dies, quam fecit dominus, exsultemus et laetemur in ea.* Psalm 117, 24.

Hymnus Clero paschali. Versus Haec est dies, iste versus dicatur ad laudes, ad tertiam, ad sextam, ad nonam et ad vesperas per totam hebdomadam usque ad sabbatum. Ad primam autem et completorium versus solito more dicantur; nam illi duo nunquam mutantur. Ad Benedictus, ant. Alleluia lapis. Post haec domina abbas in medio ante altare dicat Dominus nobiscum. Coll. Deus qui hodierna die. Deinde cantores induti cappis cantent Benedicamus domino cum Alleluia. De a. cruce antiphona Crucem sanctam. 5 Ista antiphona cantatur per totam hebdomadam paschae et per totam hebdomadam pentecostes ad laudes et ad vesperas et in omnibus maioribus et minoribus festis: reliquis vero diebus in tempore paschali cantatur ad laudes ant. Surrexit Christus, ad vesperam autem ant. Surrexit. Cap. Dicite in nationibus. Oratio Deus qui pro nobis. Suffragia sanctorum ut supra ad vesperas. De omnibus sanctis ad matutinum super psalmos ant. Sancti tui, domine, florebunt. Cap. Srimus quoniam diligentibus. Responsorium Justi autem. 10 Hymnus Jesu salvator. Versus Mirabilis deus. Ad Benedictus In tabernaculis iustorum. Oratio consueta. Deinde eant in dormitorium. Cum tempus primam fuerit, scilla parva sonetur in dormitorio, deinde faciant trinas orationes. Interim hebdomadarius capellae celebret missam et ibi communicent pueri, officiales et infirmi. Post missam sonentur duo signa ad primam. Post primam eant in capitulum. Ad tertiam hymnus Chorus novae Jerusalem sine augmentatio versus, Quaesumus auctor, ant. Ite nuntiate. Post tertiam ant. 15 In die resurrectionis sua. Deinde duo cantores incipiant Salve festa dies et statim fiat processio more

Z. 4. Deus qui hodierna die per unigenitum tuum aeternitatis nobis aditum devicta morte reserasti, vota nostra, quae praeveniendo aspiras etiam adiuvando prosequere per eundem dominum nostrum Iesum. Oratio ex missa in die sancto paschae recurret.

Z. 11. Ista, salvator saevoli, Vorbum patris abkonint etc. Daniel, Thesaurus hymnolog. 1, 236 nach dem Klosterno hymnarum V, 366, das citat ist jedoch falsch.

Z. 13. Chorus novae Ierusalem Novam meli dulcedinem etc. Daniel, Thesaur. hymnol. 1, 224, auch diesse citat trifft nicht zu. — Ite, nuntiate discipulis eius et Petro, quia praecedit vos in Galilaeam. Ev. Marc. 16, 7.

Z 14. Salve festa dies, toto venerabilis aevo. Es gibt vier hymnen, welche mit dieser selbe beginnen und für besondere kirchenfeste bestimmt sind, nämlich 1. in ascensione domini, Daniel, Thesaurus hymnologicus II, p. 141; Kehrein, lateinische sequenzen des mittelalters no 117; 2. in die pentecostes, Daniel II, p. 166; Kehrein no 136; 3. in festo corporis Christi, Daniel II, p. 143; Kehrein, no 161 und f. in dedicatione ecclesiae, Daniel II, p. 166; Kehrein, no 276, Darunter ist also keiner für das osterfest (in resurrectione domini). Es ist aber gewiss nicht anzunehmen, dass mit den im ordinar gegebenen ginichlautenden anfangsworten einer der genannten für bestimmte andere feste gedichteten hymnen gemeint sei. Es muss also auch einen osterhymnus mit dem beschäwerten eingang gegeben haben und ich finde in der ...

Hymnus Lactantij cantatur a pueris in processione. [rot]

Salve festa dies, toto venerabilis aevo,
Qua deus infernum vicit et astra tenet,
Ecce renascentis testatur gratia mundi,
Omnia cum domino dona redisse suo. Salve.
5 Namque triumphanti post tristia tartara Christo
Undique fronde nemus, gramina flore favent. Qua de.
Legibus inferni oppressis, super astra ascendens
Laudant rite deum [lux,] polus, arva, fretum. Qui.
Qui crucifixus erat, deus ecce per [id. 77b] omnia regnat,
10 Danique creaturi cuncta precem. Qua.
Mobilitas soni, omnium [omnium], lux alma dierum.
Hor rum splendor, stridela cuncta famul. Sal.
Christe, salus rerum, bone conditor atque redemptor,
Unica progenies ex deitate patris: Qua.

15 Qui genus humanum cernens mersisse [mersisse suis] profundo,
Utque hominum eriperes, es tunc fieri factus homo, Sal.
Funeris eximias patеris rite [noua] autor et orbis,
Inferas mortis iter dando salutis opem. Qui
Solve catenatos inferni carceris umbras.
20 Et revera tuorum, quidquid ad ima ruit. Sal.
Redditaeque anii redeio idem, precor, alma portaris [potenias],
Tertia lux redijt: surge sepulte meus. Qua.
Redde tuam faciem, videant ut secula lumen:
Redda diem, qui nos, te moriente, fugit. Sal
25 Eripis te nunumtum [instaurarum] populum de carcere mortis,
Et sequitur liber, quo eum autor edit [abit.] Qua.
Hinc ierusalem repetens, post tartara carne resumpta,
Belliger ad urbem ample tropheo eo [id. 78a] fers. Salus.

6*

solito. Ad introitum *Christus resurgens*, interim ascendant super gradus duo bene vocaliter et vertant se ad chorum cantantes tropam *Hodie totus orbis*. Ad summam missam sequentia *Laudes salvatori*. Ad vesperam ant. *Alleluia crucifixus*. Psalmi *Laudate pueri, Laudate dominum omnes gentes, Laudate dominum quoniam bonus, Lauda Jerusalem*. Isti psalmi dicantur quotidie ad vesperas usque ad sabbatum. Cap.

5 *Exurgens mane*. Ad quartam psalmum exeant duo cantores et induant se albis et cappis et cantent responsorium *Surrexit dominus*. Hymnus *Jam pascha*. Interim praedicti cantores in cappis incensent altaria. Ad *Magnificat* ant. *Surrexit enim* mox cantet eam primus chorus usque *Ibi*, secundus chorus *Ibi eum videbitis*. Iterum primus chorus *Magnificat*, secundus chorus reincipiat ant. *Surrexit enim*, iterum primus chorus *Ibi eum videbitis*, tunc secundus chorus *Et exultavit* usque in finem psalmi. Postea recapitulat

10 primus chorus antiphonam cantando *Surrexit enim*, deinde chorus oppositus *Ibi eum videbitis*. Tunc subsequitur *Gloria patri, Sicut erat*. Postea omnes simul resolvant antiphonam per totam. Oratio *Deus, qui hodierna die, Benedicamus domino alleluia*, alleluia cantent duo cantores in cappis.

Unter dem texte habe ich hauptsächlich diejenigen responsorien etc. nachgewiesen, welche in obigen stücken schon vorgekommen sind, oder immer noch begegnen werden. Die orte, an denen ich sie gefunden, genau zu bezeichnen, habe ich nicht für nothwendig gehalten. Wer in drei bis vier missalen oder breviarien nachschlagen will, wird die stellen bald finden können. Die von mir benutzten waren meist in-

---

Dies ist ohne zweifel das gedicht, welches das ordinar andeutet. Der aufswung und die warme begeisterung, mit der die auferstehung des heilandes vorgetragen wird, und die betrachtung als „Hymnus Lactantii" geben demselben eine besondere bedeutung. Allerdings wissen wir von dem poesien des Lactantius (um 300) nur, dass er wahrscheinlich das Carmen de Phoenice (vgl. Ebert, Gesch. der krist.-latein. litterat. s. 93 ff.) und vielleicht das Carmen de passione domini (vgl. Teuffel, Gesch. der röm. lit. 3. aufl. § 397, 8) verfasst hat, von hymnen dagegen verlautet die überlieferung nichts. Wohl aber ging früher ein gedicht im elegischen versmass De resurrectionis dominicae die unter seinem namen, welches in neuerer zeit dem Venantius Fortunatus (um 570) zugeschrieben wird (vgl. Teuffel a. a. o.). Diese elegie bei mir obigen hymnen demselben eingang und dem gesammten vergleichung lehrt, dass der osterhymnus aus vers l. 3. 25—48. 47. 62. 63. 64. 66. 69. 73. 74. 75. 76. 78. 81. 82. 83. 86 der ersteren zusammengesetzt ist (ich schliere nach der Bassler ausgabe vom j. 1845, welche nur finsley distichon enthält. Die eingeklammerten worte sind die varianten dieses druckes). Es erhebt sich also die frage: ist der osterhymnus nur ein auszug aus dem grösseren gedichte des Fortunatus und die bezeichnung „Hymnus Lactantii" falsch, oder liegt uns in demselben wirklich ein werk des Lactantius vor, welches für den Fortunatus anregung und grundlage eines grösseren gedichtes geworden ist? Die kirchlich lateinische hymnendichtung beginnt bekanntlich mit Hilarius (um 380) und Ambrosius (um 380). Dass es aber schon vor Hilarius lateinische hymnen, wenn auch nicht zum kirchlichen Gebrauche bestimmt, gegeben, ist wahrscheinlich (vgl. Ebert, a. a. o. s. 164 ff.), so dass Lactantius gar wohl ein noch sprachlich so schönes gedicht verfasst haben könnte. Und wie steht es abalten mit dem anderen vier hymnen? Daniel scheint sie mit den worten „vides poetam magna cura diversam ad normam Fortunati" (pag. 164) Hinter dichter zu vindiciren, der den Fortunatus sich zum vorbild genommen habe. Mir ist die ganze neuere einschlägige litteratur nicht zur verfügung und so ist noch hier nicht der ort, diese fragen zu untersuchen. [Vgl. übrigens Wackernagel, Das deutsche kirchenlied I, s. 65 f. Anmerk. während des druckes.]

Z. 1. *Christus resurgens ex mortuis iam non moritur: mors illi ultra non dominabitur. Quod enim vivit, vivit deo. Alleluia, alleluia!* Ep. ad Rom. 6, 9. 10. Vgl. Clichtovaeus, Elucidatorium ecclesiasticum, fol. 97b.

Z. 2. *Laudes salvatori voce modulemur supplici.* Nolker Balbulus bei Daniel II, 18; Mone nr 148; Kehrein nr 81.

Z. 3. *Laudate pueri dominum, laudate nomen domini.* Psalm 112.

Z. 3. *Laudate dominum omnes gentes, laudate eum omnes populi.* Psalm 116. — *Laudate dominum quoniam bonus est psalmus? deo nostro sit iucunda decoraque laudatio.* Psalm 146.

Z. 3. *Lauda Jerusalem dominum, lauda deum tuum Sion.* Psalm 147.

Z. 7. *Surrexit enim sicut dixit dominus: praecedet vos in Galilaeam. Alleluia!* Ev. Matth. 18, 6. 7.

Z. 8. *Ibi eum videbitis. Alleluia!* Ev. Matth. 20, 7.

Z. 9. *Et exultavit — ?*

hinnebeln. — Auch E ist offenbar, wie D, aus einem alten ordinar entnommen. Es steht mir aber weder der Dunstanus Concordia noch Martenes De antiquis monachorum ritibus zur verfügung, so dass ich mehr, als Du Méril gibt, aus demselben nicht mitteilen kann. Dass es aber ebenfalls, wie D, unmittelbar in den matutinalen gottesdienst aufgenommen war und eine besondere hymnische oder dergleichen einleitung nicht hatte, erhellt aus den gegebenen anweisungen ,Dum tertiu recitatur lectio' etc. und ,Dumque tertium per-celebratur responsorium' etc. im eingange desselben.

Wenn ich oben s. 27 gesagt habe, dass sich die richtigkeit oder unrichtigkeit der dort gekennzeichneten früheren ansichten aus der hier nach eigener methode geführten untersuchung von selbst ergeben müsse, so sehen wir hier zunächst durch die stücke der ersten gruppe — was oben s. 34 ff. vorgreifend aus einander gesetzt wurde — tatsächlich erwiesen, dass jene behauptung Mones, die dramatischen oster-feiern seien weniger aus den von ihm als ,kirchengebräuche' bezeichneten ritualen, als vielmehr aus den zwar nicht antemischen, wohl aber geduldeten versus, responsorien, osterliedern hervorgegangen, in folge der beobachteten verschiedenartigkeit der einleitungen und zusätze dieser dramen vollständig unhaltbar ist. Gerade die sogenannten ,kirchengebräuche', welche wir als die älteste form des dramas nachgewiesen haben, bilden den in allen stücken ausschliesslich festen und dramatischen körper, sie sind eben nicht blosse zufällige kirchengebräuche, sondern das aus einer beabsichtigten komposition hervorgegangene drama selbst, die versus etc. dagegen nur spätere formell und inhaltlich äusserst schwankende erweiterungen und zu-taten jenes ursprünglichen kernes.

C. ZWEITE GRUPPE, FGHIIKLMN.

Obschon die entwickelungsformen, welche die stücke F—N zeigen, in mannichfacher weise verschieden sind, werden wir sie doch sogleich in einigen wichtigeren beziehungen als eine besondere gruppe zusammenfassen dürfen. Dahin rechne ich vornehmlich, dass sie, ausgenommen M und vielleicht FH, die sich nach dieser seite nicht zu erkennen geben, alle der zweiten recension angehören und überdies mehrere zusätze enthalten, die nicht aus vorhandenen kirchlichen quellen geflossen, sondern eigens für diese dramen verfasst sind und daher auf mehrere dieser gruppe zu grunde liegende neubearbeitungen mit sicherheit schliessen lassen. Ehe ich jedoch zur besprechung der einzelnen stücke und ihrer besonderheiten schreite, will ich diese selbst, wie die früheren, in übersichtlicher gruppierung vorlegen.

F,	G,	H,	J,
engl., 1 Jhdt.	*Kutsjkurlan 11, XII. Jhdt.*	*Civdale I, XIV. Jhdt.*	*Bt. Blacii, s. us*
Visitatur sepulchrum		In resurrectione domini	
hoc ordine.		n. J. C. Ad matutinum.	
	1 — A I.		

K,	L,	M,	N.

N.

In sancta nocte, antequam canantur matutinae. PRAELATUS, ALIQUIBUS SIBI ADIUNCTIS, corpus dominicum et crucem de sepulchro tollant cum devotione et reverentia asportantes et adorantes ea, et cantetur sub silentio responsorium:

1 Surrexit pastor bonus, qui posuit animam suam pro ovibus suis.

[Resp.] et pro grege suo mori dignatus est. Alleluia!

2 Surrexit dominus de sepulchro, qui pro nobis pependit in ligno,

[Resp.] et pro grege suo mori dignatus est. Alleluia!

Deinde hos psalmos cantent:

3 Conserva me, domine.

4 Domine, probasti me.

5 Surrexit dominus de sepulchro, alleluia!

qui pro nobis pependit in lignun. Alleluia!

Oremus:

6 Deus qui hodierna die [per] unigenitum.

Quando debet mundo visitari sepulchrum, cantetur responsorium:

7 Cum transisset sabbatum Maria Magdalene et Maria Iacobi et Salome emerunt aromata,

[Resp.] ut venientes ungerent Jesum. Alleluia!

8 Et valde mane una sabbatorum veniunt ad monumentum orto iam sole,

[Resp.] ut venientes ungerent Jesum. Alleluia!

L.

1 Cum transisset sabbatum, Maria Magdalena et Maria Iacobi et Salome emerunt aromata,

R[esp.] ut venientes ungerent Jhesum. Alleluia!

2 Et valde mane una sabbatorum veniunt ad monumentum orto iam sole,

[Resp.] ut venientes [ungerent Jhesum. Alleluia!]

3 Gloria patri.

4 Cum transisset sabbatum.

5 Ave.

Der CHOR singet:

6 Maria Magdalena et alia Maria ferebant diluculo aromata, dominum quaerentes in monumento,

M,

9 Maria Magdalena et alia Maria ferebant diluculo aromata, dominum quaerentes in monumento.

K,

CHORUS:)

Maria Magdalena et alia uria ferebant diluculo aromata, dominum quaerentes monumento.

F.	G.	H.	L.

F.

TRES PRESBYTERI sive dia-coni albis [...] induti, capita humeralibus velatis habentes, singu-lique singula cum incensu turibula in manibus tenentes pedetemp-tim procedant ad sepulchrum do-micil [...] vero [...]:

1 Quis revolvet

Quo finito [...] non longe ab illis duobus fratribus, qui in-duti dalmaticis, velatis similiter capitibus, sedent infra sepulchrum, quique statim quasi vice angelorum illos tres ad imitationem mulierum venientes ita corripiant: sci.:

2 Quem quaeritis?

[...] INT:

3 Jesum Nazarenum.

Item ILLI:
4 Non est hic.

Tunc isti intrant sepulchrum et illis [sc. ANGELI] iterum cantan-tibus sci:
5 Venite et videte locum, (ubi positus erat dominus. Alle-luia!]
[...] locum, ubi erat po-situs erat, — nam surterunt ad anu-terros primarius oblata est a custodibus custodias, — atque tollen-tes linteam reportant illud inter se capacem, sicut etiam gratantes turibula et cantantes medioccri voce sci. [MULIERES:]
6 Dicant nunc Iudaei [Quo-modo milites custodientes sepulchrum perdiderunt re-gem ad lapidis positionem? Quare non servabant petram

G.

[...] II, [...] JUDY.

MULIER [...] cantat:

2 Quis revolvet nobis ab ostio lapidem, quem tegere sanctum cernimus sepul-chrum?
ANGELUS inquirit:

3 Quem quaeritis, o tre-mulae mulieres, in hoc tu-mulo plorantes?
Respondent MULIERES:

4 Jhesum Nazarenum cru-cifixum quaerimus.
ANGELUS dicit:
5 Non est hic, surrexit!

6 sed cito euntes dicite discipulis eius et Petro quia surrexit Jhesus.

MULIERES redeuntes [...] [...]:

7 Dicant nunc Iudaei Quo-modo milites custodientes sepulchrum perdiderunt re-gem ad lapidis positionem? Quare non servabant petram

H.

[...] I, [...] JHOT.

Finito tertio responsorio, TRES MARIAE de re vario veniant aptate et cum turibulis et [...], et veniant ad sepulchrum [...] submissa voce hos versus:

1 Quis revolvet nobis ab ostio lapidem, quem tegere sanctum cernimus sepul-chrum?
ANGELUS, sedens in dextera sepulchri, respondeat cantando hanc versum:

2 Quem quaeritis, o tre-mulae mulieres, in hoc tu-mulo plorantes?
MARIAE:

3 Jhesum Nazarenum cru-cifixum quaerimus.
Respondeat ANGELUS:
4 Non est hic, quem quae-ritis;

5 sed cito euntes nuntiate discipulis eius et Petro quia surrexit Jhesus.
Finito verso, ANGELUS levat cortinam et cantat hanc antipho-nam:
6 Venite et videte locum, ubi positus erat dominus. Alle-luia! Alleluia!

L.

[...] o. [...]

Stantes [MULIERES] [...] [...] angeli dicunt [...]:

1 Quis revolvet

ANGELUS:

2 Quem quaeritis?

MULIERES:

3 Jhesum Nazarenum.
ANGELUS:
4 Non est hic.

K,	L,	H,	N,
BLASIEN-BRUTTLWW., XIL. JHDT.	ST. LAMBRECHT, XIII. JHDT.	WIEN, XIV. JHDT.	S LOITHARINGEN DO. ? JHDT.
(MULIERES:	Die VROWEN:	MULIERES dicant:	Tunc TRES PRESBYTERI ad hoc officium disponiti, portantes thuribula et incensum et imando sepulchrum in persona mulierum ad introum canimt hanc antiphonam:

| Quis revolvet nobis ab ostio lapidem, quem tegere sanctum cernimus sepulchrum? ANGELUS: | 7 Quis revolvet nobis ab ostio lapidem, quem tegere sanctum cernimus sepulchrum? Der ENGEL: | 1 Et dicebant ad invicem: Quis revolvet nobis lapidem ab ostio? ANGELI: | 10 Quis revolvet nobis ab ostio lapidem, quem tegere sanctum cernimus sepulchrum? Et DIACONUS solennol ex alia parte remtem, intro sepulchrum residens, in persona anguli humili [voce] respondent: |

| Quem quaeritis, o tremulae mulieres, in hoc tumulo gementes? MULIERES: | 8 Quem quaeritis, o tremulae mulieres, in hoc tumulo gementes? Die VROWEN: | 2 Quem quaeritis in sepulchro, o christicolae? MULIERES: | 11 Quem quaeritis, o tremulae mulieres, in hoc tumulo gementes? Harum PRESBYTERI in personas mulierum accurate fementem respondreunt: |

| Jhesum Nazarenum crucifixum quaerimus. ANGELUS: Non est hic, quem quaeritis; | 9 Jhesum Nazarenum crucifixum quaerimus. Der ENGEL: 10 Non est hic, quem quaeritis; | 3 Jesum Nazarenum, o coelicolae. ANGELUS: 4 Non est hic, surrexit sicut praedixerat; 5 Ite, nunciate quia surrexit de sepulchro! | 12 Jesum Nazarenum [crucifixum] quaerimus. Et ANGELUS respondent: 13 Non est hic, quem quaeritis; |

| sed cito euntes nunciate discipulis eius et Petro eis surrexit Jhesus. | 11 sed cito euntes nunciate discipulis eius et Petro quia surrexit Jhesus. | | 14 sed cito euntes nunciate discipulis eius et Petro quia surrexit Jesus. Item subiungant [d. subiungant] antiphonam [ANGELUS:] |

| | | | 15 Venite et videte locum, ubi positus erat dominus. Alleluia! |

F,	G,	H,	J,
ABNDBAE, XII. JHDT.	EINSIEDELN II, XII. JHDT.	CIVIDALE I, XIV. JHDT.	BERLIN, c. 1500.
Iustitiae? Aut sepultum reddant, aut resurgentem adorent nobiscum, dicentes: alleluia!]	Iusticiae? Aut sepultum reddant, aut resurgentem adorent nobiscum, dicentes: alleluia!]		

Venientes autem ad discipulos dicant [MULIERES:]

5 Ad monumentum venimus plorantes, angelum domini sedentem vidimus ac dicentem quia surrexit Jhesus.

Deinde MARIAE intrant ad sepulchrum et tollant lintheamina, et intrant chorum cum socio loco versus usque in medium chori:

7 Ad monumentum venimus gementes, angelum domini sedentem vidimus et dicentem quia surrexit Jhesus.

MULIERES redeuntes versus statione choricorum cantent

5 Ad monumentum animae gementes, angelum domini sedentem vidimus et dicentem quia surrexit Jhesus.]

Quo finito CLERUS cantet quantulum reniens antiphonam:

6 Currebant duo simul [et ille alius discipulus praecucurrit citius Petro et venit prior ad monumentum.]

Et interim DUO ANTIQUIORES ET HONORABILIORES CANONICI ornati, repraesentantes Petrum et Iohannem, quasi decurtato gradu ad altare maiorem et huius cultus seniora, et duobus candidissimis linteis hymno canonico, angelum repraesentantes, recepta, ipsa Magdalena prius repartantes ad chorum et ornantes cantant:

Finito isto versu, vertant se MARIAE versus chorum, et ostendant lintheamina et cantant alta voce hunc cantum!

5 Cernitis, o socii! ecce linteamina et sudarium, et corpus non est in sepulchro inventum.

7 Cernitis, o socii! [ecce linteamina et sudaria et corpus non est in sepulchro inventum.]

K,	L,	M,	N,

		(MULIERES) revertuntur in choro (dicentes:) 6 Et recordatae sunt (verborum eius, et regressae a monumento nuntiaverunt haec omnia illis undecim et ceteris omnibus.)	Et obruentantio angelo PRESBYTERI ad chorum se vertentes canunt:
MULIERES veniunt et dicunt discipulis:	Die VROWEN zo dem chore:	(MULIERES ad gradum:)	

7 Ad monumentum venimus gementes, angelum dei sedentem vididimus et dicentem quia surrexit Jhesus.
Tunc veniunt discipuli duo ad sepulcrum, dum CHORUS (canit):
8 Currebant duo simul et ille alius discipulus praecucurrit cicius Petro et venit prius ad monumentum.
Die duo [sc. PETRUS et IOHANNES] revera dicunt:

12 Ad monumentum venimus gementes, angelum domini sedentem vidimus et dicentem quia surrexit Jhesus.
So loufen zwene [PETRUS et IOHANNES:]
13 Currebant duo simul et ille alius discipulus praecucurrit citius Petro et venit prior ad monumentum. Alleluia.
PETER unde IOHANNES:

7 Ad monumentum venimus gementes, angelos domini sedentes [vidimus] et dicentes, quia surrexit Jesus.
DUO APOSTOLI:
8 Currebant duo simul et ille etc. [alius discipulus praecucurrit cicius Petro et venit prior ad monumentum.]
(APOSTOLI revera dicunt:)

16 Ad monumentum venimus gementes, angelum domini sedentem vidimus et dicentem quia surrexit Jesus.
Et ille obruentibus CHORUS cantat antiphonam:
17 Currebant duo simul et ille alius discipulus praecucurrit citius Petro et venit prior ad monumentum. Alleluia.
Interea cantor incipit antiphonam DUO PRESBYTERI reh percurrens IOHANNE et PETRI ad sepulchrum venientes tollunt sudarium et, ad chorum populumque conversi, praecedunt sic demonstrantes antiphonam:

9 Cernitis, o socii! ecce linteamina et sudarium, et corpus non est in sepulchro inventum.

14 Cernitis, o socii! ecce linteamina et sudarium, et corpus non est in sepulchro inventum.
Der CHOR:
15 Surrexit enim sicut dixit dominus; praecedet vos in Galylaeam, alleluia! ibi eum videbitis, alleluia!

[9 Cernitis, o socii! ecce linteamina et sudarium, et corpus non est in sepulchro inventum.]

18 Cernitis, o socii! ecce linteamina et sudarium, et corpus non est in sepulchro inventum.
Tum CLERUS succinat omnis antiphonam:
19 Surrexit enim sicut dixit dominus; praecedet vos in Galilaeam, alleluia! ibi eum videbitis, alleluia!

F,	G,	H,	J,

| (Et MULIERES) repraesentant alie vie, que venerunt, et finita antiphona ante introitum chori intrant templum et corpus gradum nummarii consideranten, versa facie in chorum et elevato flatu, prænuna voce intonant ant.: 7 Surrexit! Que ab ipsis percantata imponitur [w. a CLERO:] 8 Te deum laudamus! Statim omnia signa compulsentur. | CHORUS: 9 Te deum laudamus! | Res peracta, incipiunt CHORALII alta voce antiphonam: 9 Surrexit dominus de sepulchro, qui pro nobis (pependit in ligno. Alleluia.) Finita ea antiphona, mittis inchoabur [w. a CHORO:] 10 Te deum laudamus! | Et statim CHORIS alta vel submissum: 8 Te deum laudamus! in chorum revertitur. |

Lesarten. F1 die abweichungen meines textes von demjenigen Schubigers beruhen auf ernanter vergleich der handschrift, welche ich nebst den varianten des cod. augiensis 80, s. 116 f. der gütigen mitteilung des hrn oberbibliotekars professor Fritzsche in Zürich verdanke. Es sind folgende: F1 spielanweis. prästruntia Schub. pro temptim codd. 59 und 80; submissus Schub., summisso codd. 59 und 80: F6 spielanweis. charifiense Schub. brl. codd. 59 u. 80; F7 spielanweis. alis via qua cod. 80, s. v. quam cod. 59; F7 Surrexi Schub., Surrexit codd. 59 u. F8 spielanweis. imponitur Schub., impos. codd. 50 u. 80; et statim Schub., statim codd. 59 u. 80; expelenntur subr. magnis, cod. 59, puls, cod. 80. — K2 labidem ha.; K10 surrexit ha. — 1. findet sich in drei st. labivdre handschriften (vgl. oben s. 25), welche Schönbach mit A,B,C bezeichnet hat; ich manne sie, um verwechslungen n verhüten L, Lu, Lm, Lu1 . . . ungarwi Jhanum et reliqui; La1R Quem quaeritis an Jhesum quaeritis, in änderung, die aus einem öfter in missalen vorkommenden responsorium der ostermesse eingedrungen ist; Lm13 mit anweis, Petrus und Johannes; Lm16 wird vom probst gesungen. — N16 spielanweis. alleundrate.

Indem man diese tabelle überblickt, wird man zunächst in den gesperrt gedruckten stellen zahliche abweichungen erkennen, welche ABCDE nicht enthielten. Aber auch in dem älteren teile ist das aus jenen stücken er

M,	L,	N,	N,
BERN.-STRAT.-SCHW.. XII. JHDT.	ST. LAMBRECHT. XII. JHDT.	WIEN, XII. JHDT.	KLOSTERNEUBURG. I JHDT.
		APOSTOLI et MULIERES in choro:	Ac deinde CANTORES:
		9 Dicant nunc Iudaei Quomodo milites custodientes sepulchrum perdiderunt regem ad lapidis positionem? Quare non servabant petram iustitiae? Aut sepultum reddant, aut resurgentem adorent nobiscum, dicentes: aevia, aevia!	30 Dicant nunc Iudaei Quomodo milites custodientes sepulchrum perdiderunt regem ad lapidis positionem? Quare non servabant petram iustitiae? Aut sepultum reddant, aut resurgentem adorent nobiscum, dicentes: alleluia!
		EUVANGELISTA: 10 Surrexit enim sicut dixit dominus.	
[ORUS:] surrexit dominus de sepul-			
[Der CHOR:]	[CHORUS:]		Hac finita [antiphona] imponatur [et. a CHORO:]
16 Te deum laudamus!	11 Te deum laudamus!		Te deum.
Null Sere Maria, Alleluia! Resurrexit dominus, Alleluia!			

nie bild durch die früher nachgewiesene, hier in GHKLN zum ersten male auftretende zweite recension wesentlich ändert. Die zweite recension hat in den einzelnen stücken, wie wir früher gesehen haben, nur wenige sehr geringfügige modifikationen erlitten, unter denen *plurases* GHT statt *gemaeies* KLNQ in 11b und *ausstiate* HKLN statt *te* GQUV in Vb die bemerkenswertesten waren. Ebenso ist dort gezeigt worden, dass M die erste recension im ... gemeinsamen ziemlich rein überliefert.

Das *Fruite et videte* kaum etc. F15 H6 N16 hatte schon in E eingang gefunden und ergab sich als eine naheliegende und die dramatische wirkung nicht unwesentlich steigernde ergänzung aus Matthäus 28, 6. Auch hier ist ... anforderung des engels, wie in E und entgegen der korrekteren darstellung des matthäusevangeliums, nach dem ... *cito euntes* etc. angefügt worden. Dennoch wird man daraus auf eine entlehnung dieses satzes aus E oder ... E gleichen stücke nicht schliessen dürfen, weil man sich dann das fehlen desselben in GJKLM nicht zu erklären vermöchte. Man wird vielmehr annehmen müssen, dass man in dem streben nach erweiterung der dramatischen ... sein augenmerk zuerst auf die bekannte biblische quelle richtete und das von dieser gebotene dem vorhandenen ... mitsток ohne langes besinnen anschloss.

bei CDE war der sprunghafte schluss, von dem *Ite nuntiate* zum *Te deum* des kores bemerkt und zu verbessern versucht worden. Das dort gefundene auskunftsmittel genügte aber nicht dem künstlerischen sinne zweier, die dasselbe darum durch andere gehaltvollere kompositionen aus dieser stelle verdrängten. Der bearbeiter, welcher das *Dicant nunc Iudei* aufnahm, fand jedoch nur in vier (fünf?) süddeutschen dramen (FGMN) anerkennung; unter diesen ist F im ganzen genommen das einfachste, wie überhaupt in dieser gruppe, es enthält auch noch nicht das *Ad monumentum* und man wird die vermutung nicht sofort von der hand weisen dürfen, dass jener satz vielleicht in Rheinau zuerst für das drama verwant worden sei und sich von dort aus darin weiter verbreitete. Der verfasser des *Ad monumentum* etc. dagegen hat sich eines besseren erfolges zu erfreuen gehabt, wir werden ihm ausser in GJIKLMN auch in QRTN und den lateinisch-deutschen osterspielen wieder begegnen. Jetzt kamen die frauen nicht mit einem einfachen ausruf der freude über die empfangene botschaft, wie das *Surrexit dominus de sepulchro* etc. es war, in den kor zurück, sondern sie berichten ausführlicher, dass sie den engel gesehen und dass dieser selbst ihnen die auferstehung des erlösers verkündigt habe. Und wie sie damit den ersten teil ihrer erlebnisse am grabe, die nun gewissermassen als ein von dem publikum ungesehener vorgang hinter der szene erschienen, dem klerus und dem schauenden volke überbrachten, so mussten sie nun auch die herkunft und die bedeutung der linnen erklären, welche sie in ihren händen tragen[1]. Für diese erklärung fand sich nur im evangelium des Johannes eine biblische unterlage, denn nur in diesem geschieht der schweisstücher erwähnung (kap. 20, 7). Damit hatte man jedoch biblische begebenheiten auf personen übertragen, welche mit denselben tatsächlich in keiner beziehung standen; denn nicht die frauen, sondern Johannes und Petrus fanden die umhüllungen, welche der auferstandene im grabe zurückgelassen hatte. Diesen verstoss gegen die historische treue suchten die deutschen stücke JKLMNR wieder auszugleichen, indem sie die beiden jünger selbst handelnd auf die szene brachten. In G sehen wir ihnen, wie wir oben aus der spielanweisung erfuhren, eine statistenrolle zugeteilt worden, nun liess man sie aus dem kor der kleriker heraustreten, so dass die botschaft der frauen *Ad monumentum* etc. an sie gerichtet wird, worauf sie unter dem gesange des kores *Currebant duo simul* etc. zum grabe eilen, die linnen in empfang nehmen und zurückgekehrt das *Cernitis, o socii* etc. singen: alles, wie es Joh. 20, 1—7 beschrieben wird.

Wenn ich oben s. 53 gesagt hatte, dass das *Ad monumentum* etc. an die jünger gerichtet sei und darum den keim zur weiteren entwickelung in sich berge, so sehen wir nunmehr, dass dies nur ein schein war, den oberflächliche und einseitige betrachtung erzeugte. Die wege historischer entwickelungen sind eben selten diejenigen, welche uns die geradesten dünken. Fragen wir aber, welcher von beiden wege natürlicher erscheine, so werden wir uns unbedenklich für jenen entscheiden müssen, der den wettlauf der jünger aus einzelnen schösslingen hervorgehen lässt, die der fruchtbare boden der vorhandenen älteren szene langsam emportrieb. Nur wenn uns die wichtigen mittelstufen fehlten, würden wir uns allerdings notgedrungen dazu verstehen müssen, die plötzliche einführung eines neuen auftritts mit neuen personen begreiflich zu finden. Befriedigen aber könnte uns diese annahme nicht. Denn wo fände sich die erklärung für eine so sprunghafte erweiterung des dramatischen dialogs, der die embryonalen kennzeichen seiner geburt in der gehaltveneren sprache der zweiten rezension kaum überwunden und abgestreift hatte, bei einem stoffe, der, weil er einen der heiligsten und erbauensten momente des kristlichen glaubenslebens betraf, die zartfühlendste behandlungsweise erheischte und nur widerstrebend in eine form sich fügte, bei der die kirche

---

1. Siehe unten im anhange no 1.
2. Schon in D empfangen und brachten die frauen die schweinstücher in den kor zurück, jedoch ohne eigene worte. Dort war ohne das drama in dem dialog am grabe beschlossen.

selbst koncessionen an die schaulust des volkes machen musste, die erst im laufe der zeit und bei der allmäligsten entwickelung unter dem einfluss liberalerer anschauungen sich durchsetzten konnten. Nachdem uns daher ein günstiges geschick durch so zahlreiche aus den verschiedensten entwickelungszeiten erhaltene denkmäler in den stand gesetzt hat, eine kette unanweisbarer tatsachen aufzuzeigen, welche in der oben geschilderten verknüpfung die apostelesszene vermittels naturgemäss entwickelter elemente vorbereiten und durch übertragung und erweiterung derselben fortschreitend herausbilden und vollenden, werden wir uns vager voraussetzungen um so lieber entschlagen, als sie uns anstatt dieses stetigen bildungsprocesses, in dem sich so merkwürdige erscheinungen werden und zum ganzen zusammenschliessen, nur das rätselhafte nebeneinander der erscheinungen zu bieten vermögen.

Nach der apostelsszene schliessen M und N in der oben s. 54 angegebenen weise, nur dass N19 der klerus dem *Cornilis, o socii* etc. der apostel noch mit einer komposition aus Matth. 24, 6. 7 antwortet, bevor die „cantores" mit dem *Dixmi nunc Iudaei* etc. einfallen. Den anfang dieser antifone haben wir in M10 schon oben s. a. o., jedoch auch dem letzteren satze verwertet gefunden; sie begegnet vollständig auch L15 in derselben verwendung wie in N und stammt wahrscheinlich aus dem kirchlichen ritual, so dass aus der eigentümlichkeit ihrer ablassung auf eine genauere verwandtschaft zwischen LMN in bezug auf sie nicht geschlossen werden darf. Nach diesem satze folgt auch in L das *Te deum* und alsdann noch zwei sätzchen, die zwar auch aus dem kirchlichen rituale stammen und X15 und in dem mehrfach erwähnten stücke Les trois Maries (vgl. ob, s. 84) benutzt werden, an dieser stelle aber offenbar nicht am platze sind und darum zur dramatischen feier nicht gerechnet werden dürfen. — Auch H und K haben an dieser stelle eine antifone eingeschoben, *Surrexit dominus de sepulchro, qui pro nobis pependit in ligno*, alleluia 119 und *Surrexit dominus de sepulchro* K10, welche beide in den ritualen der ostermesse häufig begegnen. Das *Te deum* ist jedoch in K nicht überliefert, ohne zweifel nur deshalb, weil es sich für den geistlichen, der die dramatische feier auf dem vorsatzblatte der agende seines klosters verzeichnete, von selbst verstand, dass dasselbe vor dem im ordentlichen rituale von alters bestehenden hymnus eingefügt werden musste und dass deshalb die wiederholung des letzteren zu jener stelle überflüssig sei. — J hat sich damit begnügt, unmittelbar nach dem *Cornilis, o socii* etc. der apostel mit dem *Te deum* zu schliessen.

Was die einleitung der stücke F—N betrifft, so sind in G sicherlich dieselben hymnen als solche verwant worden, welche wir bei A schon besprochen haben. Denn diese, A und G, stehen in derselben einzigsteiner handschrift unmittelbar aneinander, was nur so zu erklären ist, dass man in diesem kloster zuerst die der ersten rezension folgende aufführung A mit jenem hymnus als einleitung gebrauchte und niederschrieb, dann aber A nach dem bekanntwerden der zweiten rezension verdrängt und diese in der gestalt von G unmittelbar hinter A aufgezeichnet wurde, indem jene hymnen von da an als einleitung zu G galten. FHJM haben gar keine besondere einleitung. N1—9 ist die vollständige erste hälfte der messe des ersten ostertages, wie man sie in jedem missale mit geringen variationen finden kann, K1 und L1—6 teile aus derselben. Es wird daher nicht notwendig sein, die einzelnen sätze besonders nachzuweisen, zumal sie ausser N3 *Conserva me, domine* ps. 16 und N4 *Domine, probasti me* ps. 138 schon in dem zu D gehörenden und oben s. 41—44 mitgeteilten rituale enthalten sind. Wir sehen also auch hier, dass es eine eigentliche einleitung zu diesem osterdrama nicht gab, dass dieses überhaupt keine solche besondere kirchliche läsmse war, welche in den kanonischen ritus nicht aufgenommen werden durfte, sondern, dass es vielmehr sein urheber selbst dazu bestimmte als ein integrierender bestandteil im matutinalen gottesdienste zu dienen, in welchem sinne es auch von den meisten klöstern angenommen und verwant wurde. — Diese beobachtungen stimmen mit den bei den stücken der ersten gruppe gemachten in der hauptsache vollständig überein, so dass die unhaltbarkeit der ansicht Mones hier lediglich bestätigt wird.

3. DRITTE GRUPPE, OP.

Der grund, welcher mich bestimmt hat, OP als eine besondere gruppe zu behandeln, ist, dass sie bei erhaltener ältester form der ursprünglichen szene über diese hinaus nur in der aufnahme der sequenz *Victimae paschali* eine wesentliche weitere entwickelung zeigen. Sie würden demnach in bezug auf die erstern ihren platz vor den stücken der zweiten gruppe haben erhalten müssen, weil sie hinter der entwickelung dieser, sowohl was das eindringen der zweiten recension, als die einfügung der apostelszene betrifft, vollständig zurückgeblieben sind. Für die historische betrachtung kann dieses jedoch nur die bedeutung haben, dass OP ausserhalb des kreises lagen, in welchem sich die fortgeschrittenere entwickelung der die zweite gruppe begreifenden dramen vollzog, und sich deshalb auf jener ältern stufe erhielten, bis sie auf ihre eigene weise dem drange nach grösserer entfaltung durch die verwertung der sequenz sich fügten, und insofern stehen beide gruppen gleichberechtigt nebeneinander. Aus der kronologia der überlieferung aber ergibt sich, dass die aufnahme der sequenz wahrscheinlich zuerst um die wende des 12./13. jahrhunderts eintrat, während die entwickelung der zweiten gruppe schon durch fünf handschriften aus dem 12. jahrhundert bezeugt wird und sich augenscheinlich sogleich des allgemeinsten anklangs zu erfreuen hatte. Die stellung von OP nach den stücken der zweiten gruppe ist also aus dieser rücksicht vollkommen gerechtfertigt. Die zweite und dritte gruppe zusammen bilden die vorstufen zur vierten.

Ich schicke zunächst einen abdruck der beiden stücke voraus, um alsdann die betrachtungen, zu denen sie veranlassung geben, folgen zu lassen.

O,

[...], 1 Jahr.

Post altimam responsoriam repetitas premittos:
1 Abeunt te.

Quo facto, stat parati TRES (CLERICI) cum cappis albis et amictibus in capitibus eorum, portantes quilibet eorum in manibus ampullam (ampollatam?) de *Nord*, argenti, et ille qui fungitur officio Magdalenae vadit in medio, et introitu chori incipiant, cantando imitinal primam versum:

2 Omnipotens pater altissime,
[angelorum rector mitissime,
quid faciamus nos miserrimae?]
et in fine ipsorum versuum flexis genibus dicant [TRES CLERICI]:
3 Heu, quantus est dolor noster!
Postea surgant ante altare et ibi dicant alium versum:
4 Sed eamus unguentum emere,
[cum quo bene perunxum ungere
corpus domini sacratum,]

Quibus dictis, stat DUO PUERI super altare, Induti albis et amictibus cum stolis violatis et similem rubes in forle eorum et alio in lumaris, qui dicant:

5 Quem quaeritis in sepulchro, [o christicolae!]
Que dictu, omnes MARIAE (simul respondeant:)
6 Jesum Nazarenum [crucifixum, o coelicolae!]
Deinde PUERI dicant:

7 Non est hic, [surrexit sicut praedixerat:]
[8 Ite, nuntiate quia surrexit.]

P,

Sens, XIII. Jahr.

1 Hortum praedestinatio,
parvo sabbati spatio,
providerat in proxime,
civitatis pro fancie.
Hortum pomorum vario
non imaginem edulio,
quantum virtutis spatio
coaequalem Elysio
in hoc magnus decurio
ac nobilia centurio
aurem Mariae proprio
sepelivit in tumulo.
Flos autem, ille tertio,
qui floret ab initio,
refloruit e tumulo
summo mane diluculo,

PUER, in vestibz angelium sedens super pulpitum e corum altaris sinistro, cantat:

2 Quem quaeritis in sepulchro, christicolae!
TRES MARIAE simul respondeant genus fletendo:
3 Jesum Nazarenum crucifixum, o coelicolae!
ANGELUS autem subleveus lapidem altaris, tamquam respiciens in sepulchrum, cantat:
4 Non est hic, surrexit sicut praedixerat;
5 Ite, nuntiate quia surrexit.

O,

VARMOSIA, ? JRHT.

Servat casu filo paunam, qui est super libros argenti super altare in figura sepulchri, et, facta responsione a pueris, convert Mariae laetitiad vertant se versus chorum et MAGDALENA cantat sola:

0 Victimae paschali laudes immolent christiani,

Deinde [MARIA] IACOBI:

Agnus redemit oves; Christus innocens patri reconciliavit peccatores.

Postea [MARIA] SALOME:

Mors et vita duello conflixere mirando; dux vitae mortuus regnat vivus.

Hoc dicto, duo canonici, tamquam APOSTOLI, cist parati retro pulpitum et dicant omnes insimul:

10 Dic nobis, Maria, quid vidisti in via?

Deinde MAGDALENA sola respondeat:

Sepulchrum Christi viventis et gloriam vidi resurgentis.

Angelicos testes, sudarium et vestes,

Et quando dicant Angelica testes vertat se ad altare sola ac demonstret cum digito angelos praedictos, stantes super altare, pronunciando versum expradictum. Monstratio angelis, vertat se ad chorum et dicat [MAGDALENA:]

Surrexit [Christus,] spes mea, praecedet suos in Galilaeam.

Finito versu CHORUS dicat:

Credendum [est] magis soli Mariae veraci, quam Iudaeorum turbae fallaci.

Ac etiam [CHORUS:]

Scimus, Christum surrexisse a mortuis vere; tu nobis, victor, rex, miserere!

His omnibus finitis, REGENTES chorum incipiant:

11 Te deum laudamus.

P,

BEID, XIII. JRHT.

MARIAE revertentes ad chorum cantant:

6 Resurrexit dominus hodie, resurrexit leo fortis, Christus, filius dei.

DUO VICARII, induti cappis auricis, in medio chori cantant:

7 Dic nobis, Maria, quid vidisti in via?

PRIMA MARIA, stans a parte sinistra, respondet:

Sepulchrum Christi viventis et gloriam vidi resurgentis.

SECUNDA MARIA:

Angelicos testes, sudarium et vestes.

TERTIA MARIA:

Surrexit Christus, spes mea, praecedet suos in Galilaeam.

DUO VICARII respondent:

Credendum est magis soli Mariae veraci, quam Iudaeorum turbae fallaci.

Totus CHORUS respondet:

Scimus, Christum surrexisse a mortuis vere; victor, rex, miserere!

Deinde dicitur:

8 Te deum.

Indem wir oben s. 27 ff. die älteste form der lateinischen osterfeiern in der weise zu erörtern versuchten, dass die verschiedenen fassungen der einzelnen sätze jener allen dramen gemeinschaftlichen scene, welche sich zwischen den engeln und frauen am grabe abspielt, zusammen getragen und unsere entscheidung auf die majorität der für je eine unter den vorhandenen zur ersten rezension gehörenden fassungen abgegebenen stimmen gestellt wurde, sprach sich schon diese abstimmung bei den mit IIa—IVa bezeichneten versionen für einzelne unter ihnen mit solcher entschiedenheit aus, dass über die richtigkeit des ergebnisses nicht der geringste zweifel walten konnte. Bei Va dagegen ergab sich eine solche majorität unmittelbar nicht. Die als grundform vermuteten worte Ite, nuntiate quia surrexit liessen sich nur, wenn auch mit grösster wahrscheinlichkeit, aus der wesentlichen übereinstimmung von DPEAMS erschliessen, insofern sie in BP die ganze fassung, in EAMS des konstanten kern derselben ausmachten. Wenn wir auch diese folgerung, zumal im hinblick auf die totale verschiedenheit, welche die genannten und die beiden übrigen versionen (CT (D) spricht dem anschein nach für BP etc.) in ihren resultaten oder eigentümlichen abfassungen darbieten, als nahezu gesichert und das fehlen des ersten aus ev. Markus 16, 5 wörtlich entnommenen

welcher nur dann diesen kann, unsere auffassung zu exemplificieren. — Wir sind daher vollkommen berechtigt, das geneaologische verhältnis der bisher besprochenen stücke durch folgendes diagramm auszudrücken

x urform.

ABCES mit geringfügigen selbständigen änderungen und zusätzen.	y aufnahme der zweiten Pilatusac. paart hat,	z aufnahme des Quis revoluat.
	OP	DF
		G aufnahme des Ad complendum.
		H aufnahme des Currebin, o seric.
		JKLMN aufnahme des Currebant duo simul.

Natürlich soll diese aufstellung nicht etwa dahin verstanden werden, dass von den dramen ABCESyz jedes einzelne unmittelbar aus der urform x geflossen sei, sondern nur, dass sie nach dem befund ihrer texte, die wahrscheinlichkeit mittelbarer abstammungen zugegeben, weder direkt, noch indirekt in dem zustande wechselseitiger abhängigkeit sich befinden, wie auch z, DF, G und H nur die typen jener durchgangsstadien bezeichnen wollen, aus denen JKLMN hervorgingen, nicht aber diese selbst. Anders aufgefasst würden manche in ihren konsequenzen für die gesammtentwickelung unbedeutendero eigentümlichkeiten, wie die, dass (DFJ)M der ersten, GHKLN dagegen der zweiten rezension angehören, dass FGMN das Dicant nunc Iudaei etc. und EFHN das Venite et videte etc. den mit ihnen auf gleicher oder höherer entwickelungsstufe stehenden voraus haben u. s., zu den wunderlichsten kreuzungen führen, während sie nun den erforderlichen spielraum gewinnen, bald hier, bald dort zu erscheinen, und in den kirchlichen ritualen, aus welchen sie überall und zu jeder zeit genommen werden konnten, für ihr scheinbar anakronistisches auftreten ausreichende erklärung finden.

Unter dem gesichtspunkte dieses handschriftenverhältnisses (wenn der ausdruck erlaubt ist) erhalten die einzelnen überlieferungen ein wesentlich anderes mass kritischen wertes, als ihnen bei unserem früheren verfahren, die älteste form der dramatischen osterfeier zu bestimmen, zuerkannt werden durfte. Dort nahmen die beiden gruppen DFGHJKLMN und OP für jeden ihrer vertreter die gleiche beweiskraft in anspruch, wie je eins der stücke ABCES; hier dagegen gilt jedes der letzteren mindestens so viel, als die stücke je einer gruppe zusammen genommen, ja noch mehr, insofern diese ihren ursprung nachweislich nicht unmittelbar aus der urform selbst ableiten, sondern aus quellen, die ihre ursprüngliche reinheit durch die aufnahme fremder bestandteile schon eingebüsst hatten. Und wenn wir nunmehr die früheren resultate an der hand dieses grundsatzes einer prüfung unterwerfen, so sehen wir nicht allein die echtheit der für IIa, IIIa und IVa gefundenen urfassungen bestätigt, sondern erhalten auch für die ursprünglichkeit der als Va hervorgetretenen fassung Ite, nuntiate quia surrexit bei der wesenhaften übereinstimmung von AM.BP.S, gegenüber der totalen divergenz der über diese worte hinausgehenden zusätze und der übrigen versionen (GT), nicht minder, als für die unursprünglichkeit der dort zweifelhaft gebliebenen Quis revolvet etc. (= In) eine bestätigung von vollkommener wissenschaftlicher zuverlässigkeit. Ich sage wissenschaftlicher zuverlässigkeit, namentlich in bezug auf das letztere; denn man wird ein gewisses befremden über die, sei es zufällige oder absichtliche, umgebung dieses satzes seitens des ersten verfassers der lateinischdramatischen osterfeier nicht unterdrücken können, und die möglichkeit, dass A;BCOP'S, obgleich diese stücke aus Deutschland, Frankreich und Holland herrühren und zugleich zu den ältesten überlieferungen zählen, auf einer durch zufall unvollständigen vorlage beruhen können, verhehle ich mir nicht. Wer jedoch gegen die resultate einer exakten und methodischen untersuchung solcher möglichkeiten ins feld stellen will, wird auf den erfolg wissenschaftlicher forschung von vornherein verzicht leisten müssen. Ich glaube inzwischen meinen beweis als vollständig betrachten zu dürfen.

Der schreiber von O hat sich damit begnügt, den text der osterfeier nur mit den anfangsworten seiner reden aufzuzeichnen, offenbar in der erwartung, dass es jedem bei der aufführung des drames mitwirkenden geistlichen leicht sein werde, denselben nach einsicht des manuskriptes aus dem gedächtnisse zu ergänzen. Nur die sequenz *Victimae paschali* ist ganz ausgeschrieben. In folge aber der nahen verwandtschaft, in welcher O und P zu einander stehen, schien es mir unbedenklich, ersteres in übereinstimmung mit diesem zu vervollständigen. Für die untersuchung ist von diesen ergänzungen selbstverständlich kein gebrauch gemacht worden (vgl. oben s. 24 f.).

Die zunächst an den ursprünglichen auftritt sich anschliessende erweiterung P6 *Resurrexit dominus hodie, resurrexit leo fortis, Christus, filius dei*, kann erst nach der sequenz aufgenommen worden sein, da sie sich sonst auch in O finden müsste. Auch dieses responsorium begegnet in den osterritualen einiger missalen und man hat also in diesen seine herkunft zu suchen. Seine einfügung geschah aus demselben grunde, aus dem wir früher C7, D6 und E7 das *Surrexit dominus* etc. und später das *Dicant nunc Iudaei* oder das *Ad monumentum* sich einstellen sahen, nämlich um den frauen die rückkehr in den kor zu ermöglichen. Wir werden es später in UVX wieder antreffen.

Von der in OP alsdann folgenden sequenz *Victimae paschali* ist bisher angenommen worden, dass sie schon in der vorlage beider stücke eingang gefunden habe. Wir dürfen jedoch hier nicht verschweigen, dass stringente beweise dafür nicht vorhanden sind. Es ist bekannt, dass die sequenz schon in sehr alter zeit im ostergottesdienst verwant wurde, aus welchem sie auch durch Pius V., als er l. j. 1568 bei revision und neuredaktion der ritualbücher auf grund der beschlüsse des tridentiner konzils die anwendung von sequenzen in der messe auf eine sehr kleine anzahl beschränkte[1], wegen ihrer hohen schönheit nicht entfernt wurde, so dass sie sich bis heute in derselben erhielt. Warum also sollte man sich nicht hier und dort ein gedicht dienstbar gemacht haben, dass es nahe zur hand lag und durch inhalt und form wie zur vollendung des dramatischen aktes bestimmt zu sein schien, ohne den vorgang oder die anregung von anderer seite abzuwarten? Und es kann ja bei O und P für diese möglichkeit noch der umstand geltend gemacht werden, dass jenes die ganze sequenz, dieses aber nur das *Dic nobis Maria* enthält. — Allein, wie ansprechend diese auffassung auch erscheinen mag, von einem andern standpunkte betrachtet finden jene beiden motive eine ganz entgegengesetzte und wie mir scheint richtigere würdigung. Oder ist es etwa weniger glaubhaft, dass sich die kirchen, welche die sequenz im ritual ihrer ostermesse schon besassen, einer benutzung derselben in der immerhin profaneren dramatischen aufführung gerade deshalb enthielten, abgesehen von dem hindernisse, welches die zweimalige absingung derselben an einem tage bereiten musste? Und ist es nicht in hinblick auf den nachgewiesenen so allmäligen und behutsamen fortschritt in der entwickelung der lateinisch-dramatischen osterfeiern, die aufnahme des zweiten dialogischen teils ergeben zu lassen, ehe die einverleibung des gegenüber der kleinheit der ursprünglichen szena so umfangreichen ganzen geschah? Und wenn ferner die sequenz durch den kirchlichen gebrauch so bekannt war, dass von daher ihr selbständiges eintreten in O und P nur natürlich erscheinen müsste, wie kommt es dann, dass sie unter neunundzwanzig vollständig erhaltenen stücken[2] nur in acht tatsächlich benutzt

1 Hugo Riemann, Geschichte der notenschrift. Leipzig 1878, s. 215.
2 Es sind dabei die oben s. 41 erwähnten bisher ungedruckten wiener osterfeier, von der ich inzwischen durch die freundliche vermittelung des herrn prof. Heinzel und die bemühung des herrn dr. Seuse in Wien eine abschrift erhalten habe, und drei von mir nachträglich aufgefundene stücke eingerechnet, die ich im anhange vollständig mitteilen werde

wurde und zwar, ausser in O, in Te (sowie so III u. IV des anhanges) und vielleicht Q vollständig, in PR dagegen nur in ihrer zweiten hälfte? Diese beobachtungen zusammen genommen machen die wahrscheinlichkeit, dass die aufnahme der sequenz in OP mittelst deren vorlage und unter ausschliesslicher hereinziehung des *Die nobis Maria* etc. erfolgt sei, unzweifelhaft grösser, als die, dass jedes von beiden die initiative zu dieser erweiterung ergriffen habe, zumal auch die geographische lage von Narbonne und Sens dieser auffassung nicht widerspricht.

Weit wichtiger als diese sekundäre frage ist jene prinzipielle, ob die zweite hälfte der sequenz, das ‚responsorium', als die grundlage der dramatischen osterfeier in Deutschland betrachtet werden darf. Schönbach, der für seine ansicht in Grieshaber irrtümlicher weise (vgl. oben s. 7) schon einen vorgänger zu haben glaubte, begründete das diese frage bejahende zweite ergebnis seiner untersuchung durch die beobachtung, dass das responsorium ein gemeinsames merkmal aller deutschen stücke sei. Es ist dagegen widerholt nachgewiesen worden, das auch diese letztere annahme unrichtig ist, vgl. oben s. 34 f. und vorhin s. 63. Dürfte ich mich also schon nach widerlegung gegenteiliger ansichten über die korrektheit meiner beweisführung beruhigen, so will ich mich doch sogleich an dieser stelle dagegen verwahren, dass mir die ansicht Schönbachs in anderer formulierung entgegengehalten werde. Die sequenz ist nachweislich in der ersten hälfte des 11. jhdts geflichtet und aus einer früheren zeit ist uns auch keine dramatische osterfeier erhalten; könnte also nicht doch jenes ‚responsorium' durch seine vortragsweise mit verteilten rollen am ostermorgen auf die abfassung des dramas in der von mir nachgewiesenen ältesten form hingewirkt haben, indem es selbst von der dramatischen aufführung wider ausgeschieden wurde? Dass dies allerdings der fall hätte sein können, halte ich nicht für unmöglich; wohl aber halte ich es für im höchsten grade unwahrscheinlich und jeder haltbaren wissenschaftlichen stütze entbehrend, dass es wirklich geschehen ist; denn es ist ganz undenkbar, dass sich bei der richtigkeit jener voraussetzung in den stücken A—N und S, die zum teil aus handschriften des 11. jahrhunderts herrühren, einzelne erkennbare spuren der sequenz oder ihrer einstigen wirksamkeit nicht sollten erhalten haben.

Die einleitungen von O und P haben durch hymnen eine besondere ausschmückung erhalten, und zwar P durch den hymnus *Hortum praedestinatio* etc., den wir bei AG schon kennen gelernt haben, vgl. oben s. 34 u. 46. Eine spielanweisung, die angabe, von wem und in welcher weise er vorgetragen wurde, ist nicht vorhanden. Wahrscheinlich gehört er zur rolle der frauen, von denen er entweder im kor, oder mit den strofen wechselnd solo gesungen wurde, während sie sich auf dem wege zu grabe befinden. Achnlich wenigstens ist die einrichtung in O, wo der hymnus *Omnipotens pater altissime* zur verwendung gekommen ist. Die frauen singen beim eintritt in den kor zunächst die erste strofe gemeinsam mit dem refrain *Heu, quantus est noster dolor!* Darauf die dritte Sed nunc ungventum emere jedenfalls mit widerholung desselben refrains, auf welchen bin sie von den engeln angeredet werden. Dass dieser refrain der anfang einer strofe oder antifone aus dem kirchlichen rituale sei, wie du Méril meint[1], glaube ich nicht; doch mag er zu dem hymnus eigentlich nicht gehören, sondern nur aus zwecken des dramas hinzugefügt worden sein. Dieser hymnus ist nun aber nur die engere einleitung zur dramatischen aufführung, welche ‚post ultimum responsorium' und vor dem Te deum in die matutin des ostertages eingeschaltet wurde, wie der eingang und schluss zeigen. Und ebenso wird es sich mit P verhalten haben, dessen schreiber es nur als überflüssige mühe erscheinen mochte, etwas so bekanntes und selbstverständliches besonders anzugeben. Den *psvsellus Almum te . . . O* habe ich ebensowenig, wie Du Méril[2], in missalen und dergleichen auffinden können.

---

1. Origines latines p. 94, note 2.
2. Origines latines p. 91, note 1.

I. DIE LATEINISCHEN OSTERFEIERN.

E. VIERTE GRUPPE, GESTUIWXYZ…

In den stücken J—N der zweiten gruppe hat die ursprüngliche anlage der lateinischen osterfeier ihre entwickelung nach form und inhalt vollendet. Der dialog zwischen den frauen und engeln am grabe, der zuerst die worte des biblischen textes, aus welchem er entstanden war, möglichst festzuhalten versucht hatte, empfing in der zweiten rezension jene gehaltvollere fassung, die, weil die osterfeier kein gesprochenes drama, sondern ein singspiel war, durchaus als ein fortschritt in der entwickelung betrachtet werden muss. Die einfügung des *Venite et videte* etc. verstärkte nicht unwesentlich die dramatische wirkung und die lücke in der abwickelung der dramatischen handlung, welche zwischen der verkündigung der engelsbotschaft an die frauen und ihrer vermittelung an den kor, resp. die jünger klaffte, war zuerst versuchsweise durch bekannte responsorium, wie das *Surrexit dominus de sepulchro* etc., dann aber in glücklicherer weise durch das *Ad monumentum* etc. überbrückt worden. Damit schon war dieser akt, sowohl in bezug auf die absicht, welche er erstrebte, als auf die mittel und die form, mit denen diese in anschaulicher und wirkungsvoller weise erreicht werden konnte, beschlossen. Der verstoss aber gegen die darstellung des vierten evangelisten, nach welchem nicht die frauen, sondern die apostel Petrus und Johannes die schweisstücher finden und zurückbringen, führte von selbst zu der entschliessung, diese, — für welche ja auch die engelsbotschaft bestimmt war, — handelnd auf die szene zu bringen. Nun aber waren der stoff und die motive erschöpft, welche zur ausdichtung dieses aktes verwandt werden konnten. Sollte das drama noch fernere erweiterungen erfahren, so mussten neue stoffe mit neuen personen verknüpft herbeigetragen und zu selbständigen szenen verarbeitet werden. Und das ist in den stücken der vierten gruppe geschehen, ausgenommen S.

S, die, wie es scheint, einzige in Holland erhaltene lateinische osterfeier war mir bis vor kurzem nur aus dem von Gallée, ihrem entdecker, gegebenen abdruck bekannt. Die öfteren dort durch punkte angedeuteten auslassungen und ganz besonders die bemerkung am schlusse desselben ‚dan volgt de oetmoeting van Jezus en Maria Magdalena‘ liessen mir jedoch eine vollständige kenntnis dieses in einem dritten jaude ganz vereinzelt dastehenden und noch dem 12. jhdt angehörenden dramas in hohem grade wünschenswert erscheinen. Meiner deshalb an die universitätsbibliothek zu Utrecht gerichteten bitte, um übersendung der handschrift[1], wurde von seiten des herrn oberbibliothekars dr Halfoort in entgegenkommendster weise entsprochen, wofür ich ihm an dieser stelle meinen aufrichtigen dank wiederhole. Die osterfeier findet sich auf bl. 93ab, sie bietet jedoch nur die älteste szene in dramatischer form, von der ‚oetmoeting‘ dagegen bloss die gebräuchlichen responsorien und antifonen des rituals in loser folge. S gehört demnach nicht zu den stücken der vierten gruppe, sondern zu denen der ersten. Der vollständige und getreue text derselben, in dem nur die abkürzungen aufgelöst und einige durch schmutz und vielfachen gebrauch unlesbar gewordene worte, sowie die responsorien S, 2, 4 und 6, welche die handschrift nur andeutet, in eckigen klammern ergänzt worden sind, ist folgender.

S, Utrechter osterfeier, XII. jhdt.

Responsoria.	Responsorium:
Versus:	Iam surrexit! uenite et uidete loc[um] ubi positus erat dominus. Alleluia!
1 ANGELUS domini descendit de celo et accedens revoluit lapidem et super eum sedit et dixit mulieribus Nolite timere, s[cio] enim quia crucifixum queritis.	Versus:
	2 Angelus domini locutus et mulieribus dicens Quem queritis, an Jhesum queretis?

---

1. Die bibliotheksvermehrung der handschrift ist script. ecclesi. no 31b fol., nicht no 319, wie bei Gallée, s. 54, anmerk. 1 wohl in folge eines druckversehens angegeben wird.

[Responsorium:]
Iam surrexit! uenite et uidete locum, ubi positus erat dominus. Alleluia!]
Versus:
3 Angelus domini locutus est mulieribus dicens [Quem] queritis, an Jhesum [queritis?]
[Fol. XCIII b, Responsorium:]
Surrexit! uenite et uidete. Alleluia, alleluia!
Versus:
4 Ecce precedet uos in Galileam, ibi eum uidebitis sicut dixit uobis.
Responsorium:
Iam surrexit! [uenite et uidete. Alleluia, alleluia!]
[Versus:]
5 Dum transisset sabbatum Maria Magdalena et Maria Iacobi et Salome emerunt aromata,
[Responsorium:]
Ut uenientes ungerent Jhesum. Alleluia, alleluia!

Versus:
6 Et ualde mane una sabbatorum ueniunt ad monumentum orto iam sole,
[Responsorium:]
Ut uenientes [ungerent Jhesum. Alleluia, alleluia!]

Ad sepulchrum.

ANGELI:
7 Quem queritis in sepulchro, o christicole!
MULIERES:
8 Jhesum Nazarenum crucifixum, o celicole!
ANGELI:
9 Non est hic, surrexit sicut predixerat;
10 Ite, nunciate quia surrexit dicentes
11 Surrexit dominus de sepulchro!
[CHORUS:]
12 Te deum laudamus.]

S gibt also die älteste form der osterfeier bis auf das nachträglich hinzugefügte responsorium S11 in der ursprünglichen fassung der ersten recension, denn auch das *Quis reuoluet* ist noch nicht aufgenommen und das *Te deum*, welches oben s. 30 f. als schluss derselben vermutet wurde, wird durch die handschrift bestätigt. S hätte also in der entwickelungsreihe zwischen C und E seine stelle erhalten müssen. Die wichtigkeit des stückes, sowohl durch sein immerhin hohes alter, als durch die überlieferung in einer holländischen handschrift, konnte demgemäss oben s. 60 f. bei dem aus der handschriftengenealogie hergeleiteten beweisverfahren zur eruierung der ältesten form noch gebährend gewürdigt werden. Die versus und responsoria haben mit dem drama selbst so wenig etwas zu schaffen, als die in den einleitungen der früheren stücke. Sie gehören zum eigentlichen kirchlichen officium und beruhen auf ev. Matthäus 28, 2. 5. 6. 7 und ev. Markus 16, 1. 2. 7.

Wir werden daher im folgenden statt zwölf, nur elf stücke zu behandeln haben und auch diese reduzieren sich für die untersuchung, auf welche dieser abschnitt gerichtet ist, auf sehn, weil U und V im texte vollständig koinzidieren und nur in den spielanweisungen untereinander verschieden sind. V ist deshalb in den tabellarischen abdruck der stücke dieser gruppe mit rücksicht auf die schwierigkeit, welche die einrichtung des satzes bereitet haben würde, nicht mit aufgenommen, sondern in den anhang verwiesen worden, so dass die vollständigkeit des materials auch nach dieser seite keine einbusse erleidet. Auch YZab durften von der aufnahme in den tabellarischen abdruck füglich ausgeschlossen bleiben, denn Y mit seinen nur vereinzelt hervortretenden reden der spielenden in der beschreibung des Durandus ist in dieser unvollständigkeit mehr als ein historisches zeugnis anzusehen; Zab sind bruchstücke, von denen b nur die einleitung zum drama gibt. Za zusammengefügt zur erweiterung von U dienen, in dem sie aber, an gehöriger stelle eingeschoben, unverhältnismässig viel raum in anspruch genommen haben würden. Es schien mir darum vorauzuehen, sie gesondert vorzuführen.

Q,
SVGLLRBRG, s. LITL.

E,
STMLRORLY TM, SIER. JHIV.
In resurrectione domini.

T,
CIVIDALE 21, XIV. JHH.
In resurrectione domini
repraesentatio.

Drama TRES [w MARIAE:]
1 Maria Magdalena et Maria Iacobi
[et] Salome sabbato quierum silverunt
secundum mandatum. Alleluia!
2 Cum autem transisset sabbatum,
emeratae aromata venerunt ungere Jesum.
Alleluia! Alleluia!
Sola [w. MARIA IACOBI:]

3 Heu nobis, internas mentes
　quanti pulsant gemitus
pro nostro consolatore,
　quo privamur miserae,
quem crudelis Iudaeorum
　morti dedit populus.
Sola [w. MARIA SALOME:]
4 Iam percusso, heu, pastore,
　oves errant miserae:
sic, magistro discedente,
　turbantur discipuli,
atque nos, absente eo,
　dolor tenet nimius. (Surrexit.)
Sola, scilicet MARIA MAGDALENA:
5 Sed eamus et ad eius
　properemus tumulum;
si dileximus viventem,
diligamus mortuum.
Omnes TRES [w. MARIAE:]

Ad visitandum dominicam sepulturam UNA
DE MULIERIBUS cantat sola:
1 Heu nobis, internas mentes
　quanti pulsant gemitus
pro nostro consolatore,
　quo privamur miserae,
quem crudelis Iudaeorum
　morti dedit populus.
ALTERA item sola:
2 Iam percusso, heu, pastore,
　oves errant miserae:
sic, magistro decedente,
　turbantur discipuli,
atque nos, eo absente,
　dolor tenet nimius.
MARIA MAGDALENA:
3 Sed eamus et ad eius
　properemus tumulum;
si dileximus viventem,
diligamus mortuum.
Simul cantent [w. MARIAE:]

[PRIMA MARIA:
1 Heu nobis, internas mentes
　quanti pulsant gemitus
pro nostro consolatore,
　quo privamur miserae,
quem crudelis Iudaeorum
　morti dedit populus.
SECUNDA MARIA:
2 Iam percusso, heu,] pastor
　oves errant miserae:
sic, magistro discedente,
　turbantur discipuli,
atque nos, absente eo,
　dolor tenet nimius.
Dicat hanc TERTIA MARIA:
3 Sed eamus et ad eius
　properemus tumulum;
si dileximus viventem,
diligamus mortuum.
Omnes TRES MARIAE tunc simul duct
huto versum stantes:

U(V),	W,	X,
		ORLÉANS I, XII. JHDT.

U(V), — ... I JHDT. — DIGBY, XIII. JHDT.

W, — DIGBY ST. MICHEL, XIV. JHDT.

X, ORLÉANS I, XII. JHDT.

Ad faciendam similitudinem domini sepulchri primum procedant TRES FRATRES, praeparati et vestiti IN SIMILITUDINEM TRIUM MARIARUM, pedetentim et quasi tristes, alternantes hos versus cantantes:

PRIMA versum dicat:

Heu, pius pastor occidit,
quem culpa nulla infecit.
o res plangenda!

SECUNDA:
Heu, verus pastor obiit,
qui vitam sanctis contulit.
o mors lugenda!

TERTIA:
Heu, nequam gens iudaica.
(quam) dira frendens vesania,
plebs exsecranda!

PRIMA:
Cur nece pium impia
damnasti, saeva(m), invida?
(o) ira nefanda!

SECUNDA:
Quid iustus hic promeruit,
quod crucifigi debuit?
o gens damnanda!

TERTIA:
Heu, quid agamus, miserae,
dulci magistro orbatae?
(heu,) sors lacrymanda!

PRIMA:
Eamus ergo propere,
quod solum quimus facere
mente devota.

SECUNDA:
Condimentis aromatum
ungamus corpus sanctissimum,
quo pretiosa.

TERTIA:
Nardi vitet commixtio,
ne putrescat in tumulo
caro beata.

Cum autem venerint in chorum, eant ad monumentum quasi quaerentes et cantantes omnes (sc. MARIAE) simul hunc versum:

TRES DIACONI de maiori sede, loculi altioris et omiotes habentes super capita AD SIMILITUDINEM MULIERUM, vestementes in manibus, veniant per mediam [...] et versus sepulchrum properantes, vehiculorum ... cantent pariter hunc versum:

Ad matutinum psalmos, ante Te deum laudamus, frater, qui sris dem, habebit indutus de alba linea sicut lo angelus cum diademate et barba, nudis pedibus stan crura, tenens per chorum [...] et revertatur in revestiarium. Tres (fratres), qui erant MULIERES, post altiorem (versum), revestiti de dalmaticis albis, habentes amictos super capita ad modum mulierum, deferentes alabastra, venientes per inferiorem partem chori versus altare cantent:

Q.

ENGELBERG, s. 1912.

6 Quis revolvet nobis ab ostio lapidem, quem tegere sanctum cernimus sepulchrum!

R.

EBERSBERG 161, XIII. JHT.

6 Quis revolvet nobis lapidem ab ostio monumenti!

T.

TUVIDALE 11, XIV. JHT.

6 Quis revolvet nobis ab ostio lapidem, quem tegere sacrum cernimus sepulchrum!

ANGELI:

ANGELUS:

Tunc respondet ANGELUS et dicit

7 Quem quaeritis, o tremulae mulieres, in hoc tumulo gementes!
OMNES TRES:
8 Jesum Nazarenum crucifixum, o coelicolae!
ANGELI:

9 Non est hic, quem quaeritis;

5 Quem vos quem [v. quaeritis,] flentes!
MULIERES:
6 Nos Jhesum Christum!

Item ANGELUS:

7 Non est hic vere!

5 Quem quaeritis, o tremulae mulieres, in hoc tumulo plorantes
Omnes MARIAE respondent simul
6 Jesum Nazarenum crucifixum quaerimus!
Statim ANGELUS dicat hunc versum
7 Nolite metuere vel inseri terricio quia quaeritis Jesum hic
cuius vos intenditis venerari
iam surrexit, hic non est, ecce loquar mecum
michi si non creditis, videte
clirum.
ANGELUS respondendo dicat hunc versum
8 Venite et videte locum, ubi posit erat dominus. Alleluya, alleluia

Tunc omnes Marie vadant ad sepulcrum et thurificent illud et revertantur ad chorum, et tunc ANGELUS dicat hunc versum
9 Ite ad discipulos eiusque nuncie quod dominus a mortuis surrexit
festinate.
in Galilaeam ibitis cum gaudio et
ibi eum videbitis; nolite dubitare

10 sed cito euntes dicite discipulis eius et Petro quia surrexit Jhesus.
ANGELI alta voce:
11 Venite et videte locum, ubi positus erat dominus. Alleluia, alleluia!
Omnes TRES alta voce:
12 Surrexit dominus de sepulchro, qui pro nobis pependit in ligno. Alleluia!

C(V),	W,	X,
HOLES, 1 JBDT. — BIGOT, XIII. JBDT.	BONY ST. MICHEL, XIV. JBDT.	ORLEANS 1, XIII. JBDT.

C(V),

...uin revolvet nobis lapidem ab o monumenti!

Hoc finito, quidam puer, quasi ANGELUS, tuca alba et amictu, tenens spicam in manu sepulchrum dicat:

Quem quaeritis in sepulchro, o ...icolae!

MARIAE respondeant:

Jesum Nazarenum crucifixum, o ...licola!

Tunc ANGELUS dicat:

Non est hic, surrexit enim sicut ...tit.

Venite et videte locum, ubi positus ...rat,

et euntes dicite discipulis eius et ...tro quia surrexit.

W,

1 Quis revolvet.

Ille [frater], qui erit ANGELUS, erit super altare, indutus de cappa alba, tenens palmam in manu et habens coronam in capite, cantat post:

2 Venite, venite!

MULIERES dicant:

3 Jhesum Nazarenum!

ANGELUS iterum dicat:

4 Non est hic.

[5 Venite et videte locum, ubi positus erat dominus.]

Et tunc dicit Venite et videte, appropinquant ad MULIERES d... sepulchro et dicant:

6 Iam cernere.

X,

2 Sed requirimus hoc putero sine adiutorio; quisnam saxum hoc revolvet ab monumenti ostio!

Quibus respondeat ANGELUS, sedens forte ad caput sepulchri, vestitus alba dematuta, mitra tectus caput sicut dealbatam, palmam in sinistra, ramum candelarum plenum tenens in manu dextra, et dicat vertenda et admodum gravi voce:

3 Quem quaeritis in sepulchro, o christicolae!

MULIERES:

4 Jesum Nazarenum crucifixum, o coelicola!

Quibus respondeat ANGELUS:

5 Quid, christicolae, viventem quaeritis cum mortuis?

6 Non est hic, sed surrexit, praedixit ut discipulis.

7 Mementote, quid iam vobis locutus est in Galilaea:

4,   **E,**   **T,**

ENGELBERG, s. 10:4.   EINSIEDELN 121, XIII. JHDT.   UTRECHT II, XIV. JHDT.

Omnes TRES:

13 Ad monumentum venimus gementes, angelum domini sedentem vidimus et dicentem quia
surrexit Jhesus.

MULIERES revertentes cantant ad chorum:

8 Ad monumentum venimus gementes, angelum domini sedentem vidimus et dicentem quia
surrexit Jhesus.

Tunc unam MARIAE stantem in m-
cimal dicunt:

10 Ad monumentum venimus
mentes, angelum domini se-
tem vidimus et dicentem
surrexit Jhesus.

U(V),	W,	X,
1 JHDT. — BIGOT, XIII. JHDT.	HANDST ST. ETEMBAL, XIV. JHDT.	SALZAM I, XIII. JHDT.

Christum oportebat pati atque die tertia
resurgere cum gloria.

MULIERES, con versus ad populum, cantent:

8 Ad monumentum domini venimus gementes, angelum dei sedentem vidimus et dicentem
quia surrexit a mortuis.

Post hanc MARIA MAGDALENA, relictis
duabus aliis, accedat ad sepulchrum, in quod
saepe aspiciens dicat:

9 Heu dolor, heu, quam dira doloris
angustia,

quod dilecti sum orbata magistri prae-
sentia!

heu, quis corpus tam dilectum susta-
lit e tumulo?

Indinde pergat velociter ad illos, qui in
similitudine Petri et Iohannis praestare debunt
eventi, stantes que ante eos quasi tristis dicat
[MARIA MAGDALENA:]

10 Tulerunt dominum meum et nescio,
ubi posuerunt eum, et monumentum
vacuum est inventum et sudarium cum
sindone intus est repositum.

Illi autem, hec audientes, pergant ad sepulchrum uni currentes, sed Iunior, scantem
Iohannes, perveniens stet ante sepulchrum; se-
nior vero, scacum Petrus, sequens eum, statim
intret; post quam et Iohannes intret. Uno inde
exientet, IOHANNES, quasi mirans, dicat:

11 Miranda sunt, quae vidimus,
An (furtim) sublatus est dominus.

PETRUS:

Imo, ut praedixit vivus,
surrexit, credo, dominus.

IOHANNES:

Sed cur liquit in sepulchro
sudarium cum linteo?

PETRUS:

Ista, quia resurgenti
non erant necessaria,
imo resurrectionis
restant haec indicia.

Illis autem abeuntibus, accedat MARIA ad
sepulchrum et prius dicat:

12 Heu dolor, heu, quam dira doloris
angustia,

quod dilecti sum orbata magistri prae-
sentia!

heu, quis corpus tam dilectum sustulit
e tumulo?

14 En angeli aspectum vidimus
et responsum eius audivimus,
qui testatur dominum vivere;
sic oportet te, Simon, credere.
MARIA MAGDALENA:

15 Cum venirem ungere mortuum,
monumentum inveni vacuum;
heu, nescio recte discernere,
ubi possum magistrum quaerere.

MULIERES, vertentes se ad personam
Petri apostoli, omnes cantent:

9 En angeli aspectum vidimus
et responsum eius audivimus,
qui testatur dominum vivere;
sic oportet te, Symon, credere.
MARIA MAGDALENA sola cantet hos
tres versus:

10 Cum venissem ungere mortuum,
monumentum inveni vacuum;
heu, nescio locum discernere,
ubi possim magistrum quaerere.

Tunc MAGDALENA se reversa ...
ortam Christi et dicat hunc versum:

11 Cum venissem ungere dominum
monumentum inveni vacuum
et nescio recte discernere,
ubi possim magistrum quaerere.
Maxim dicat hunc versum ipse Rex ?
LENA:

12 En lapis est vero depositus,
qui fuerat cum signo positus, —

U(V),

ROUEN, 1 JHDT. — STOFF, XIII. JHDT.

Et locum digito ostendat. Hac finito
alius ostiarius discedat et DUO PRESBY-
teri de maiori sede in tunicis, intus sepulcrum residentes dicant:

Mulier, quid ploras?
MEDIUS TRIUM MULIERUM respondens
dicens:

Quia tulerunt dominum meum et
nescio, ubi posuerunt eum.
DUO RESIDENTES dicant:

Quem quaeritis, mulieres? viventem cum mortuis? non est hic, sed
surrexit:

recordamini qualiter locutus est
vobis, dum adhuc in Galilaea esset,
vobis dicens, quia oportet filium hominis pati et crucifigi et die tertia
surgere.

W,

MONT ST. MICHEL, XIV. JHDT.

Duo fratres in sepulchro, qui erant DUO
ANGELI, induti de capis rubeis dicant:

7 Mulier(es), quid [ploras]?
MULIERES dicam post:

8 Quia tulerunt dominum [meum et
nescio, ubi posuerunt eum.]
ANGELI de sepulchro dicant:

9 Quem quaeritis, [mulieres? viventem
cum mortuis? non est hic, sed surrexit:]

[10 recordamini qualiter locutus est
vobis, dum adhuc in Galilaea esset,
vobis dicens, quia oportet filium hominis pati et crucifigi et die tertia
resurgere.]
11 Venite et videte [locum, ubi positus
erat dominus.]
12 Euntes [dicite discipulis eius, quia
surrexit et ecce praecedit vos in Galilaeam: ibi eum videbitis.]

Et cum dixerint Venite et videte, intrant
[I. intrent] MULIERES in sepulchrum, et
cum dixerint Euntes, exeant et cum circa
altare et dicant:
13 In sepulchro.

X,

CELLE u. L, XIII. JHDT.

Quem alloquantur DUO ANGELI, sedentes
infra sepulchrum, dicentes:

13 Mulier, quid ploras?
MARIA:

14 Quia tulerunt dominum meum et
nescio, ubi posuerunt eum.

ANGELUS:
15 Noli flere, Maria; resurrexit dominus. Alleluia!
MARIA:
16 Ardens est cor meum desiderio
videre dominum meum, quaero et non
invenio, ubi posuerunt eum. Alleluia!

Q.

ssssssss, s. xvi.

Item MARIA MAGDALENA:

16 Dolor crescit, tremunt praecordia
de magistri pii absentia,
qui salvavit me plenam vitiis,
pulsis a me septem daemoniis.

Item MARIA MAGDALENA:

17 En lapis est vere depositus,
qui fuerat cum signo positus;
muniera[n]t locum militibus:
locus vacat, illis absentibus.

DOMINICA PERSONA:

18 Mulier, quid ploras? quem quaeris?
MARIA MAGDALENA:

19 Domine, si tu sustulisti eum, dicito
michi, ubi posuisti eum, et ego eum
tollam. Alleluia! Alleluia!
DOMINICA PERSONA:
20 Maria! Maria! Maria!
MARIA MAGDALENA:

21 Rabbi!
DOMINICA PERSONA:

22 Noli me tangere: nondum enim
ascendi ad patrem meum. Alleluia!
Alleluia!

23 Prima quidem suffragia
stola tulit carnalia,
exhibendo commercia
se per naturae munia.

B.

ssssssss xii, xiii. ssss.

11 Dolor crescit, tremunt praecordia
de magistri pii absentia,
qui sanavit me plenam vitiis,
pulsis a me septem daemoniis.

12 En lapis est vere depositus,
qui fuerat in signum positus;
munierant locum militibus:
locus vacat, illis absentibus.

CHORUS:

13 Una (autem) sabbati (Maria Magdalene venit mane, cum adhuc tenebrae
essent, ad monumentum, et vidit lapidem sublatum a monumento.)

Mulieres remurmurantes Marram ad sepulturam
michi dicunt MARIA MAGDALENA quaerendo circumquaque cantat:
14 Victimae paschali etc. usque Dic nobis.
DOMINICA PERSONA, subito Mariae
Magdalenae apparens, dicat:

15 Mulier, quid ploras? quem quaeris?
MARIA respondet:

16 Domine, si tu sustulisti eum, dicito
michi, ubi posuisti eum, quod ego eum
tollam. Alleluia! Alleluia!
DOMINICA PERSONA iterum ad eam:
17 Maria! Maria! Maria!
ILLA providens dicat:

18 Rabbi, quod dicitur magister.
DOMINUS, ab ea paululum divertens,
dicat:

19 Noli me tangere: nondum enim
ascendi ad patrem meum. Alleluia!
Alleluia!

DOMINICA PERSONA statu cantat:
20 Prima quidem suffragia
stola tulit carnalia,
exhibendo commercia
se per naturae munia.

T.

ssssssss xi, xiv. ssss.

cominicera[n]t locum militibus:
locus vacat, sic absentibus.
Statim dicat MARIA:

13 Dolor crescit, tremunt prae-
de magistri pii absentia,
qui salvavit me plenam vitiis,
pulsis a me septem daemoniis.

JHESUS admirans respondet si eam

14 Mulier, quid ploras?
MARIA respondet et dicens:
15 Quia tulerunt dominum meum
nescio, ubi posuerunt eum.
JHESUS dicens statim:
17 Maria!
MARIA currendo ad Jhesum dicit:
18 Raboni!
Tunc Marias dicit (JHESUS:)

19 O Maria, noli me tangere.
sed fratribus nuntia propere:
ascendo ad patrem meum,
deum meum et ventrum deum.

U(V),	W,	X,
ROUEN, ? JHDT. — DYSDT, XIII. JHDT.	QUST ST. MICHEL, XIV. JHDT.	ORLEANS 1, XVI. JHDT.

Marias osculantur locum, postea exeunt de sepulchro. Interim quidam SACERDOS IN PERSONA DOMINI, albatus cum stola, tenens crucem, obviat eis in sinistro cornu altaris et:

Mulier, quid ploras? quem quaeris? MEDIUS MULIERUM dicat:

DEUS veniat per aliam viam et ponat se ante altare. [Post] dicat ad primam mulierem:

14 Mulier, [quid ploras? quem quaeris?] MULIER respondeat:

Interim veniat QUIDAM PRAEPARATUS IN SIMILITUDINEM HORTULANI stansque ad caput sepulchri dicat:

17 Mulier, quid ploras? quem quaeris? MARIA:

? Domine, si tu sustulisti eum, dicito ibi, et ego eum tollam.

SACERDOS, ... crucem ostendens, dicat: ? Maria! Quod cum audisset, pedibus eius ... ne offerat et alta voce dicat [MAGDALENA:] ? Rabboni! SACERDOS, tenens manu, dicat:

5 Noli me tangere: nondum enim ascendi ad patrem meum; vade autem ad fratres meos et dic eis Ascendo ad patrem meum et patrem vestrum, deum meum et deum vestrum.

15 Domine, si tu [sustulisti eum, dicito michi, ubi posuisti eum, et ego eum tollam.] DEUS dicat: 16 Maria! MULIER dicat:

17 Rabboni! Et prosternat se in terram, sicut si vellet [amplecti pedes eius], et maneat ibi. Deinde DEUS dicat: 18 Noli me tangere: [nondum enim ascendi ad patrem meum; vade autem ad fratres meos et dic eis Ascendo ad patrem meum et patrem vestrum et deum meum et deum vestrum.]

18 Domine, si tu sustulisti eum, dicito mihi, ubi posuisti eum, et ego eum tollam. Et ILLE: 19 Maria! Atque providens ad pedes eius MARIA dicat: 20 Rabboni! At ILLE subtrahat se ei, quasi tactum eius devitans, dicat:

21 Noli me tangere: nondum enim ascendi ad patrem meum et patrem vestrum, dominum meum et dominum vestrum.

Q,
EINSIEDELN, s. XIII.

MARIA:
24 Sancte deus!
DOMINICA PERSONA:
25 Haec priori dissimilia,
haec est incorruptibilis,
quae dum fuit passibilis,
iam non erit solubilis.
MARIA MAGDALENA:
26 Sancte deus!
DOMINICA PERSONA:
27 Ergo noli me tangere,
nec ultra velis plangere,
quam mox in puro aidere
cernes ad patrem scandere.
MARIA MAGDALENA:
28 Sancte et immortalis, miserere nobis!
DOMINICA PERSONA:
29 Nunc ignarus huius rei
fratres certos reddes mei:
in Galilaeam, dic, ut eant,
et me viventem videant.

R,
EINSIEDELN [3], XIII. JEDT.

MARIA aderens in terra conteni:
21 Sancte deus!
DOMINICA PERSONA:
22 Haec (est) priori dissimilia,
haec est incorruptibilis,
quae dum fuit passibilis,
iam non erit solubilis.
MARIA aubens sursum, quo prius:
23 Sancte fortis!
DOMINUS iterum Deideve stans dicat:
24 Ergo noli me tangere,
nec ultra velis plangere,
quem mox in puro aidere
cernes ad patrem scandere.
MARIA, ut supra:
25 Sancte immortalis, miserere nobis!
item DOMINUS ad eam:
26 Nunc ignarus huius rei
fratres certos reddes mei:
Galilaeam, dic, ut eant,
et me viventem videant.

T,
CIVIDALE II, XIV. JEDT.

Tunc MARIA revertitur (se) ad hom
unam et dicat:
30 Vere vidi dominum vivere,
nec dimisit me pedes tangere:
discipulos oportet credere,
quod ad patrem velit ascendere.

MARIA, reliquis constantibus, ad chorum
sola dicat:
27 Surrexit enim, sicut [dixit dominus,

U(V),	W,	X,
CODEX, 1 JHDT. — DROFT, 2.III. JHDT.	HOST 6T. GICHEL, XIV. JHDT.	ORLÉANS I, XIII. JHDT.

Sic dicendum hortuleamn, MARIA vero conversa ad populum dicat:

22 Congratulamini mihi omnes, qui diligitis dominum, quia quem quaerebam apparuit mihi et, dum flerem ad monumentum, vidi dominum meum. Alleluia!

Tunc DUO ANGELI emment ad sedem sepulchri, im et appareant feris, et dicant:

23 Venite et videte locum, ubi positus erat dominus. Alleluia!

24 Nolite timere vos:
vultum tristem iam mutate,
Jesum vivum nuntiate,
Galilaeam iam adito;
ut placet videre, festinate.

25 Cito euntes dicite discipulis, quod surrexit dominus. Alleluia!

Tunc MULIERES, discedentes a sepulchro, dicant ad plebem:

26 Surrexit dominus de sepulchro, qui pro nobis pependit in ligno. Alleluia!

Q.
ALMELARBO, 4. STL.

CHORUS:
80 Victimae paschali laudes immolent christiani.

B,
EINSIEDELN 1D, XIII. JHDT.

praecedit vos in Galilaeam, alleluia! ibi eum videbitis. Alleluia!]

CHORUS ad eam:
79 Dic nobis, Maria, [quid vidisti in via?]
IPSA ad chorum:
Sepulchrum Christi eum r[esp. viventis et gloriam vidi resurgentis;
Angelicos testes, sudarium et vestes;
Surrexit Christus, spes mea, praecedet suos in Galilaea.]
CHORUS:

Credendum est [magis soli Mariae veraci, quam Iudaeorum turbae fallaci.]
Scimus, Christum [surrexisse a mortuis vere; tu nobis, victor, rex, miserere!]

Item CHORUS:
89 Currebant duo simul [et ille alius discipulus praecucurrit citius Petro et venit prior ad monumentum.]

Iuxta cum mulieribus PETRUS et IO-HANNES currant, et Iohannes praecurrens expectat Petrum, et nihil inveniendo revertuntur maledicam cantantes:
80 Ergo die ista exultemus, [qua nobis viam vitae resurgens patefecit Jesus.]
Astra, solum, mare [iocundentur
Et cuncti gratulentur in coelis
Spirituales chori trinitati.]

T,
CIVIDALE II, XIV. JHDT.

Tunc dicat CHORUS:
81 Dic nobis, Maria, quid vidisti in via
Tunc MARIA dicat hanc versum:
Sepulchrum Christi viventis et gloriam vidi resurgentis;
Angelicos testes, sudarium et vestes
Surrexit Christus, spes mea, praecedet vos in Galilaeam.
CHORUS cantat et Maria movent se versus chorum dicentes:
Credendum est magis soli Mariae veraci, quam Iudaeorum turbae fallae.
Scimus, Christum surrexisse a mortuis vere; tu nobis, victor, rex, miserere!
Alleluya!

U(V),	W,	X,
ROUEN, 1 JEST. — BRUST,XIII. JHDT.	ROUT ST. MICHEL, XIV. JHDT.	ORLÉANS L, XIII. JHDT.

Ton facto, expandent [MULIERES] sindo-
nem, dicentes ad plebem:
27 Cernite, vos socii, sunt corporis ista beati
lintea, quae vacuo iacuere relicta
sepulchro.

Et dicat [DEUS:]
19 Benedictionem.
Et post benedictionem revertatur in revo-
stiarium. PRIMA MULIER surgens dicat:
20 Christus vivens.
SECUNDA MULIER dicat:
Laeietur.
TERTIA MULIER dicat:
Ergo classa
ANGELUS de altari dicat:
Resurrexit!

Q.
EINSIEDELN, s. 973.

R.
EINSIEDELN 511, XII. JHDT.

T.
CIVIDALE II, XIV. JHDT.

CHORUS alle zum:

31 Te deum laudamus!

Lesarten. Q4, v. 1 heu] ceu Mone; Q6 corticula Mone; Q12 qui] quo handschr.; Q27, v. 3 quem] qui handschr.; Q29, v. 1 Nunc ignores] Nam ignoras handschr.: — R2, v. 1 heu] ceu Mone; R14 spielanw. *reccurret* Mone. — W1 spielanw. *revertetur* handschr.; W7 spielanw. *inducii* Du Méril; W12 spielanw. *sepulchro* Du Méril. — Die textabdrücke von X bei Du Méril und Coussemaker weisen mehrfache verschiedenheiten auf; derjenige Coussemakers beruht auf erneuter vergleichung der handschrift und man wird daher meistens bei ihm das richtige anzutreffen erwarten dürfen. X2 spielanw. *venerunt* Du Méril; *et quasi* Coussemaker; X2 text *putere* ist wahrscheinlich verlesen statt *ob monumenti ostio* konjiziert Du Méril *sepulchri ab ostio*; X4 *Jhesum* Coussemaker; X7 *quod Christum* handschr. X8 *quia* Coussemaker, *quod* Du Méril; X9 spielanw. *Magdalene* Coussemaker; X10 *intus est* fehlt Du Méril; X11 spielanw. *pergent* Du Méril; *quasi mirnas* fehlt Du Méril; X11 text *linteo* Du Méril; X15 *apo apo* Du Méril.

C(V),	W,	X,
ROGER, I JHDT. – EDGT, XIII. JHDT.	MONT ST. MICHEL, XIV. JHDT.	ORLEANS I, XIII. JHDT.

W:
ANGELI du sepulchro dicunt:
Alleluia! Resurrexit!
Deinde MULIERES revertentes, unde prius venerint, dicunt:
81 Alleluia! Resurrexit!

X:
Pontes possunt diadonum super altare aliqua revertentes adiuvant hos versus. Prima [and MARIA MAGDALENA] dicat:
84 Resurrexit hodie deus deorum!
Secunda [MARIA IACOBI:]
Frustra signas lapidem, plebs Iudaeorum.
Tertia [MARIA SALOME:]
Iungere iam populo christianorum.
Item prima [MARIA MAGDALENA] dicat:
Resurrexit hodie rex angelorum.
Secunda [MARIA IACOBI:]
Ducitur de tenebris turba piorum.
Tertia [MARIA SALOME:]
Restaurator [L Reseratur] aditus regni coelorum!
Iuveran is, qui ante fait hortulanus, in similitudinem domini veniat, dalmaticatus candida dalmatica, candida infula infulatus, phylacteria pretiosa in capite, crucem cum labaro in dextra, textum auro paratorium in sinistra habens et dicat mulieribus [DOMINUS:]
89 Nolite timere vos: ite, nunciate fratribus meis, ut eant in Galilaeam; ibi me videbunt, sicut praedixi eis.
CHORUS:

C(V):
Ion finito, SACERDOS in dextro cornu in iterum apparuerat et, illis transeuntibus, altare dicat:

Avete, nolite timere: Ite, nunciate fratribus meis, ut eant in Galilaeam; me videbunt.
Ion finito, ut abeuntibus et MULIERES, sedlito, hostes incipiunt ad altare et, eunt ad chorum, hanc versum cantant:
Alleluia, resurrexit dominus,

exit leo fortis, Christus, filius dei!
Ion finito, dominus ARCHIEPISCOPUS incardum ante altare cum turribula hanc alte:
Te deum laudamus!
a sine versu finister

W:
Et post dicunt [MULIERES:]

81 Te deum laudamus!

X:
90 Alleluia, resurrexit hodie dominus!
Quo finito, dicant omnes [MARIAE:] laudare:
Leo fortis, Christus, filius dei!
Et CHORUS dicat:

91 Te deum laudamus!

Im hinblick auf die konsequente entwickelung, die wir die ursprüngliche form der osterfeier in den repräsentanten der zweiten gruppe beginnen und sowohl in der stilisierung des dialoges, als in der ausmünzung des dramatischen ... zu harmonischer abrundung sich vollziehen sahen, sollte man erwarten, dass diese, da sie schon im 12. jahrhundert beendet und über Süd-, Südost-, Norddeutschland und Frankreich (?) verbreitet war, die feste und unveränderliche ... jeder fernerem ausbildung des osterdramas geworden wäre. Es ist daher eine befremdliche erscheinung, unter den ... der vierten gruppe keinem zu begegnen, welches diese mühsamen errungenschaften früherer bearbeiter vollständig ...ptiert hat, obgleich die überlieferung der ältesten von ihnen nicht über das 13. jahrhundert hinaufreicht.

In jener älteren messe zwischen den engeln und frauen am grabe zeigen QT hauptsächlich zwar die fassung ... zweiten rezension, aber wie Qᴿ diejenige der ersten bewahrt, so sind TT und 9 durch eine gereimte umdichtung zu verschönern versucht worden. UV folgen bis auf UV6, X in X3, 4 und R nur in R4 der ersten recension, während UV6 der zweiten sich anschliesst, X2. 5. 6 wiederum gereimt erscheinen und R5. 6. 7 von beiden recensionen sich entfernen. Ausserdem enthält X an dieser stelle nur die erste hälfte dieser reime, die verkündigung der auferstehung Jesu, jedoch am die verse ev. Lukas 24, 6, 7 *Memontote, quid iam vobis locutus est* etc. X7 erweitert. W deutet den dialog durch die anfangsworte seiner sätze nur an, dürfte aber, nach dem *Sancte* W12 zu urteilen, zur zweiten recension gehören; das *Venite, venite!* W2 muss seinem inhalte nach der frage der engel *Quem quaeritis* etc. entsprochen haben und ist vielleicht nach c, dem mysterium aus Tours, v. U3. 34 *Venite, venite, venite! Nolite timere vos. Dicite, quem quaeritis in sepulcro, o cristicole?* zu ergänzen. Das *Venite et videte locum* etc. ist hier, ausgenommen R, in allen stücken aufgenommen und begegnet Q11 TH UV5 W5 X23, jedoch mit dem unterschiede, dass es nur in Q, wie in EFHN, nach dem *Sed cito euntes* etc. eintritt, in den übrigen dagegen, entsprechend dem ev. Matthäus 28, 6. 7 vor demselben, vgl. ob. s. 39. 48. 49. Das *Surrexit dominus de sepulchro* etc. erscheint allein Q12 und nicht mehr, wie in CDE, um die rückkehr der frauen zu bewerkstelligen, sondern lediglich als antwort auf das *Venite et videte* etc. der engel. Dieser satz war freilich später durch das *Ad monumentum* etc. ersetzt worden, aber auch dieses findet sich nur Q13 R8 T10 X8, und von dem wettlauf der apostel ist nur je ein satz R19 und X27 vorhanden. In X dient derselbe, das *Cernitis, o socii* etc. X27, noch seiner anfänglichen bestimmung, wonach diese worte von den frauen, welche mit dem *Ad monumentum* etc. in den kor der kirche zurückgekehrt waren, zur erklärung der linnen in ihren händen für die zuschauer gesprochen werden sollten. Wir haben oben s. 65 daraus geschlossen, dass X auf eine vorlage zurückweise, welche mit 11 im wesentlichen identisch gewesen sein müsse, und diese folgerung wird in evidenter weise durch die ganz neue und singuläre art, in welcher der wettlauf in X in szene gesetzt worden ist, bestätigt. Nachdem nämlich die frauen mit dem *Ad monumentum* vom grabe zurückgekommen sind, beschält die spiel-anweisung zu X9 „Maria Magdalena, relictis duabus aliis, accedat ad sepulcrum, in quod sacpo aspiciens dicat *Heu dolor* etc. Deinde pergat velociter ad illos, qui in similitudine Petri et Johannis praestare debent erecti, stansque ante eos quasi tristis dicat *Tulerunt dominum meum* etc. Illi autem, hoc audientes, pergant ad sepulchrum seni currentes" etc. (Ev. Joh. 20, 2. 6. 7.) Dieses darstellung beruht auf ev. Joh. 20, 1 *Una autem sabbati Maria Magdalena venit mane, cum adhuc tenebrae essent, ad monumentum, et videt lapidem sublatum a monumento.* 2 *Cucurrit ergo et venit ad Simonem Petrum et ad alium discipulum, quem amabat Jesus, et dicit eis Tulerunt dominum de monumento et nescimus, ubi posuerunt eum.* 3 *Exiit ergo Petrus et ille alius discipulus, et venerunt ad monumentum.* Hier also wird der wettlauf der apostel in präziven anschluss an den bericht des Johannes direkt durch die Magdalena veranlasst, in JKLMN dagegen durch das *Currebant duo simul* etc. des kores. Die entstehung dieser inszenierung ist früher des genaueren dargelegt worden. Ebenso ist der gereimte dialog X11, welchen Petrus und Johannes am grabe führen, eine neuerung, denn in JKLMN hat die rolle der apostel, ausser dem *Cernitis, o socii* etc., überhaupt keine worte. Die erneuerung oder richtiger die einfügung dieses auftritts, der sich nicht, wie bei den stücken der zweiten gruppe, aus der vorhandenen handlung und ihren tendenzen organisch entwickelt, sondern als ein loses einschiebsel deutlich erkennbar ist, würde der bearbeiter von X sicherlich nicht vorgenommen haben, wenn er die ältere fassung desselben gekannt hätte[1]. Dass auch R auf einer vorlage beruhe, welche den wettlauf in jener älteren aufführungsweise nicht gekannt hatte, ist dagegen keineswegs wahrscheinlich. Die vertauschung des *Cernitis, o socii* etc. mit dem strofen 21 ff. aus der sequenz

---

1. Auch in den deutsch-lateinischen osterspielen hat die darstellung des wettlaufes von X keine nachwirkung hinterlassen und ist niemals wie in X vor, sondern stets nach der erscheinungsszene gesetzt worden.

des Notker Balbulus *Laudes salvatori voce modulemur supplici* (Kehrein no 81; Daniel II, 12. 342; III, 288; Mone no 148) R. 30, die nach Daniel II, 13 in vielen kirchen am ostersonntag gebräuchlich gewesen, ist von untergeordneter bedeutung und kann in der laude irgend eines dirigierenden geistlichen ihren grund haben. Das *Currebant duo simul* etc. aber, das auch hier, wie in JKLMN, zur eröffnung der szene und zur ausfüllung des zeitraumes, den die jünger auf ihrem wege vom kor zum grabe gebrauchen, vom klerus gesungen wird, kann nicht ohne weiteres als das nächstliegendste mittel angesehen werden, auf welchen ein mit jenen stücken unbekannter bearbeiter bei der dramatisierung des wettlaufs nach ev. Johannes 20, 1 ff. von selbst hätte verfallen müssen. Auch will es mich bedünken, dass, — wie bei den stücken der zweiten gruppe, gemäss ihrer belastaamen und schrittweisen entfaltung, die beibehaltung des kores, der schon vorher gewissermassen die jüngerschar vertreten hatte, zu welche die botschaft der frauen sich richtete, und aus welchem darauf die beiden apostel nur als ein besonderer handelnder teil desselben sich ablösten, zur inszenierung dieses auftritts am begreiflichsten ist, — so hier, nachdem die osterfeier durch die aufnahme der erscheinungsszene schon eine so beträchtliche ausdehnung erhalten hat, vielmehr eine freiere und von dem ausserhalb der dramatischen aktion stehenden kor unabhängige gestaltung natürlicher erscheinen wäre. X kann in dieser beziehung als beispiel dienen. Ueber die anderen stücke QTUVW, welche den wettlauf gar nicht zur aufführung bringen, wird es besser sein die entscheidung zurückzuhalten, bis wir sie in ihrem weiteren verlaufe kennen gelernt haben. —

Die nun in QRTUVWX folgende szene, die begegnung Magdalenens und Jesu am ostermorgen, ist die bedeutsame erweiterung, von der wir im eingange dieses abschnitts gesprochen haben. Sie ist das wichtigste merkmal, durch welches sich die stücke dieser gruppe von den früheren unterscheiden und durch die überwindung des wagnisses einer persönlichen darstellung Jesu für die fernere entwickelung des dramas von weittragendster bedeutung. Auch sie beruht, wie der wettlauf, auf dem evangelium Johannes, die dramatisierung seiner erzählung ist aber in QRT eine andere, als in UVWX. Um dies zu verstehen, werden wir aus dem abschnitt aus dem johannesevangelium kurz vergegenwärtigen müssen. Nachdem die apostel vom grabe zurückgegangen sind, heisst es weiter v. 11 ff. Maria autem stabat ad monumentum foris plorans. Dum ergo fleret, inclinavit se et prospexit in monumentum, 12 et vidit duos angelos in albis sedentes, unum ad caput et unum ad pedes, ubi positum fuerat corpus Jesu. 13 Dicunt ei illi Mulier, quid ploras? Dicit ei Quia tulerunt dominum meum et nescio, ubi posuerunt eum. 14 Haec cum dixisset, conversa est retrorsum et vidit Jesum stantem, et non sciebat quia Jesus est. 15 Dicit ei Jesus Mulier, quid ploras? quem quaeris? Illa existimans quia hortulanus esset, dicit ei Domine, si tu sustulisti eum, dicito mihi, ubi posuisti eum, et ego eum tollam. 16 Dicit ei Jesus Maria. Conversa illa dicit ei Rabboni, quod dicitur magister. 17 Dicit ei Jesus Noli me tangere: nondum enim ascendi ad patrem meum; vade autem ad fratres meos et dic eis Ascendo ad patrem meum et patrem vestrum et deum meum et deum vestrum. Johannes berichtet also nicht bloss von einer begegnung Magdalenens mit Jesu, sondern auch dieser vorausgehend, von einer solchen mit den engeln im grabe. In UVWX sind beide zur darstellung gekommen, in QRT dagegen nur die erste.

Wenn sich die ansicht Wilkens[1], dass die verwendung derselben neutestamentlichen stellen nichts für den direkten zusammenhang französischer und deutscher stücke beweise, einmal bewähren sollte, so wird sie es hier tun können. Bei den ältesten formen der dramatischen osterfeier war es nicht schwer, aus der durchgehenden übereinstimmung in den veränderten fassungen der nicht dialogisch gehaltenen bibeltexte den

---

1. Ueber die kritische behandlung der geistlichen spiele s. 18

nachweis einer allen dramen zu grunde liegenden urabfassung zu liefern, und mit gleicher sicherheit gab sich die weitere entwickelung aus diesem und anderen gründen als eine, wenn auch nur gruppenweise, gemeinsame zu erkennen. Die schilderung des begegnisses zwischen Magdalena, den engeln und Jesu hat dagegen im johannesevangelium selbst schon, mit ausnahme einiger den ort und die weise des auftretens der personen betreffenden bemerkungen, eine vollständig dialogische form: hier also war die dramatisierung sehr einfach dadurch zu erreichen, dass man eine anzahl passend kostümierter geistlicher auf die szene brachte und jenen dialog vortragen liess. Obgleich dies in der tat bei der erscheinungsszene in präzisem anschluss an Johannes geschehen ist, indem man den dialog unverbleibt und ohne irgend eine bemerkenswerte änderung oder hinzufügung in das drama versetzte, wird man dennoch einige bedenken an der unabhängigkeit der französischen von den deutschen stücken schon deshalb, nicht ganz überwinden können, weil es dieser frühen entwickelungsperiode nach den bisherigen erfahrungen allzusehr an tatkräftiger initiative zu grösseren selbständigen, obschon naheliegenden erweiterungen des dramas fehlte, und dieses bedenken muss sich um so stärker hervordrängen, wenn, wie wir sogleich sehen werden, in der allerdings nur den französischen dramen UVWX angehörenden ersten szene zwischen den engeln und Magdalena zugleich auch einige momente auftreten, welche die abfassung dieser durch einen bearbeiter unzweifelhaft machen. Dieser beweis gründet sich vornehmlich auf die über den johannelischen dialog hinausgehenden übereinstimmenden zusätze und die inszenierung.

Der kern der ersten UV7—10, W7—13 und X13—16 umfassenden szene zwischen Magdalena und den engeln wird durch die frage *Mulier, quid ploras?* und die antwort *Quia tulerunt* etc., ev. Johannes 20, 13, gebildet. Daran schliesst sich aber UV9 W0 die weitere aus dem ev. Lukas 24, 5 genommene frage der engel *Quem quaeritis, mulieres? viventem cum mortuis?* worauf von den engeln selbst UV9, 10 W9, 10) mit Lukas 24, 6 *Non est hic, sed surrexit: recordamini qualiter locutus est vobis* etc. sogleich die antwort erfolgt. Ihnen dass auch in W, welches alle gesprochenen sätze nur durch die anfangsworte andeutet, die beiden letzten vollständig gemeint gewesen sein müssen, geht schon aus der vom evangelium abweichenden lesart *Quem* statt *Quid quaeritis* etc. hervor, welche W9 mit UV9 offenbar auf grund einer gemeinsamen vorlage teilt. Dieselben zusätze finden sich aber auch in X, allerdings an anderen stellen, und zwar *Quid, christicolae, viventem quaeritis cum mortuis?* X6 in der ursprünglichen szene als erweiterung vor der in allen stücken stereotypen antwort der engel *Non est hic* etc. und *Ementitae, quid iam vobis locutus [est] in Galilaea: Christum oportebat pati atque die tertia Resurgere cum gloria* X7 nach derselben. Dieser örtlich verschiedenen verwendung ist jedoch in diesem falle ebenso wenig eine erheblichere bedeutung beizumessen, welche gegen die aus diesem UVWX gemeinsamen zusätze zu folgende nähere beziehung dieser stücke geltend gemacht werden dürfte, als der gereimten umarbeitung, weil die verse in keiner der übrigen lateinischen dramatischen osterfeiern sich finden, bei X in einer UVW ganz homogenen situation erscheinen und durch die wesentlich freiere redaktion von X ihre ortsveränderung leicht erklären lassen. Ist daher schon in folge dieses zusatzes, der gewiss nicht als diejenige erweiterung, — wenn sie überhaupt eine solche für notwendig oder wünschenswert hielten, — betrachtet werden kann, auf welche mehrere unter einander unabhängige redaktoren gerade in dieser stelle von selbst hätten geraten müssen, die annahme einer gemeinsamen vorlage für UVWX in dieser szene in hohem grade wahrscheinlich, so wird diese durch die von der seitherigen spieltradition in einem punkte gänzlich verschiedenen szenischen anordnungen unwiderleglich gemacht.

In allen stücken, welche ausführlichere bühnenanweisungen enthalten, ausgenommen O, treffen die drei Marien den oder die engel im grabe sitzend an, jene sprechen hinein, diese aus demselben heraus. Das entspricht den evangelischen darstellungen des Matthäus, Markus und Lukas und ist, wie sich später

aus sich abspielen kann, indem man von grösseren szenischen aufstellungen, welche die heilige handlung allzu stark unterbrochen haben würden, abstand nehmend, ein mit einem tuche überdecktes bücherpult um die stelle des grabes vertreten liess.

Das zeugnis des Durandus ist noch in einer anderen beziehung wichtig und es sei mir gestattet, an dieser stelle nachzuholen, was ich oben s. 62 f. bei der verhandlung über die aufnahme der sequenz Victimae paschali in die dramatischen osterfeier beider anzuführen unterlassen habe. Ich habe mich dort aus den angegebenen gründen dahin entschieden, dass zunächst das sogenannte 'responsorium' von Dic nobis Maria ... in das drama eingang erhalten habe, wie es in PRT tatsächlich der fall ist, und dass das 'responsorium' aladann auch den ersten teil der sequenz in UcQ nach sich gezogen. Dabei ist zu beachten, dass OP und QRT sehr nahe verwant sind und OP im übrigen auf uralter und ursprünglicher überlieferung beruhen. Aus der anmerkung des Durandus 'quidam etiam faciunt [sc. repraesentationem] ad missam, cum dicitur sequentia illa Victimae paschali, cum dicitur versus Dic nobis et sequentes' geht nun mit voller klarheit die richtigkeit unserer argumentation hervor. Zugleich damit muss ich diese stelle auch gegenüber der behauptung für mich in anspruch nehmen, dass die lateinische dramatische osterfeier aus dem 'responsorium' entstanden sei. Denn, wie ich sie verstehe, gibt sie durch die vorstellung des 'quidam vero hanc repraesentationem faciunt, antequam matutinum inchoetur' und die beigefügte erklärung 'sed hic est proprior locus, eo quod Te deum laudamus exprimit hoc an, qua dominica reservavit' der anschauung des Durandus ausdruck, dass diese zeit und aus dem angegebenen grunde die passendere und allgemein gebräuchliche zur dramatischen aufführung gewesen, während die einfügung derselben in die messe eine gegen die korrekte kirchliche tradition verstossende ausnahme sei. Allerdings ist die auffassung des Durandus allein noch nicht entscheidend und ich verkenne keineswegs, dass seine äusserung auch im sinne jener behauptung interpretiert werden könnte. Ich hoffe jedoch, dass dies ebenso wenig geschehe, als ich überzeugt bin, dass sich dadurch allein niemand die wahrscheinlichkeit derselben wird einreden lassen.

Endlich noch eine vermutung in bezug auf die schon bewegte lesart Quem UV9WD statt Quid quaeritis etc. bei Lukas 24, 5. Dieser vers findet sich nur in UVWX und in c, dem mysterium aus Tours. X hat ihm eine eigene gereimte fassung gegeben und liest mit Lukas ... Quid, c dagegen liest quem, wie UVW, hat jedoch nicht das anstössige dieser variante, da der vers als frage und antwort zwischen die engel und frauen verteilt ist, nämlich c 203, 204

        ANGELUS interrogat Marias:
        Quem quaeritis?
        MARIE simul respondent:
        Viventem eam mortuis!

Hierdurch, so scheint mir, wird es sehr wahrscheinlich, dass die fassung von c die originale ist und dass in UVWX eine verderbnis vorliegt, welche durch irrtümliche auslassung der zweiten spielanweisung und zusammenziehung beider verschliften entstanden ist.

Diese übereinstimmung in der aufnahme der beiden aus dem ev. Lukas genommenen verse, der veränderten inszenierung, dazu das zeugnis des Durandus und die bemerkenswerte variante zusammengenommen, zwingen, wie ich meine, zur annahme eines bearbeiters für diesen auftritt, von dem UVWX dependieren. — Die ferneren zusätze in W, Venite et videte etc. W11 und Sunnus dicris discipulis eius etc. W12 und ... sepulchro W13 sind selbständige erweiterungen dieses stückes, ohne eine andere weitergehende bedeutung; W11 und vielleicht auch W12 sind blosse wiederholungen von W6, W13 vermag ich jedoch nicht nachzuweisen und darum auch nicht zu ergänzen. X15 Noli flere, Maria, resurrexit dominus, alleluia! fand sich dagegen in etwas rätselhafter weise am schlusse von L. X16 Ardens est cor meum etc. werden wir c700—802 wieder antreffen; beide sätze bilden indem schon den übergang zum folgenden auftritt dieses aktes.

Dieser auftritt, die begegnung Jesu und Maria Magdalenens, beruht auf ev. Johannes 20, 14—17, vgl. oben s. 63. Frage und antwort sind hier, wie bei der vorigen scene, aus der erzählung ausgeschieden und als dialog ins drama versetzt worden, und zwar in UVWX ohne jeden ferneren zusatz, in QRT unter hinzufügung des hymnus *Quum* vermissen ungere mortuum etc. als einleitung und in QR auch einem aus dem hymnus *Prima quidem suffragia* etc. und dem trishagion bestehenden dialogischen schlusses. QRT erweisen sich somit schon durch diese zusätze näher verwant. UVWX könnten dagegen diesen auftritt gänzlich unabhängig von einander zugerichtet und aufgenommen haben, wenn sich eine solche annahme nicht wegen der für die unmittelbar vorausgehende zweite engelscene nachgewiesenen gemeinsamen vorlage von selbst verböte. Denn dieses ist für sich allein nicht möglich, sondern nur als vorbereitung auf die sich anschliessende begegnung Magdalenens mit Jesus zu motivieren. Diese müsste daher zum wenigsten gleichzeitig mit jener verfasst sein, und da in UVWX die erstere erwiesenermassen ihre entstehung einem bearbeiter verdankt, so kann auch die letztere nur entweder von diesem zugleich mit gemacht oder in dem seiner bearbeitung unterliegenden drama schon vorgefunden worden sein. Und dass es wirklich noch andere stücke gab, welche die erscheinungsscenen schon besassen, ergibt sich aus der verfassung von QRT, da, wenn zwischen diesen und UVWX ein näheres abhängigkeitsverhältnis bestände, QRT auch die zweite berregnung mit den engeln, oder UVWX den ersten hymnus jener auftrige müssten, es sei denn, dass hier der hymnus, oder dort die engelscene willkürlich ausgeschlossen werden wäre, eine jedoch durchaus unwahrscheinliche vermutung. Ob daher die erscheinungsscene zunächst in der streng johanneischen form und von mehreren unabhängigen autoren in die dramatische osterfeier aufgenommen wurde oder das werk eines einzigen ist, aus welchem QRT und UVWX sich entwickelten, ist, meines erachtens, nach lage der sache nicht zu entscheiden.

Eine teilweise engere verwantschaft wird dagegen für QRT durch den hymnus *Quum vonstmon ungere mortuum* etc. begründet, der ohne zweifel in folge der erscheinungsscene gedichtet wurde; man hat ihn meines wissens bisher nur in den osterdramen gefunden und auch hier, ausser in T, bloss in deutschen. Cividale scheint aber in einem eigentümlichen verhältnis zu Deutschland zu stehen; schon bei H, welches ebenfalls aus dieser stat herrührt, fand sich gelegenheit, die wichtige mittlere stellung dieses unter den übrigen ausschliesslich Deutschland angehörenden stücken der zweiten gruppe für die aufklärung ihres entwickelungsganges hervorzuheben. Wie H, so zeigt aber auch T, abgesehen von den überarbeiteten gereimten sätzen, die spezifisch deutsche zweite rezension und stellt sich in seiner weiteren entwickelung durch die mit QII übereinstimmende aufnahme der hymnus *Heu nobis internas mentes* etc. und *Quum nostkum ungers mortuum* etc., sowie der sequenz unmittelbar an die seite der deutschen dramen, gegenüber welchen UVWX, gemäss der ihnen eigenen zweiten und dritten engelscene und des zweimaligen auftretens Jesu in UVX, als repräsentanten einer von jenen unabhängigen französischen entwickelung gekennzeichnet werden. Die nächste verwantschaft von H und T zu den gleichartigen deutschen stücken ist hiernach über jeden zweifel erhoben und man würde sie, da beide in derselben stat Cividale auftreten, am einfachsten als vereinzelte überläufer deutscher spielformen auf französisches gebiet ansehen können, wenn nicht manche anklänge, wie das *Quis revolvet* etc. in der fassung der zweiten rezension, das *Ad monumentum* etc., das *Currebant duo simul* etc. und das *Cernitis, o suvü* etc., auch in den französischen dramen Les trois Maries und X sich finden, welche für dieselben sowohl ein älteres vorkommen, als eine weitere verbreitung in Frankreich beweisen. Für X ergab sich zufolge der verwendung des *Ad monumentum* etc. und besonders des *Cernitis, o suvü* etc. die vorlage eines in dieser partie H ähnlich angelegten stückes, das drama Les trois Maries stellt dagegen, bei übrigens beachtenswerten übereinstimmungen mit X, den wettlauf in der weise von JKLMN dar. Die frage, welchem lande die priorität in der hervorbringung dieser mittleren entwickelungsformen zu vindiziren sei, muss somit als eine offene gelten, bis andere französische denkmäler bekannt werden, die namentlich die allmälige entfaltung der dramatischen osterfeier in Frankreich deutlicher erkennen und dadurch auch ihre berührungspunkte mit den deutschen schärfer hervortreten lassen. Für den vorgang der deutschen spricht einstweilen die häufigkeit der stücke, die alle fasen der dramatischen entwickelung (ausgenommen die form H) für Deutschland bezeugen und den verlauf derselben und die motive, welche ihre bearbeiter leiteten, mit sicherheit auffinden liessen, ihre grosse und frühzeitige verbreitung und überhaupt ihr bei weitem höheres alter. Und wie hier, so werden wir auch die ausbildung der deutsch-lateinischen osterspiele von stufe zu stufe verfolgen können. Den nächsten anlass dazu scheinen die in QR zuerst vorkommenden hymnen gegeben zu haben, die in diesen beinahe regelmässig und meist mit deutscher übertragung oder auch in dieser allein auftreten, so z. b. in den osterspielen aus Trier, Wolfenbüttel, Frankfurt, Eger, Innsbruck, Wien, Sterzing: wir werden im folgenden hauptabschnitt genauer auf sie zurückkommen müssen und dort auch eine kritische herstellung ihrer texte versuchen. Hier sei nur erwähnt, dass sich die in QR der ersten strofe des hymnus *Cum venissem unguere mortuum* etc. vorausgehende *Et angeli aspectum vidimus* etc. nur in diesen beiden stücken findet, die strofe *Dolor crescit, tremunt praecordia* etc. anderwärts stets, und gewiss richtig, der strofe *En lapis est vere depositus* etc. nachgestellt wird und damit übereinstimmend die lesarten in der zuletzt genannten strofe *Ille* QR statt *ein* gegen alle anderen auf eine besonders nahe verwandtschaft zwischen QR schliessen lässt. Darauf deutet auch der die erscheinungsszene in QR schliessende und in T fehlende hymnus *Prima quidem suffragia* etc., welcher von Jesus gesungen wird, indem Magdalena nach den drei ersten strofen mit je einem satze des trishagions antwortet. —

Im schlusse des spiels gehen alle stücke dieser gruppe, ausgenommen QR, sehr stark auseinander. In T kehrt Magdalena nach den letzten worten Jesu *O Maria, noli me tangere* etc. T19 ,ad locum suum', d. h. an den platz im kore zurück, von welchem die frauen ausgegangen waren, indem sie, wie bei der ersten engelszene durch das *Ad monumentum* etc., ihre erlebnisse berichtet *Vere vidi dominum vivere* etc. T20. Sie wird darauf vom kore, d. h. den jüngern, mit dem *Dic nobis, Maria* etc. empfangen, und unter wechselweiser absingung dieses teils der sequenz endigt das drama ohne zweifel mit dem *Te deum*, obgleich es in der handschrift nicht angegeben ist. — In UV erscheint der ,sacerdos-dominus' den nach dem *Noli me tangere* etc. UV15 zurückkehrenden frauen zum zweiten male ,in dextro cornu altaris' während jene vorübergehen, erteilt ihnen seine botschaft an die apostel mit Matthäus 28, 10 *Annte, nolite timere: ite, nuntiate fratribus meis, ut eant in Galilaeam: ibi me videbunt* UV16 und verschwindet. Die Marien aber knieen am altare nieder und verkünden zum kore gewandt die auferstehung *Alleluia, resurrexit dominus, resurrexit leo fortis, Christus, filius dei* UV17, der archiepiscopus oder der zelebrierende priester antwortet mit dem *Te deum*. — Ein wechselgesang zuerst der frauen, dann der frauen und engel beschliesst W. Jesus zieht sich zurück, nachdem er den Marien seinen segen erteilt hat; darauf singen diese alternierend drei sätze, die nur mit den anfangsworten bezeichnet werden und responsorien oder hymnenstrofen sind (ich habe sie nicht nachweisen können), der am altar sitzende engel antwortet *Resurrexit* W20, diesem die engel im grabe *Alleluia, resurrexit* und ebenso die in den kor sich zurückwendenden frauen *Alleluia, resurrexit* W21, worauf diese selber auch das *Te deum* anstimmen. — X28—30 hat die beiden schlussmotive vor UV und W vereinigt; diese dritte engelszene ist jedoch nichts anderes als die zweite hälfte der planmässig geteilten ursprünglichen szene am grabe, vgl. ob. s. 82. Die erste begegnung der engel und frauen am grabe enthält in X1—7 nur die verkündigung von der auferstehung Jesu und schliesst daher mit dem *Nos ad hic, ad terrexit, procidixit ut discipulis* Xt, jedoch durch das *Memento, quod ipse nobis locutus est* etc., vgl. oben s. 69, erweitert; die botschaft an die jünger ist dagegen unterblieben, um hier am schlusse als ein besonderer auftritt eingefügt zu werden. Sobald sich also Jesus mit den worten *Noli me tangere* etc. X21 zurückgezogen, wendet sich Magdalena zum volke, sprechend *Congratulamini mihi omnes'* etc. X22, darauf treten die engel aus der tür des grabes, rufen die frauen herbei (*Venite et videte* etc. X23), tragen ihnen auf nach Galiläa zu gehen, wo sie Jesum sehen würden (*Nobis timere vos; vultum tristem non mutate* etc. X24), und den jüngern zu sagen, dass Kristus auferstanden sei (*Cito euntes dicite discipulis* etc. X25). Alsdann treten die frauen den rückweg an, verkündigen dem volke die auferstehung (*Surrexit dominus de sepulchro, qui pro nobis pependit in ligno, Alleluia!* X26) und zeigen die schweisstücher (*Cernite, vos socii* etc. X27), welche sie auf den altar niederlegen. Dann folgt die zweite erscheinungsszene, nachdem die frauen unter verweise wechselnder absingung einer anderwärts nicht nachweisbaren hymnenstrofe (*Resurrexit hodie deus deorum* etc. X28) nochmals zurückgekehrt sind, ganz wie in UV, nur dass X30 nicht, wie UV17, den frauen allein zufällt, sondern zwischen den kor und diese verteilt ist. UV und X haben diesen schlussauftritt ersichtlich aus derselben quelle geschöpft.

Das gesammtbild also, welches die dramen der vierten gruppe uns darbieten, ist von demjenigen der beiden vorhergehenden gruppen in hohem grade verschieden. Dort zeigte es eine in einer angebenen richtung fortschreitende konsequente entwickelung, hier dagegen neben mehreren auf älterer und ältester grundlage beruhenden gemeinsamen formen die unregelmässige agglomeration einer grösseren anzahl teils kleineren gruppen, teils einzelnen stücken allein angehörender schon bekannter und neuer züge. Allen dramen gemein ist nur die ursprüngliche szene der engel und frauen am grabe und der auftritt, welcher die begegnung Magdalenens und Jesu behandelt, soweit er auf ev. Johannes 20, 14—17 beruht; durch die hymnen *Heu nobis, internas mentes* etc., *Quem creasmus*? etc. und die sequenz *Victimae paschali* werden QRT, durch die zweite an Johannes 20, 11—13 anknüpfende engelszene und die beiden in UV und W einzeln, in X vereinigt erscheinenden kurzen auftritte am ausgange der dramen werden UVWX zu kleineren gruppen verbunden, in welchen wiederum QR vermittelst der ersten, in T fehlenden, strofe *Eia angeli aspectum vidimus* jenes hymnus', der offenbar unrichtigen strofenfolge, sowie des andern, die erscheinungsszene beschliessenden hymnus *Prima quidem suffragia*, QT vermittelst der vorwiegend die zweite rezension aufweisenden ersten szene, während HUVWX hauptsächlich die älteste fassung bewahren, in nähere verwandtschaftliche beziehungen gesetzt werden. Das nun dieser verwirrung aber voll zu machen, müssen wir sodann das *Ad monumentum* etc. in QHTX, das *Currebant duo simul* etc., durch einige strofen der Notker'schen sequenz *Laudes salvatori* zur wettlaufszene ergänzt, in R, das *Cernite, o socii* etc., jedoch in der entwickelungsstufe H, und den weitlauf in ganz neuer abfassung in X, und überdies noch eine ganze reihe an sich zwar unwichtigerer modifikationen, verschiebungen und zusätze hervortreten sehen, um uns sofort von der absoluten unmöglichkeit zu überzeugen, diese heterogenen und in der willkürlichsten weise sich kreuzenden erscheinungen auch nur bei einem einzigen satze unter den gesichtspunkt einer allgemeinen und gar auf der basis der zweiten und dritten gruppe fortgesetzten entwickelung zu bringen. Allein auch für diese bildungen der lateinischen osterfeier muss es eine erklärung geben. Aus der im

---

1. De Moril, Origines latinae p. 114, ante 2 schlägt ganz unnötiger weise vor quem hic quem tu locum : Das responsorium lautet vollständig Resp. *Congratulamini mihi omnes, qui dilexistis dominum, quia quem quaerebam apparuit mihi. Et dum flerem ad monumentum, vidi dominum meum alleluia, alleluia.* Vers. *Recedentibus discipulis, non recedebam, et amore eius igne ureretur, ardebam dumdum. Et dum flerem* etc. *und baden sich* a b, in einem *Prosarium!* Romanum. Damelje ipsorum arte et imperio Ge'orgij de Arbusbusbo Mantuani Anno immutabile domini. M corr xcvij. xvij. | Cal'. Lang'. 4°. fol 191 b.

ganzen genommen übereinstimmenden form der ältesten szene zwischen den frauen und engeln am grabe geht hervor, dass sie ursprünglich wenigstens auf dieser gemeinsamen grundlage beruhten, die hinzunahme des auftritts Magdalenens mit Jesu muss ferner, weil er in allen stücken identisch, der erste schritt ihrer entwickelung gewesen sein, und diese beiden szenen, beschlossen durch das *Te deum*, haben wir als den urtypus der vierten gruppe zu betrachten, der, wenn er nicht von nur *einem* bearbeiter herrührt, — was nicht entschieden werden konnte, — in Frankreich von Deutschland unabhängig entstand, alsdann aber in beiden ländern eigentümliche formen des dramas erzeugte. Die beiden deutschen QR und das zweite cividaler mysterium T suchten die weitere entfaltung durch die anwendung des *Ad monumentum* und je eines hymnus, resp. der sequenz *Victimae paschali* vor jeder szene und vor dem *Te deum*, die französischen UVWX in einer zweiten grabszene vor dem erscheinen Jesu als hortulanus, und bis bisher ist die entwickelung auf jeder seite eine gemeinschaftliche. Und dass diese formen weit früher vorhanden waren, als die erhaltenen stücke, wird durch c, das mysterium aus Tours, bewiesen, das noch ins zwölfte jahrhundert hinaufreicht und in seinem älteren kerne genau dieser stufe der französischen entwickelung entspricht. Was sich aber über diese stadien hinausgehend in unseren dramen noch findet, ist je nach dem gutdünken des mit der regie seines klosters betrauten geistlichen neu hinzugefügt, oder aus andern stücken aufgenommen, wie sie in den bereich seiner kundschaft gerieten. So beruht die zweite rezension in Q und T offenbar auf verschiedenen quellen, da einerseits QR, andererseits TY im gegensatz zu seinem partner die ältere fassung bewahrte. Solche übereinstimmungen haben daher keine allgemeinere bedeutung, weil ihnen der zentrale ausgangspunkt fehlt. Für uns und die weitere untersuchung beanspruchen natürlich die beiden deutschen osterfeiern QR das grösste interesse, von denen jedoch nicht Q(G) allein, das ja des wettlaufs und vielleicht auch der zweiten hälfte der sequenz noch ermangelt, die grundlage aller deutsch-lateinischen osterspiele, wie Schönbach angibt, sondern eine aus beiden in vermehrter und verbesserter bearbeitung entstandene komposition, welche in vollständig lateinischer fassung bis jetzt nicht bekannt ist.

In der einleitung dieser stücke treten diesen mal entschiedener, als es bisher der fall gewesen, lateinische hymnen auf. Der hymnus *Heu, pius pastor ovellis* etc. X1 ist allerdings wiederum eine eigentümlichkeit dieses stückes und kommt wie früher, so auch in den späteren dramen nicht mehr vor. Die vielfachen verderbnisse im texte dieses hymnus sind, wo sie mit sicherheit zu verbessern waren, durch ausschliessung der den ryhmus störenden zusätze in runden klammern nach dem vorgange Du Mérils beseitigt worden; die für den zweiten vers der vorletzten strofe zur wahl gestellten konjekturen Du Mérils *perungemus corpus sanctum* oder *ungemus corpus sanctum* scheinen wir jedoch das richtige nicht zu treffen. Wichtiger ist dagegen der in QRT benutzte hymnus *Heu nobis, internas mentes* etc., weil er in den deutschlateinischen osterspielen sozusagen stereotyp geworden ist. Dort wird von demselben, wie schon angegeben, ausführlicher die rede sein müssen. Die aufnahme der hymnen und der grösseren umfang dieser dramen schliesst natürlich die einfügung derselben in den gottesdienst der matutin des ostermorgens noch nicht aus. O, welches ebenfalls einen hymnus als einleitung benutzte, zeigte daneben in O1 eine antifone oder ein responsorium, welches ebenso wie Q1. 9 die stelle des rituals bezeichnet, bei welcher die dramatische aufführung erfolgen sollte. UVW haben zwar keinen lyrischen eingang, dafür aber werden durch die spielanweisung zu W1 ‚Ad matutinum paschae, ante *Te deum laudamus*‘ etc., nochmals die zeit und der ort des spieles ausdrücklich bezeugt.

Gemäss der scheidung, welche ich für die untersuchung unter den in der aufschrift dieses abschnitts genannten stücken getroffen habe (vgl. oben s. 64. 65), harren nun die erhaltenen bruchstücke von dramatischen osterfeiern noch einer kurzen besprechung.

Was wir von Y wissen, findet sich in der beschreibung des Durandus, welche sich leider hauptsächlich darauf beschränkt, den verlauf der handlung im allgemeinen und die auftretenden personen anzugeben, die eigenheiten des dialogs jedoch nur an zwei stellen deutlich hervortreten zu lassen. Ihr wortlaut ist folgender:

Tertio responsorio cum *Gloria patri* decantato, cum cereis et solemni processione de choro ad aliquem locum tendimus, ubi sepulcrum imaginarium conlatur et ubi introducuntur personae sub forma et habitu mulierum et duorum discipulorum, scilicet Iohannis et Petri, qui ad sepulcrum Christum quaerentes venerunt, et quaedam aliae personas in personis et forma angelorum, quae Christum a mortuis resurrexisse dixerunt; in personis quorum recte cantari potest illa secunda responsorii primi particula *Noli timere* etc. usque in finem responsorii. Tunc redeunt ad chorum, quasi fratribus referentes, quae viderunt et audierunt, et unus redit citius alio, sicut Iohannes cucurrit citius Petro; in personis quorum convenienter cantatur illud responsorium *Congratulamini* sine versu. Si qui autem habent versus de hac repraesentatione compositos, licet non autenticos, non improbamus. Tunc chorus, audita resurrectione Christi, prorumpit in vocem altissimam cantans *Te deum laudamus.*

Alsdann folgt noch die schon besprochene stelle über den verschiedenen gebrauch, die dramatische aufführung in der matutin oder in der messe statt finden zu lassen, vgl. oben s. 85 f.

Soviel geht zunächst aus dieser beschreibung mit sicherheit hervor, dass das personal in dem drama, welches Durandus vor augen hatte, aus frauen, engeln und den aposteln Johannes und Petrus bestand und dass ein aufgeschlagenes grab den wesentlichsten bestandteil des scenischen apparates bildete; dass ferner das drama zwei auftritte hatte, die ursprünglichen engelscene und den wettlauf der jünger, mithin den stücken JKLMN sehr nahe verwant gewesen sein muss. In der inscenierung unterscheidet es sich jedoch von diesen und allen übrigen dadurch, dass die apostel den ersten gang der Marien zum grabe mitmachen. Der inhalt des ersten auftritts war natürlich die verkündigung von der auferstehung Jesu, über die form des dialogs lässt sich jedoch aus den angaben des Durandus nichts genaueres entnehmen, ausser dass zur schliesslichen antwort der engel die zweite hälfte eines responsoriums verwant wurde, dessen form sich indess wiederum nicht bestimmen lässt, da man nicht wissen kann, welches missale Durandus im sinne gehabt hat. Die bibelstelle, welche diesem responsorium zu grunde liegt, ist natürlich nicht Matthäus 28, v. 10, sondern v. 5. 6 Nolite timere vos: scio enim quod Iesum, qui crucifixus est, quaeritis: non est hic, surrexit enim sicut dixit: venite et videte locum, ubi positus erat dominus, und die fassung des responsoriums ist annähernd wenigstens aus 81 zu ersehen. Hinter den worten ‚quasi fratribus referentes, quae viderunt et audierunt', welche den satz, den die vom grabe zurückkehrenden zu singen hatten, seinem inhalte nach wiedergeben, verbirgt sich offenbar das *Ad monumentum venimus* etc. Dann folgt der wettlauf. Da aber die apostel schon mit den frauen beim grabe gewesen sind, so sieht man nicht, inwiefern das spiel ihre rückkehr dahin motiviert, ob durch das *Currebant duo simul* etc. des kores, oder etwas anderes, und das *Congratulamini mihi omnes* etc. der zurückkommenden, welches wir nur X22 und in anderer verwendung angetroffen haben, könnte um so mehr auf die vermutung leiten, dass die darstellung dieses auftritts von den sonst bekannten ganz abgewichen sei. Das *Te deum* des kores macht auch hier den schluss.

Wenn wir somit art und anfang dieses dramas im ganzen aus der beschreibung des Durandus wohl zu erkennen im stande sind, so bleiben doch die am meisten interessierenden eigentümlichkeiten

1*

dunkel, und der verlust desselben ist um so mehr zu bedauern, weil gerade die französischen stücke noch zu wenig zahlreich und zu verschieden sind, als dass man von ihm nicht einige aufklärung über manche punkte ihrer entwickelung hätte erhoffen dürfen. —

Die beiden bruchstücke aus Lichtenthal und Reichenau, Z und a, sind bisher stets als unter einander ganz unabhängige fragmente zweier dramatischer osterfeiern betrachtet worden und es ist in der tat recht sehr zu verwundern, dass ihre zusammengehörigkeit sowol Mone, als Du Méril, Dronke, Reidt, Wilken und Schönbach verborgen blieb, da sie sich doch in der reihenfolge, in welcher sie Mone abgedruckt hat, lückenlos zum ganzen vereinigen lassen. Mone vermutete, dass a den text des einsiedelner spiels in R29 ergänze, Z aber hält er nach seiner ersten strofe für die einleitung zu einer osterfeier, die man nur deshalb keiner besonderen auszeichnung bedürftig erachtet habe, weil die letztere selbst in ihrem herkömmlichen texte jedermann bekannt gewesen sei. Wilken hat in der besprechung des reichenauer fragments nur seine ansicht von der ursprünglichen selbständigkeit des ,responsoriums' Die nobis Maria etc. gegenüber dem ersten teile der sequenz Victimae paschali zu begründen gesucht und erblickt in a, wie in Z, mit ausnahme der beiden ersten strofen, nur zwei die form des ,responsoriums' nachahmende erweiterungen dieser. Die verwandtschaft beider besteht aber für ihn bloss im responsorium, welches ihnen zu grundlage diente, und dass er Z tatsächlich nicht etwa als eine fortbildung von a ansieht, zeigt er in der sechsten anmerkung zu s. 69 seiner Geschichte der geistlichen spiele, in welcher er Mone und Reidt tadelt, weil sie auch Z als ein bruchstück behandeln, da es doch, wenn man sich das (mit dem Die nobis, Maria, quid vidisti etc. angedeutete) responsorium ausgeschrieben denkt, vernünftigerweise nichts mehr erwarten lasse'. Hätte Wilken Z für eine fortbildung von a gehalten, so würde er nicht auf eine ergänzung desselben durch das responsorium, sondern durch a selbst haben hinweisen müssen. Der in Z fehlende schluss kann allerdings das blosse responsorium Die nobis Maria etc. gewesen sein; wenn man aber in a den schluss eines stückes besitzt, das einen Z ganz analogen karakter gehabt haben muss, wenn beide fragmente ohne jede schwierigkeit zusammengefügt werden können, von anderen derartigen auf der grundlage des responsoriums dialogisierten hymnen aber keine spur vorhanden ist, so wird jeder unbefangene ohne allen bedenken der vermutung raum geben müssen, dass die beiden bruchstücke nichts anderes, als die durch zufall oder absicht fragmentarisch überlieferten teile desselben ganzen sind, und in ihnen nicht, einer nutzlosen hypotese zu liebe, ohne zwingenden grund verschiedene und von einander unabhängige bearbeitungen des responsoriums sehen wollen, die unserer kenntnis der entwickelungsgeschichte des dramas, anstatt sie zu fördern, vielmehr irrleitende hindernisse in den weg setzen. Glücklicher weise kommen uns dieses mal ausser der lichtenthaler und reichenauer noch fünf andere handschriften und drucke zu hülfe, welche diesen dialog mehr oder weniger vollständig darbieten und einen text herzustellen gestatten, der hoffentlich allen zweifel an der zusammengehörigkeit von Z und a beseitigen wird.

RESPONSORII DEVOTA ANTIGRAPH CONTINGENS B DE RESURRECTIONE ARGUMENTUM.

SANCTARUM VIRGINUM MARIE AC MARIE MAGDALENE DE COMPASSIONE MORTIS CHRISTI PER MODUM DYALOGI ARGUMENTUM

CHORUS:
Surgit Christus cum tropheo,
iam ex agno factus leo,
solemni victoria.
mortem vicit sua morte,

B reserault seras porta
sue mortis gracia.
Ille est agnus, qui pendebat
et in cruce remimebat
totum gregem ovium.

Handschriften: 1. Cotterin s. gallensis troporum et sequentiarum, papierhs. in 4° s. j 1507, no 445, bl 22, in B München gemstr: N Z, handschr. des 13 jahrh zu Lichtenthal ohne nummer, aet unsichtbar; vgl. oben l. 21.

10 cui cum nullus condolebat
Magdalenam consumebat
doloris incendium.
Tres hanc visitanti mulieres respondent puto [?] V...?
K° CHORUS primo:
Dic, Maria, quid vidisti,
contemplando crucem Christi?
SCOLARES IU:
15 Vidi Ibesum spoliari
et in cruce sublevari
peccatorum manibus.
CHORUS:
Dic, Maria, quid vidisti,
contemplando crucem Christi?
SCOLARES:
20 Spinis caput coronatum,
vultum sputis maculatum
et plenum livoribus.
CHORUS:
Dic, Maria, quid vidisti,
contemplando crucem Christi?
SCOLARES IU:
25 Clavos manus perforare,
hastam latus vulnerare,
vivi fontis exitum.
CHORUS:
Dic, Maria, quid vidisti,
contemplando crucem Christi?
SCOLARES IU:
30 Quod se patri commendavit
et quod caput inclinavit
et emisit spiritum.

CHORUS:
Dic, Maria, quid fecisti,
postquam Ibesum amisisti?
SCOLARES IU:
35 Matrem flentem sociavi,
quam ad domum deportavi:
et in terram me prostravi
et utrumque deploravi.
CHORUS:
Dic, Maria, quid fecisti,
40 postquam Ibesum amisisti?
SCOLARES 3:
Post unguenta preparavi,
et sepulchrum visitavi:
non inveni, quem amavi,
planctus meos duplicavi.
CHORUS:
45 O Maria, noli flere!
iam surrexit Christus vere?
SCOLARES IU:]
Certe, multis argumentis
vidi signa resurgentis.
CHORUS:
Dic nobis, Maria,
50 quid vidisti in via?
ANGELI IU, sub. scolarum:
Sepulchrum Christi viventis
et gloriam vidi resurgentis.
CHORUS:
Dic nobis, Maria,
quid vidisti in via?
SCOLARES:
55 Angelicos testes,
sudarium et vestes.

der 14. jhdts aus Reutberen, jetzt auf der hofbibliothek zu Karlsruhe no 300, bl. 11, mit anweisungen: vgl. oben s. 86. B, codioulo tornorense (Tournay) s. j. 1546; abgedruckt bei du M. Menils, liturgeorum et musicabus germ. ampl. yoll. utrinque multi aui selderten, London 1889, pag. 24 ss. K, papierhs. in 4° des 15. jhdts, no 677, s. 245 zu St Gallen. F, Handorium et expression, pergamenths. in 8° des 14. jhdts, no 478, pag. 132, zu St Gallen. G, missale magnatorum s. j. 1145, daraus von U abereichende lesarten (vollständig?) mitgetheilt bei Persia s. a. o., pag. 40, anmerk. 5—8. — Abschriften der drei st galler handschriften verdanke ich der freundlichen vermittelung des herrn stiftsbibliothekars Idtensohn in St Gallen.

Ueberschriften: vingula A vielleicht nur ein irrthum, In pascha cancidae D, fehlen BKFPG. 1—45 fehlen C. 1 fingit F. 3 solempnia F. 4 vixeat F, rea fehlt K. 5 portran K. 6 rooh DK,   granto K, estam F. 7 prodedat F. 8 Totum K. 10 Qui F. cum fehlt ADG. 11 Magdalebam B, Nuntra ritu fi, Murtam dolorie K. consumedat B. 12 Dolorio fehlt K. a V... der darrob die portas angesterem aus vende georgieronom teil der veestas zu abgewaltnizion A. [5 Dic Maria] Motet Christu G quod K. 13 Ibesum] Christum BK. 14. 10 Dic Maria K, fehlen DPG. 10 Ita Maria] Mater Uei G 20—23 fehlen G. 20 Capus spissis D. roronati: maculari BD 23. 24 Dic K, fehlen BPDPG. 25. 26 Vidi valide rroradentas Hasti totus porforatas G. 25 perforari F. 26 Hasta K. 27 exitum F. 29. 24 fehlen DKF. 29 Lite Maria] Mater dei G. 30 patri F, unen G. 31 cinavit K. 33 Dic Maria] Virgo mater G. 34 Ibesum] Christum D, natum G. satins F. 35—39 Post hau domum deporavis Fb et toeili cruentata fine lactobam deselate Replem monuntiem G. 35 sociavi F. 36 Quam] Ea D. domum semivitam rep. A. reporiavi AF, reporiari K. 37 Et] Post B. Tunc ad terram D, Et la terra F. 38. 40 fehlen DKF. 41 oogevan AKF. 42. 43 Et A. 42 F. o. lamentanto via. A. 43 Nov] Nor BF. 44 Planctos K, Plevus BG. 45—54 Dic nobis Maria quid vidisti etc. B. 48 Iam] Nam K. 48 Signa rott s. BK. 44—53 fehlen DG. 45—48 fehlen F. 49—53 fehlen F. 53. 54 fehlen G.

CHORUS:
Dic nobis, Maria,
quid vidisti in via?
SCOLARES:
Surrexit Christus, spes mea.
Go praecedet suos in Galileam.

CHORUS TOTUS:
Credendum est magis soli Mariae veraci,
quam Iudaeorum turbae fallaci.
Scimus, Christum surrexisse a mortuis vere;
tu nobis, victor, rex, miserere!

57. 58 fehlen CDH   (51 enne) fen A *jehort sudentlich, and BG.   Galilaan C, Gabled DG.   61. 62 fehlen BG.   61—64
Credendum. Scimus Christum etc.   Resp. auf 59 A, d. i. die anfangsworte dieser strofen nahai dar verauaing auf eine frühere
stelle derselben haben, wo das passa raspanaurium alahar warf.   52 a] zu CF.   54 Tu] Oun KF.   mianrare Allalsis F,
sic. Awen.   Allsbin DG.

Angaben über die vortragsweise der sequenz finden sich, wie es scheint, nur in A, B und C. Die
beiden eingangsstrofen und den schlussatz von *Credendum* rct an singt der ganze kor, die fruge *Dic nobis
Maria* in ihren verschiedenen variationen wird jedoch in A, obschon sie ebenfalls dem kor zugeteilt ist,
wie die anweisung zu A, v. 61 „chorus totus" beweist, nur von einem teile desselben, wahrscheinlich von
nur zwei geistlichen gesungen worden sein, welche die apostel Petrus und Johannes vorstellen sollten und
demgemäss durch besondere aufstellung oder gewandung ausgezeichnet gewesen sein müssen. In B dagegen
sind die fragsteller als „angeli" bezeichnet, die partie der Maria Magdalena ist mit „Maria" überschrieben,
während diese in A durch „tres bene vociferati scolares", in C durch „duo poeri", die natürlich auch nur
klosterschüler gewesen sein können, vertreten wird. Demnach scheint zu vermuten, dass B entweder als
selbständiges drama oder als einschiebsel in einer dramatischen osterfeier zur darstellung gelangte, wenn
nicht diese unerklärliche verwechselung der apostel mit den engeln, für welche weder früher noch später
eine analogie sich findet, gegen den schreiber der handschrift den verdacht erregte, diese rollenbenennung
selbst erfunden zu haben, ohne von den gebräuchlichen osterdramen eine ordentliche vorstellung zu besitzen.
Mone, Wilken und die übrigen haben an der benutzung der rollen in B keinen anstoss genommen und
halten die inscenierung der sequenz nach art eines dramas, d. h. eine aufführung derselben durch personen,
welche sich durch kostüm, geberde und, so weit dies der mangel an eigentlicher handlung erlaubt, durch
bewegung auf einer bühne, oder in einem für diese geltenden abgegränzten raume als schauspieler erweisen,
für selbstverständlich. Ich meine indessen, dass es besserer anhaltspunkte bedarf, als die dialogische form
der sequenz, und die verdächtige bezeichnung der rollen in B, um eine solche auffassung zu begründen,
und glaube, eine vortragsweise, zu der, wie bei dem *Victimae paschali*, — auf dessen grundlage diese
grössere sequenz ja entstanden ist, — mehrere köre verwant worden, sei die einzige, welche form und
überlieferung anzunehmen gestatten. Daher bleibt auch die vermutung Mones, dass das reichmaner
fragment und also, nachdem sich das Lichtenthaler als die korrekte ergänzung jenes erwiesen, die ganze
sequenz nur eine lücke bei R'R auszufüllen bestimmt sei, ohne ernsthafte bedeutung, bis sich bestimmtere
indizien finden, welche die direkte verwendung derselben in den lateinisch-dramatischen osterfeiern sicher
stellen. Dasselbe gilt von der deduktion Wilkens, nach der das responsorium *Dic nobis Maria* etc. eine
ursprünglich von der sequenz *Victimae paschali* unabhängige und selbständige komposition, die reichmaner
und Lichtenthaler bruchstücke verschiedene zu eigenartigen dramen entwickelte erweiterungen desselben
sein sollen, von denen die letztere wegen der darin vorgetragenen karfreitagsmomente als ein vorspiel
(d. h. wol eine vorläuferin) der dramatischen marienklägen anzusehen wäre, vgl. Gmcb, d. g. sp. s. 68 ff. s. 75;
denn das responsorium ist, wie wir gesehen haben, ein ursprünglicher teil der sequenz des Wipo, Za sind
nur besondere ausdichtungen desselben, ohne darum schon dramen zu sein und als solche verwant zu werden
(der titel lautet in der st galler hs. no 546 einfach „sequentia"), und eine nachwirkung auf die dramati-

neben marienklagen, in welchen auch nicht Maria Magdalena, sondern Maria mater die trägerin der handlung ist, hat Wilken nicht nachweisen können, weil von ihr in der tat keine spur vorhanden ist.

Dass die ersten beiden strofen unserer sequenz eine art hymnus seien, ist schon von Wilken, Gesch. d. geistl. sp. s. 69 bemerkt worden. Er hat dagegen übersehen, dass auch die folgenden, der rolle Magdalenens zufallenden verse bis v. 32 denselben rytmus haben und durch die dazwischen geschobenen fragen der „scolares" Dic, Maria etc. in halbstrofen zerlegt worden sind, wodurch sie sich in rytmischer hinsicht allein von jenen unterscheiden. Diese naheliegende beobachtung lässt indessen Z und sicherlich auch a als blosse dialogisierungen älterer hymnen (denn auch v. 35—39 und 41—44 sind offenbar hymnenstrofen) erscheinen, was ja allerdings Wilkens bemühungen, diesem fragmente eine hervorragende bedeutung für die entwickelungsgeschichte der lateinisch-dramatischen osterfeiern beizulegen, nicht gerade förderlich ist. Den hymnus, aus welchem der erste teil der sequenz entstand, hat Mone schon in einer handschrift der hofbibliothek zu Karlsruhe, cod. augiens. chart. no 36, fol. 48v nach neuerer folIierung, 15. saec., (vgl. Schxmsp. des mittelalt. 2, s. 361) nachgewiesen; herr hofbibliotekar dr Holder hatte die güte, mir eine genaue abschrift desselben mitzuteilen, nach der ich das meines wissens bisher unbekannte gedicht hier folgen lasse. Es bildet den „prologus" zu einem „Planctus gloriosissime Marie".

Surgens Ihesus cum tropheo,	Clauos manus perforare,
Iam ex agno factus leo,	20 hastam latus winerare,
solempni victoria;	viui fontis exitum:
mortem uicit sua morte,	quod se patri commendauit
5 reserauit aeras porte	et quod caput inclinauit,
sue mortis gratia.	patri tradens spiritum.
Hic est agnus, qui pendebat,	25 Ergo, mater, nos agnosce,
et in cruce redimebat	libro uite nos deposce
totam gregem ouium:	cum electis miseris,
10 cui cum nullus condolebat	ni, consortes tuo sortis,
hoc Mariam consumebat	et a penis et a portis
doloris incendium,	30 eruamur infern[a.]
Videns natum spoliari	Virgo, mater, pia, bona,
et in cruce conclauari	aduocata et patrona,
15 peccatorum manibus,	prece semper sedula,
spinis caput coronatum,	apud thronum summi regis
vvltum sputis maculatum	35 derelicti nices [uces?] gregis
plenumque liuoribus:	commenda per secula.
	Amen. Amen.

An zwei stellen scheint in der handschrift eine verderbnis vorzuliegen, nämlich v. 11, wo statt der mala besser Magdalenam gelesen wird, und v. 34, wo nusus + ganz unverständlich, und deshalb von mir einstweilen durch thronum ersetzt worden ist. — Wie gesagt zweifle ich nicht daran, dass auch v. 35 bis 38 und v. 41—44 der sequenz aus einem hymnus entnommen sind, ich habe den betreffenden jedoch nicht ausfindig machen können.

Da die benutzung der sequenz weder in den lateinischen, noch in den lateinisch-deutschen osterdramen nachweisbar ist, so fragt es sich nicht nur, ob sie etwa hin und wieder als schluss eines solchen, wie die uns bekannten, benutzt wurde, sondern ob sie überhaupt in den kreis unserer osterdramen gehört, und nicht vielmehr nur ein oratorienartiger ostergesang ist, der an die stelle des üblichen und einfachern *Viatimes paschali* trat. Für die entwickelungsgeschichte des dramas ist sie jedenfalls, wie Reich (D. geistl. schausp. d. mittelalt. in Deutschl. s. 20) richtig bemerkt, ohne jede bedeutung, vgl. Wilken, Gesch. d. geistl. sp. s. 69 und anmerk. 2. —

Das letzte bruchstück b, Orléans II, bildet ohne zweifel die einleitung zu einer dramatischen osterfeier, keinesfalls jedoch zu dem Mysterium apparitionis d. a. Ihesu Christi duobus discipulis in Emaus vico, an dessen spitze es Wright abgedruckt hat; ob es in der handschrift selbst mit diesem stücke unmittelbar verbunden ist, lässt sich aus den vorhandenen angaben nicht erkennen. Der text des bruchstückes nach Du Méril ist folgender.

b, ORLÉANS II. XIII. JHDT.

PRIMA [MARIA:]	TERTIA [MARIA:]
1 Heu, miserae, cur contigit videre mortem salvatoris?	3 Heu, consolatio nostra, utquid taliter agere vobis?
	OMNES insimul:
SECUNDA [MARIA:]	4 Iamiam ecce, iam properemus ad tumulum, ungentes corpus sanctissimum.
2 Heu, redemptio Israel! utquid mortem sustinuit?	

Bei Coussemaker, Drames liturgiques p. 184 und 194 lauten die spielanweisungen zu 1—3 zu prima, secunda, tertia; die nähere bezeichnung „Maria' ist also von Du Méril wohl gegen die handschrift hinzugefügt worden, da der abdruck Coussemakers auf erneuter vergleichung der letzteren beruht. Die anwendung dieser sätze scheint eine grössere ausdehnung gehabt zu haben, als man nach ihrem vereinzelten auftreten in den lateinischen osterfeiern vermuten sollte; wir werden ihnen zunächst in c, dem mysterium aus Tours, v. 68—74 und dann mehrfach auch in den lateinisch-deutschen osterfeiern wieder begegnen. —

Aus derselben grazer pergamenthandschrift 40/8 8^0, bl. 136ab, aus welcher L (a nach Schönbachs bezeichnung) herrührt, hat Schönbach, Zeitschrift für deutsches altertum 20, s. 133, noch ein anderes stück (b nach Schönbachs bezeichnung) mitgeteilt, das jedoch kein drama ist, sondern nur österliche responsorien darbietet. Ohne einsicht der handschrift vermag ich über die verwendung beider nicht zu entscheiden; ich glaube jedoch, dass wie L(a) die nicht obligatorische dramatische aufführung, so b nur einen teil, die responsorien des kirchlichen rituales der matutin des ostertages enthält, die wir zwar in den einleitungen der lateinischen osterfeiern wiederholt angetroffen haben (vgl. z. b. 31 ff.), die aber darum mit dem drama selbst noch nicht identifiziert werden dürfen. Sie haben daher für die vorliegende untersuchung keine bedeutung, weshalb ich mir eine wiederholung derselben erspare.

Das stück dagegen, welches Schönbach a. a. o. s. 134 aus dem grazer kodex 40/81 4°, bl. 187b abgedruckt hat, ist, obschon auch kein drama, doch insofern für uns interessant, als es die sätze der lateinischen osterfeier in der fassung der zweiten recension auflöst und mit einer art deutscher übertragung verbunden darbietet. Es lautet

Da solt in [L ein] aue singen. Cum transisset sabbatum. do di dri vrouuen gie[n]gen ze vnsers grabe taeuuen: Maria Magdalena et alia Maria ferebant diluculo aromata, dominum quaerentes in monumento. L'auder wegen , , , , , , war si vnder dem grabe solt vnigen der stain: Quis revolvit nobis ab ostio lapidem, quem tegere sanctum cernimus sepulchrum. Zu in sprah der engel, wen sie in dem grabe suchen vellen: Quem quaeritis, o tremulae mulieres, in hoc tumulo gementes? Sie sprahen den cruciten heilant: Ihesum Nazarenum crucifixum quaerimus. Der engel sprah, er ist erstan, das mit einen ju[n]geren vnde Peter: Non est hic, quem quaeritis; sed cito euntes nunciate discipulis eius et Petro quia surrexit Ihesus. Sie saiten den puten, Erstanden was der heilant: Ad monumentum venimus gementes, angelum domini sedentem vidimus et dicentem quia surrexit Ihesus. Hie leuffen die ze grabe zu here; Peter [unde] Iohans zeigoten dem anderen den oberdoe [d. h. die schweisstücher], soit da lute singen Carrobeat eic. Hie hefft uns den Ruf Cristo der ist irstanden. Surrexit. Alleluia. Lass mettiaen.

Dass dieses stück ein verkürztes rituale sei, wie Schönbach annimmt, glaube ich nicht, doch weiss auch ich nicht zu sagen, welchen zweck es gehabt haben mag.

F. DAS MYSTERIUM AUS TOURS, a.

[fol. 1a] Tunc erit error peior.
Hic PILATUS con[ven]te[ns] milites ad se et dicat:
Uenite ad me, milites
fortes atque locolenos;
diligenter pergite.
5 quod uobis dico facite:
tres dies cum noctibus
uigilate cum studio,
ne fure[n]tur discipuli
[eum] et dicant plebi:
10 surrexit a mortuis.
Ite, uos milites, solherti cura
uobis commissa sit [sunc] sepultura.
Statim MILITES ааnt iudemd eundo hос uersus sequendam cantant reto eepoloturam:
Ergo eamus
et quid dixit faciamus:
15 uigilando custodiamus,

ne sepultus amittamus,
Ne forte ueniset eius discipuli
et furando transferant alibi,
inundamus eos cum [fol. 1b] lancea
20 et uerberemus eos cum gladiis.
Modo ueniat angelus et in[ui]de[a]t e[l]e[o] fulgura; milites
cadent in terra[m] uelut mortui. Tunc tres puer[i] uel uirid,
qui debent ams Marie [ueniant], dum пиro deferant ura cum
ungnento pro e mortibus, tercia anima territudum. Tunc ueniaat
ante hostium eudesie et dicant[o] hos uerous. MARIA MAG-
DALENE incipiat:
[O]omnipotens pater altissime,
angelorum rector mitissime,
quid faciunt iste miserrime?
Heu, quantus est noster dolor!
MARIA IACOBI:
25 Amisimus enim solacium,
Ihesum Cristum, Marie filium:
ipso erat nobis consilium.
Heu, quantus [est noster dolor!]

1 Diese worte hat Lazarus als einen teil der folgenden epislaumurung genommen, wohl weil die Lesia uotuwus haben, von der weiteren alle rufen, rythmisch wie prosaische, ausgenommen v. 23—24, begleitet sind. Dagegen spricht jedoch nicht nur, dass das Hie getban ear in der la, sons ment wele mit grossem anfungsbuchstaben beginnt, sondern auch mehr der inhalt jener worte, der jedem uroeoths, ihn als eine euswleung für die epielenden personen zu denken, uerdrerabt. Nach der analogen anderer spiele zu urteilen, ehad diese worte eine zweifel der währung der enwen ecene dan eurepielt, in welchem die Juden zer Pilatus eruchelmn, um die berukmung des probte von dem zu erbtien, damit der iathdanan nicht uem udoere jängere gestaltira und genagt werd, so ist auftreitenden; denn uladum werde das argumin im welte prüner, ab en peremt. Die eroen eines diaes uerepiels ist in dem euron 1—22 erhalten. Balde bewahren ouf м. Matthaus 12, 49—66 Altера cutum dix, quom uni post parauerua, conuenerunt princopin sacerdotum et Pharisaei ad Pilatum 68 dicentes Dominu, recordati sumus quia seductor ille dixit adhuo viven Post tres dies resurgam. 64 labe ergo custodiri sepulchrum usque in diem tertium, ne forte veniant discipuli eiu et furentur eum et dicant plebi Surrexit e mortuis, et erit novissimus error peior priore. 65 Ait illis Pilatus Habetis custodiam: Ite, custodite sicut scitis. 66 Illi uulom abeuntes munierunt sepulchrum signantes lapidem cum custodibus. Die bewahung derer stelle wird durch die fast wörtliche überubstimmung der papert gedruckten worte mit v. 1 und v. 6—11 augenfällig eroirent. e eunusen Unterauchen. 3 Sea a in atque im ru fols. oru uedrulid.   6 Die abbreviatur für par in pergite ist die für pro geechrieblich.   7 uigilare fols.]
Vigilate Las. Ceux.   8 furatur fols.] furentur Las. Theon.   11 сarâ sr durobriehon, deru aber von derrolt m hund eiader darmuurgeurbriden.   10 lororum fols.   b Die barbaridan iobs in inintial und 1 in als schsluea in der la. urborubon so seen. o qui, der p mit dem eriehon der abbrenatur für par, par fols.; dragonden schriben Las. und Cenx. paral, die richtige anflateng iat jodoch hert puuri, vgl. das eposionursanegon m. G 4, P 8, Ra.   d p fols.] pro Las Cenx.   a dianat ist eine ennalatam ous Las. und Cenx., im fols. uieht dagegen dixit   22 iudemd fols] faciunt Las. Cenx.   27 ipe fols.] Ipse Las. Cenx.

V. 21—24 U 2 4, wollembütuler euterepial e ivgt. Iur standenfall em uarimklego, hersteg. von U. Schömunaua, a. 149 S.), fraakfurter dirigiroerolle s. 168 (vgl. Fiehard, Frankf. archiv III, s. 161 S.), obsfehler gam-opiel (hersteg. von Groin) v. 7663, ngww froaiaishmanspiel (interptunk. von K. Bartsch in Pfeiffers Germania III, s. 557 S.) s. 200, 1—4, innsbruoker Auferstehung Christi (heruug. von Mone, Altteutsche schanspiels s. 109 S.) v. 422—435, thuringer euterepial (hereueg. von Pishler, Drama des mittelalt. in Tirol, s. 143 S.) v. 166—196, freiburger pase.-opiel theruag. von Martin in der Zeitschriß der bletet. gemittelb. in Freiburg i. B., III. bd., 1. heft 1673) v. 1896.   24—30 wollemb. euterep. f., frankf. dirigisrerolle s. 168, obsfelder pase.-op.

MARIA SALOME:
Sed cerum unguentum emere,
30 ut hoc corpus possimus ungere,
quod nunquam nermus possiet commedere.
Heu, [quantus est noster dolor!]
Tunc MERCATOR dicat:
Venite, si complacet emere
hoc unguentum, quod nellem uendere,
35 de quo bene potestis ungere
corpus domini sacratum.
Quod, si corpus possetis ungere,
non amplius posset putrescere,
neque nermus possent commedere.
MARIE cimul:
40 Heu, quantus [est noster dolor!]
Tunc MARIE interrogant mercatorem:
Dic nobis, tu mercator iuuenis,
hoc unguentum, si tu uendideris,
die precium, quod tibi dederimus.
Heu, [quantus est noster dolor!]
Respondeat) MERCATOR:
45 Mulieres, michi intendite,
hoc unguentum, si uultis emere,
datur genus mire potencie.
MARIE cimul:
Heu, [quantus est noster dolor!]
MERCATOR:
Hoc unguentum, si u[e]stem cupitis,
50 uenum auri talentum dabitis,
ne aliter unquam portabitis.
MARIE cimul:
Heu, [quantus est noster dolor!]
Alius MERCATOR dicat eis:
[fol. 2a] Quid queri[ti]s?

MARIE cimul respondeant:
Aromata cenimus emere, o pigmentare, si habens
55 illud, quod nobis necesse est.
Re(spondeat) MERCATOR:
Dicite, quid uultis?
MARIE cimul respondeant:
Balsamum, thus et mirram, sinloe et aloes.
Respondeat MERCATOR:
Ecce, iam ante nobis sunt omnia; dicite, quantum uultis emere?
MARIE cimul respondeant:
60 Quasi centum libras estis habemus; dic nobis,
quantam demus, domine?
Respondeat) MERCATOR:
Mille solidos potestis habere.
MARIE cimul respondeant:
Libenter, domine.
Tunc Maria dent munera et accipiant unguentum et pergant ad sepulcrum. MARIK cimul prius:
O, summe rex o[fol. 2b]turoa, regum ostende
65 nobis.
MARIA IACOBI:
Pilatus iussit millibus sepulcrum castodire.
MARIA SALOME:
Nil timeamus, ibeamus unniuus ungere.
MARIA MAGDALENE:
Heu, misera, cur contigit aidere mortem redemptoris?
MARIA IACOBI:
70 Heu, redemptio Israel, ut quid mortem sustinuit?
MARIA SALOME:
Heu, consolatio nostra, ut quid taliter agere uoluit.
MARIE cimul respondeant:
Iam, iam ecce, iam properemus ad tumulum
unguentes dilecti corpus sanctissimum.

---

29 emere] ex fols 31 nagch fols.] unquam ânt 36 potentia erschaint us fols. cur ais ein p, denen äogus nach ober eurisdepart und in herunnater richtang emanal durchstrichen ist. 27 Q4" fols.] Quo Lat. Cwps. 36 Die abbreuiaer für lou us am plten ist niebt das gerchänkts. 43 tibi] s fols, ta Lat. Cwps « He fols.] Respondeant Lat. Cwps. 49 uelis fols.] mulisem Lat. Cwps. 51 unquam Lat. Cwps. 56 Dum querie uur ein schrueptabler ist, bycrunt emuur den vyisismuwumps euwd die natuuna 6 l'uwis. b lis alea abbremister fols.] Respondeant Lat. l'upes a Hurya fols.] respondeant Lat. Cwps. d Wie unter b. 58 dicis fols? Lat. « respideant fols.] repomineant Lat? f Wis unten b. g respideant fols.] respondeant Lat. Cwps. h sepulise fols.] sepulchrum Lat. Cwps. i Maria simul' fols.] Marie Salome Lat. Cwps. 64 sumit fols.] etmsus Lat. Cwps. 57 thummurs fols.] thmma Lat, timmati Cwps. h M fols.] Marie Lat. Cwps. l respidet fols.] respondeunt Lat. Cwps. 74 sanctiorum Lat. Cwps.

Thss, apnw trotainhumway. s 250, 10—22, isanbrucher Auferstehung Christ 154—157, alartinger osterspiel 180—195, frabarger pass.-sp. 1500. 52—62 triarer Ludus de nocte paschs (herausg. von Hoffmann, Fundgraben II, 272 ff.) v. 574, 4—5, frankf dirigiurrelle s 154, alefelder pass-sp. 7504, apww frankishseumpiel s 290, 52—53, insabrueher Auferasth. Christi 448—544, sterninger assrtp. 196—201, freibarger pass-sp. 1808. 59—58 rgl. wolfimb. osterspiel p, frankf. dirigiurrelle s. 164, alefelder pass-sp. 7502, inanbrucher Auferstehung Christi 563—568. 41—44 wolfimb. osterspiel b, frankf. dirigurralle s 164, elstelder pass.-sp. Thss, isanbrucher Auferstehung Christi 567—570. 69—58 wolfimb. osterspiel s, frankf dirigurralle s 154, alefelder pass.-sp 7502, isanbrucher Auferstehung Christi 671—674. 65—75 us Orléans II (b), siehe

ANGELUS respondet[a]:
75 Non eget unguentum, quia Cristus de mona-
[fol. 3a]mento surrexit vere; locus ecce, venite,
venite, videte!

Tunc Maria Magdalene cum Maria [amb] volens videre
sepulcrum[b]; non invento corpore, redeunt[c] ad aliam et dicunt

MARIA MAGDALENE:
Lamentemus, tristissime
sorores, nunc karissime,
80 non de filio Marie
sepulto tercia die.

MARIA IACOBI:
Tres animas iam hodie
corpus ungere glorie,
ut non possed putrescere.

MARIA SALOME:
85 Angelorum eloquio
scientes sine dubio,
quia surrexit de tumulo,
repertamur cum gaudio.

ANGELUS respondit[d]:
Ad vos dico, mulieres, nolite expavescere, neque
90 timere: ego sum Michael arcangelus; dicite
michi, quem queritis, aud quem vultis [fol. 3b]
videre?

MARIA MAGDALENE respo[n]d[et]:
O deus, quis revoluit nobis lapidem ab
hostio monumenti!

MARIE simul dicunt:
95 Ecce, lapis revolutus et loculus stola candida
coopertus.

ANGELUS alia exe element[e] Marias dicens:
Venite! venite! venite! nolite timere vos; dicite,
quem queritis in sepulcre, o cristicole!

MARIE simul respondent[f]:
Ihesum Nazarenum crucifixum querimus, o
100 collecte!

ANGELUS:
Non est hic, surrexit sicut predixerrat:

venite et videte locum, ubi posuerunt eum,
et euntes dicite di[s]cipulis eius et Petro
quia [bl. 4a] surrexit.

105 Cultum tristem iam mutate,
Ihesum ni[n]c iam (una) enuciate.
Galileam un[n]c abite,
si placet videre, festinate.

Tunc MILITES surgunt et redeunt ad Pilatum tristi animo
maerendo:
Heu miseri,
110 quid facimus,
quid dicimus,
quia perdidimus,
quem custodimus?
De celo venit angelus,
115 qui dixit mulieribus,
quia surrexit dominus.

Deinde dicat PILATUS ad milites:
Vos, romani milites,
precium accipite
et omnibus dicite,
120 quod nobis sublatum est.

MILITES simul respondent:
Pro[h,] quo gentiles fuimus!
sepulcrum custodimus,
magnam sonum audivimus
et in terra[m] cedimus,

[fol. 4b] Iterum dicat PILATUS:
125 Legem non habuistis,
sed mentiri potestis,
quod discipuli erexerunt
et eum sustulerunt.

MILITES simul re[s]pondent[a]:
Non veritatem dicimus:
130 de celo venit angelus,
qui dixit mulieribus,
quia surrexit dominus.

a respondet fehlt] respondent Lat. Crem.   75 surrexit Lat. Crem.   b opfere fehl.] sepulchrum Lat. Crem.   78 tristissime Lat. Crem.   81 possed ist in der handschr. wohl deutlicher, als im fsc. fehlt, sonst wäre es mit polled lesen, 87 surrexit Lat. Crem.   a respdidit fehl.] respondent Lat. Crem.   d Respod fehl.] respondent Lat. Crem.   95 revolvit Lat. a aliunst Lat. Crem.   96 sepulchro Lat. Crem.   b Crem.   f respdidit fehl.] respondent Lat. Crem.   99 b Crem.   100 collecole fehlt Lat. Crem.   101 surrexit Lat. Crem.   predixerat, wie Lat. hat, oder predixerrat, indem das t bei der druck die unteren reforderien trennung der silben wiederholt wurde   102 discipulis Lat. Crem.   104 surrexit Lat. Crem.   105 ultam fehlt.] vivam Lat. Crem.   107 non fehl.] nunc Lat. Crem.   108 festinare fehlt.   g alo fehl.] venite Lat. Crem.   114 de fehlt.   116 surrexit Lat. Crem.   117 vos fehlt.   118 sepulchrum custodimus Lat. Crem.   119 audimus Lat.   120 sublaerunt Lat.   b respdidit fehlt] respondent Lat. Crem.   132 surrexit Lat. Crem.

obon z. 74.   NR. 90 ans ev. Markus 16, 6.   95. 94 zu recension in, vgl. oben z. 37 u. 81.   98. 96 nach ev. Markus 16, 4. 5.   97 vgl. W z.   98 vgl. oben z. 36 u. 21 IIa.   99. 100 vgl. oben z. 20 u. 61 IIIa und IIIb.   101 vgl. oben z. 59 z. 91 IVa.   105 vgl. E 6, F 5, N 6, N 16, Q 11, T 9, U V 6 W z. 11, X 29.   108. 104 vgl. oben z. 89 u. 51 Vb.   105—108 vgl. Orleans I (X) 24

Hec audito, PILATUS dicat militibus hec verum:
Hec ergo uolo, ut sint uestra manere,
ne non credatis aliqua mendatia,
135 quo non seducant
et periru faciant.
Ad domos uestras ite ra[a]c cum gaudio
et qua nidistis tegite silentio,
ne ad auditura populi eueniad.
MILITES dimul respondein[a]te ad Pilatum:
140 Cite erit.
Et, facta hoc, MARIA MAGDALENE in sinistra parte
.....   exurgat inde et ad quantunus sepulcrum
et, plantis manibus, plorando dicat:
 [fol. 5a] Heu, me misera!
    magnus labor,
    magnus dolor,
    magna est tristitia.
145 Ihesu Christe,
    mundi totius gloria!
    de te nunc]
    teneo memoria,
    quam amisi]
150 tua misericordia:
    qui condonasti
    Magdalene grauia
    peccamina:
    per te uita
155 perfruar perpetua.
    O magister!
    quaro pie te si quando
    bis uidebo oculis,
    [quem] Iudei suspenderunt
160 crucis in patibulin
    et audinj surexime
    dictis nunc angelicia.

Rex cae[c]lorum angelorum
    pro nobis occisus est.
165 heu, michi tristi   [et] dolestj
    de morte altissimi,
    O quam magna   dies [fol. 5b] ea,
    celebrando gaudio,
    quam ingentia, tam deuoto,
170 recolendo studio.
    Angelus de celo uenit,
    lapidem reuuoluit, sedit
    deus et homo! deus et homo! deus et homo!
    Ihesu Criste, tu spes mea,
175 salus alma seculi,
    memorare Magdalene
    teique amicj Lazari.
    te u[u]jam spero e uidere
    cum captiro imperii.
180 Me misera! me misera! me misera!
    quid agum? heu tristis! quid dicam?
Manu IHESUS iuxta sepulcrum in ord[in]e dicat M[a]g-
dalene]:
    Mulier, quid ploras?
MARIA MAGDALENE respondit:
    Quia tulerunt dominum meum et nescio, ubi
    posuerunt eum.
[fol. 6a] ANGELUS dicat ad Mariam:
185 Quem queritis?
MARIA IACOBI et SALUME respondeant:
    Viuentem cum mortuis.
ANGELUS dicat:
    Non est hic, sed surexit: recordaminj qualiter
    locutus est uobis, dum adhuc in Galilea esset,
    uobis dicerst [L dicens Eas.], qia oportet, filium
190 hominis tradi] et crucifigi et die tercia resurgere.

---

134 mundacia Los. Comm.   137 ite uos fols.] nunc ite Los. Comm.   e Hec podmi fols.] rerpondeant Los. Comm   140 Cite
erit mit votea fols.] Torte exit als spielanweisung Los., als text Comm.   h note herhatatem mit einer abbreviatur, von La surela auf
Consemander pars abergegeen, die och nicht so sutrafors annag.   e Die abbreramura daner soad das terferegehenden wertes sind aht
audeorhich, serpolorum idem sich ear errutas.   164 tristiela Los. Comm.   146 lotu fols.] Ihesu Los. Comm.   147 manjj ruxpe
Los. Comm.   166 An ucalln tot ein woichos angefagt, das dos wh meht qais, ob man so als man abbreuiater um quem (egl. s. 16) .
uder als ein seterieitam daphes mil.   169 Sespenderet fols.] suspendere Los.   161 nurrejism Los. Comm.   163 eu-
leorum fols.] curutorum Los. Comm.   166 trisri int im fols. oder assfumthrb   167 es fols.] iste Los. Comm.; das a te es
habri ta dersalten form winder in Angelos v. 171, bis so bore tot quos eundglyrb   174 lebte xphrte fols.] Ihnen Xriste Los.
Comm.   178 te udam fols.] Te vivam Los. Comm.   d repalahrom Los. Comm.   e orde fols.] ordism Los. Comm.
f magdai fols.] Magdalena Los. Comm.   g rospedit fols.] respondeat Los. Comm.   183 micht fols.   b Dicat ad Mariam
[ex M] fols.] angelus Los. e Comm.   i M fols.] Maria Los., Comm.   k respiu fols.] respondeunt Los. Comm.   187 meudi
fols.] surrexit Los. Comm.   184 nobis Los. Comm   189 Nobis Los., Comm.

163 vgl. T 14, UV 7, W 7, X 13, trierer ostersp. 876, b, wolfenbüttaler ostersp. y, frankfurter dirigierrolle s. 185, egerer fronleichnamsp. s. e u., innsbrucker Auferstehung Christi 1043, sterzinger ostersp. 876, et gollener pass.-sp. 1885.   163. 164
vgl. T 15, UV d, W n, X 14, frankfurter dirigierrolle s 166, egerer fronleichnamsp. s. a. u.   165. 166 ens ev. Lukas 24. 6;
vgl. UV d. 9, W s. 9, X 5.   187—189 ev. Lukas 24, 8; vgl. UV 8. 10, W 9. 10, X 2.

Et dicat MARIA MAGDALENE [...] ad extra:
> Tu pater, qui es in celis, (tunc) sanctificatam
> est nomen tuum in eternum. Noli me deralin-
> quere, sed demonstrare omnibus. Recordare, do-
> mine, miseris Magdalene, quando michi dimisisti
195 peccata mea. Heu dolens, heu amara, [fol. 6b]
> heu misera! quem interrogem, et ubi est pater
> nescio.

Deinde veniat Maria Iacobi et osculetur brachium dextrum
et Maria Salome per sinistrum et loco[?]st de terra Maria[m?]
Magdalenam et dicat ipsa [sc. MARIA SALOME:]
> Cara soror,   nimis langor
> insidet in animo
200 de magistri   Ihesu Cristi
> morte tibi cogenta.

MARIA MAGDALENE dicat:
> Ardens est cor meum desiderio, videre dominum
> meum; quero et non invenio, ubi posuerunt eum.

ANGELUS interroget Marias:
> Quem queritis?

MARIE simul respondeant:
205 Viventem cum mortuis,

ANGELUS dicat hos versus:
> Nichil tibi est timendum,
> sed gaudere pocius;
> Ihesus enim resurrexit,
> vere dei filius.

210 tu Maria Magdalene clama resurexit vere Cristus,
> surrexit Cristus ...

[PETRUS:]
> ...... [fol. 7a] aideam
> hanc meam dolenti cordi
> tribue leticiam.

Et ... interroget [PETRUS?:]
215 Dic michi, soror Maria, quod iter incipiam?

MARIA dicat:
> Vade cito haec per viam,
> unde nunc regressa sum;
> sei memento mei, Petre,
> dum illam inveneris.

Deinde veniat Maria. DISCIPULI[?] cantando dicu[n]t:
220 Tristes erant apostoli
> de nece [mi domini,
> quem pena mortis crudeli
> servi damnarent impii.
> Sermone blando angelus
225 predixit mulieribus:
> in Galilea dominus
> videndus est quantocius.]

De alia parte veniant alii n. cantande[?] hunc ym[n]um
totum:
> [Ille, dum pergunt concite,
> apostolis hoc dicere,
230 videntes eum vivere,
> osculantur pedes domini.
> Quo agnito, discipuli
> in Galileam propere
> pergunt, videre faciem
235 desideratam domini.]

MARIA MAGDALENE veniat ante eos (et) dicat hunc
versus:
> [ave, nostra redempcio,
> amor et desiderium,
> deus, creator omnium,
> homo in fine temporum.]
240 Nolulis iam gemitibus
> [et inferni doloribus,
> quia surrexit dominus
> resplendens clamat angelus.]

a loco[fola.] et loco[Lat. Corr.   191 tuc sanctificatum fola.] Tuum sanctificatum Lat Corr.   193 tuum ist übergeschrieben im fola. fehlt bei Lat.   retinquere Lat   195 Noli monitus demonstrare Lat.   194 miserere fola. and Corr.] Misere Lat. h sinistif fola.] sinistrum Lat Corr.   e N fola.] Marium Lat. Corr.   201 tibi fola.] mirbi Lat. Corr   coacenta Lat. Corr.   207 desidero fola.] desiderio Lat. Corr   d respixiet fola.] respondeant Lat Corr.   207 potius Corr.   210 Magdalena Lat. Corr.   resurrexit Lat Corr   211 surrexit Lat. Corr.   a Nber hat die hc eine prösere Abrde.   213 mao? aurdo fola.] cordi Lat. Corr.   213—214 sind offenbar verss, deren rythmus Lat. and Corr. jedoch verschällen verkannt haben. a Et fola.] Tunc Lat., Post Corr.   f Annah dem Petrus leidro Lat. and Corr. o. 213 einer Maria experiens und ergänzen Maria dicat.   215 ist am untersn rande des blattes nachgetragen und wird dort ein zeichen unrichtig hinter das folgende Maria dicat verwiesen   n durn spätschreiber wird hinter dem am untersn rande nachgetragenen 215o vers mit dem vortes Maria ad petrum direct verteilerd.   218 Noli Lat. Corr.   219 immicinio fola.] invenirio Lat. Corr.   h discipulis Lat. Corr.   i De alia parte (par se fola. in der älteren abbreviert fola.] Alleluia Lat.   h ritando cantade b yma fola.] cantande hymnum Lat. Corr   240 Plaun vers hebro Lucarrho and Commemator in der folgenden rede denn 241—247 hierhörgetragen.

303. 303 marh ev Lukas 14, 31; vgl. X 16.   314. 305 vgl. obsn v. 150, 150.   230—235 Aus dem hymneus Aurora lucis rutilat, dessen verschiedenen bearbeitungen in rahmen unterschiedlicngen verlegt, als besondere hymnus im gottendienste verwent werden; vgl. Daniel, Thes. hymnol. l, p. 85 f.   235 vgl. trinno osterep. 873, 23, wolfenbatteler osterep. a, agewr frankenhausetep, a, s. o.   lamsbrucker Auferstehung Christi 1014—17, eharringer osterep. 265, si gelberter paes.-ep. 1833.   240—348 ist

Statim Petrus uadat ad discipulos et nunciat eum eis.
Deinde ueniat (IHESUS), dalmatica indutus, ferens in manibus
crucem dicat:

Pax uobis: ego sum: nolite timere: uidete manus
245 meas et pedes meos quia ego ipse sum: palpate
et uidete quia spiritus carnem et ossa non ha-
[fol. 76]bet, sicut me uidetis habere. Alleluia!
DISCIPULI uideant eum et conuincantur et dicant:
Ecce, deus noster,
Surrexit dominus de sepulchro,
250 qui pro nobis pependit in ligno. Alleluia, alleluia, alleluia!
THOMAS semel cantando:
Thomas dicet Didimus,
omnes fugam cepimus,
(omnes) congregati sua dominus,
255 post laudes in omnibus
deo nostro dabimus,
() fallax Iuda, proditor,
magistrum tradidisti,
quem pro paucis argenteis
260 Iudeis uendidisti.
quod accepisti precium,
heu michi, quid fecisti?

Ei DUO DISCIPULI uadant et dicant ei:
Thomas, uidimus dominum!
THOMAS . . . hesitando dicet eis:
[fol. 8a] Nisi uidero in manibus eius fixuram
265 clauorum et mittam manum meam in latus eius,
non credam.

Tunc ueniat IHESUS ad discipulos, indutus sacerdotalibus
uestimentis candidis, et dicat eis ferens:
Pax uobis: ego sum, alleluia! nolite timere,
alleluia!

Deinde dicat (IHESUS) ad Thomam:
Thomas, mitte manum tuam et cognosce loca
270 clauorum, alleluia! et noli esse incredulus, sed
fidelis. Alleluia!
Tunc ostendat ei et THOMAS uadat ad pedes eius et dicat
tribus uicibus:
Dominus meus et deus meus. Alleluia!
DOMINUS respondit:
Quia uidisti me, Thomas, credidisti: beati, qui
non uiderunt et crediderunt. Alleluia!
Ei THOMAS, quem fecit contra populum, dicat alta uoce:
275 Nisi digitum meum in fixuram clauorum et
manum [fol. 8b] meam in latus eius, et dni
Dominus meus et deus meus. Alleluia!
Finito hoc, MARIA redeat ad sepulcrum et etiam uno
sepulcrum? cum DUOBUS DISCIPULIS incipiant prosam:
Victime paschali atque Dux uite mortuus regnat
uiuus.
Tunc RELIQUI DISCIPULI ueniens ad Mariam [et?] in-
terrogent dicendo ita:
280 Dic nobis, Maria, [quid uidisti in uia?]
Ei MARIA ostendat eis sepulchrum et dicat:
Sepulchrum Cristi [uiuentis et gloriam uidi re-
surgentis.]
Hic ostendat eis angelos:
Angelicos testes.
Hic ostendat eis sepul[cri?] sudarium:
Sudarium et uestes.
Hic ostendat eis crucem:
285 Surrexit Cristus, [spes mea, precedet suos in
Galileam.]
Ei DISCIPULI incipiant . . . . . ! et compleant totam prosam!
Credendum est magis soli [Marie ueraci, quam
Iudeorum turbe fallaci.]
Ei CHORUS incipiat alta uoce:
Te deum laudamus.

---

246 habet, der letzte buchstab dieses wortes ist im fals, uöllig nicht zu erkennen, Lazarus und Const. haben, was oder genu ... Lukas 24, 24. 10, daher davon stelle genommen, euriehtig ist.   251 das dritte alleluia fehlt bei Lax.   a Ks fols.] Tom in ... b ... c al fehlt Lax. Const.   d recopisti fols.] respondent Lax. Const.   o Et fols.] Post Lax. Const.   f in fols.] tum Lax ... modo Const.   g sepulchrum Lax. Const.   h ea fols.] eam Lax. Const.   i et Lax. Const.   h sepulchri Lax. Const. ... I dicit, ob es antiphonam oder nur eine ... die vierte strofe des hymnus Aurora lucis rutilat, die aber in den contemplaten ... 244—247 = ev. Lukas 24. 36 u. 39   249—251 vgl. 1 6, 11 9, K 10, M 11, N 2. 5, Q 16, R 11, S 25.   255 vgl. ev. Johannes 20, 24.   vgl. ev. Joh. 20, 25.   267 vgl. ev. Lukas 24, 25 und ev. Joh. 20, 26.   268—274 vgl. ev. Joh. 20, 27—29 ... nach ev. Joh. 20, 27; vgl. oben 265—279   278 vgl. O 8, Q 30.   280—286 vgl. O 10, P 7, R 28, T 21.

Eine reproduktion des mysteriums aus Tours würde, wenn auch meine absicht, das sämtliche
material der lateinischen osterfeiern in dieser abhandlung vollständig zu vereinigen, nicht von selbst dazu
geführt hätte, schon deshalb wünschenswert gewesen sein, weil die beiden bisherigen ausgaben von Lazare

und Coussemaker in Deutschland, beinahe unbekannt zu sein scheinen[1]. Ueberdies ist der abdruck der handschrift, die allerdings mit einiger aufmerksamkeit gelesen sein will, bei Luzarche, trotz seiner versicherung diplomatischer treue, äusserst fehlerhaft, von Coussemaker nur teilweise verbessert, und die abteilung der verse, in welcher der letztere nur in einigen untergeordneten fällen von jenem abweicht, so oberflächlich und willkürlich vorgenommen worden, dass auch aus diesem grunde eine neue und, wie ich hoffe, nunmehr korrekte wiederholung erforderlich wurde. Die von den meinigen abweichenden lesarten Luzarche's und Coussemaker's habe ich zur kontrole des lesers sämmtlich in den variantenapparat aufgenommen, ihre verzettelung dagegen, der gegenüber sich die vorliegende hoffentlich durch sich selbst rechtfertigen wird, nicht weiter berücksichtigen zu müssen geglaubt. Aus dieser will ich beispielsweise nur anführen, dass z. 97, 98, 183, 184, 191—197 und 202, 203 in verse geschieden sind, während die reimwörter in v. 212—214 verkannt wurden und in v. 208—209 sogar ganz unbemerkt blieben.

Das mysterium aus Tours ist unter den denkmälern, welche die geschichte unseres osterspiels betreffen, eines der wichtigsten; wir besitzen kein zweites, das bei gleichem oder auch nur annäherndem umfang des stoffes vollständig in lateinischer sprache abgefasst wäre, zeitdem jenes drama, welches Berch. Pez in Klosterneuburg entdeckte, verschollen ist (vgl oben s. 96). Auch die umfangreicheren der bisher behandelten dramen bestanden im wesentlichen aus nur drei kurzen szenen, der begegnung der Marien und engel, der erscheinung Jesu und dem wettlauf der apostel: der darstellung also der wichtigsten historischen ereignisse, welche die auferstehung des heilandes begleiteten und bezeugten. Eine in diesen grenzen gehaltene aufführung liess sich leicht in das kanonische ritual der matutin oder der messe einschalten, indem sie die gottesdienstliche handlung nicht etwa überbot und zurückdrängte, sondern nur erläuterte, so dass noch die absicht ihrer stiftern, die hohe bedeutung dieses erinnerungstages mit der zumal in der kirche ungewohnten und wunderbaren vorstellung der heiligsten personen und begebnisse unter frommen schauern in die andächtigen seelen des volkes zu senken, ihr hauptsächlichster zweck blieb. Eine darstellung aber, in welcher Juden auftreten, und Pilatus mit dem pomp eines römischen statthalters, umgeben von einer leibwache bewaffneter söldner, in der für die errichtung des ursprünglichen zweckes ganz nebensächliche szenen, wie die erscheinung Jesu bei verschlossenen türen und bei Thomas und selbst der beinahe unbiblische auftritt zwischen den frauen und salbenkrämern ausführlich behandelt werden, erforderte einen aufwand so weit und theatralischer requisiten, die, abgesehen von den im geweihten raume der kirche verpönten profanen und vulgären elementen, ihre einfügung in den gottesdienst selbst zur unmöglichkeit machten. Eine solche aufführung war nicht mehr eine einfache dramatische osterfeier, sondern ein osterschauspiel, ihre vorabsicht nicht allein das durch die dramatische form zu lebendiger anschauung gesteigerte innigere verständnis der evangelischen tatsachen und eine kräftigung des glaubens an das erlösungswerk Kristi, sondern ebenso sehr und in vielleicht noch höherem masse die freude an der befriedigung jenes menschlicheren reizes, welchen das bühnenspiel selbst zu allen zeiten auf die schaulust des volkes ausgeübt hat. Die literargeschichtliche bedeutung des stückes beruht also nicht bloss in der inhaltlichen erweiterung, welche die entwickelung der lateinischen osterfeiern durch fortwährende agglomeration verwandten stoffes in stetigem fortschritt begriffen zeigt, sondern nicht minder auch in der durch die aufnahme unkirchlicher und profaner elemente bewirkten entfernung von ihrem anfänglichen zweck und dem übergang der zu kristlicher erbauung und belehrung erfundenen kirchlichen feier zu einem auf den massenreiz und die ergötzlichkeit berechneten volkstümlichen schauspiel.

---

1. Nirgends habe ich sie, so weit meine erinnerung reicht, in den über den vorliegenden gegenstand handelnden büchern und abhandlungen erwähnt gefunden. Ich habe für die bekanntschaft mit derjenigen Luzarche's herrn dr Reinhold Köhler in Weimar, mit der Coussemaker's herrn prof. Emile Picot in Paris verbindlichst zu danken.

Unser schauspiel, — denn so dürfen wir es wohl nennen, — zerfällt in fünf abteilungen oder akte, welche wiederum aus mehreren auftritten bestehen, nämlich

I. akt, 1. auftritt: v. 1, die judenpriester erscheinen vor Pilatus und fordern, eingedenk der voraussage Jesu, dass er nach drei tagen wieder auferstehen werde, eine militärische bewachung des grabes, um das diebstahl des leichnams durch die jünger zu verhindern. Nach ev. Matthäus 27, 62—64.

2. auftritt: v. 2—20, Pilatus bestellt minen söldnaren, das grab drei tage und drei nächte zu bewachen. Nachdem sie beim grabe angekommen, erscheint ein engel, der sie mit einem blitz zu boden schleudert, so dass sie wie tot liegen bleiben. Nach ev. Matthäus 27, 65. 66; 28, 2—4.

II. akt, 1. auftritt: v. 61—62, M. Magdalena, M. Jacobi und M. Salome treten auf (omnipotens pater altissime) und verhandeln mit zwei salbenkrämern (mercatores) um die salben zur einbalsamierung des leichnams Jesu. Nach ev. Markus 16, 1.

2. auftritt: v. 64—106, M. Magdalena, M. Jacobi und M. Salome wandern zum grabe und finden den engel Gabriel, der ihnen die auferstehung Jesu verkündigt. Nach ev. Markus 16, 6—7.

3. auftritt: v. 109—140, die söldner erheben sich und kehren zu Pilatus zurück, klagend, dass ein engel vom himmel gekommen sei und den weibern die auferstehung Jesu verkündigt habe.

III. akt, 1. auftritt: v. 141—211, M. Magdalenens klage. Die drei Marien gehen abermals zum grabe, um die auferstehung Jesu von dem engel zu vernehmen. Zum teil nach ev. Johannes 20, 13.

2. auftritt: Jesus erscheint der M. Magdalena in gestalt des gärtners. Nach ev. Johannes 20, 14—17.

3. auftritt: 218, M. Magdalena und Petrus. Wettlauf.

4. auftritt: v. 230—243, M. Magdalena und die übrigen jünger.

IV. akt, 1. auftritt: v. 244—251, Jesus erscheint den zwölf jüngern bei verschlossenen türen. Nach ev. Lukas 24, 36—40.

2. auftritt: v. 252—258, Thomas und die übrigen jünger. Nach ev. Johannes 20, 24—25.

3. auftritt: v. 267—277, Jesus erscheint den jüngern zum zweiten mal und Thomas. Nach ev. Johannes 20, 26—29.

V. akt, 1. auftritt: v. 278—279, M. Magdalena kehrt zum grabe zurück und singt mit Petrus und Johannes die erste hälfte der sequenz Victimae paschali.

2. auftritt: v. 280—289, die übrigen jünger kommen hinzu und singen mit Maria Magdalena das Dic nobis Maria.

3. auftritt: v. 290, der hor singt das Te deum laudamus.

Der erste auftritt fehlt in der handschrift, er fällt in die lücke, welche wir mit dem verlust des ersten blattes zu beklagen haben. Dass er den angegebenen inhalt gehabt haben muss, geht aus dem erhaltenen letzten verse desselben *Tunc erit error peior*, d. i. v. 1 unseres abdrucks, hervor, der von Lazarche und Coussemaker, allerdings sehr mit unrecht, zu der folgenden spielanweisung gezogen worden ist. Denn diese worte sind beinahe wörtlich aus ev. Matthäus 27, 64 entnommen, also aus derjenigen stelle, welche allein die von den pontifices an Pilatus gestellte forderung einer grabwache berichtet, vgl. s. 97, zu vers 1. Da nun die söldner in der folgenden szene, v. 2—20, von Pilatus mit der bei des grabes beauftragt werden und hinausziehen, um seinen befehl zu erfüllen, wobei die gepflogenen reden in v. 6—11. 17. 18 wiederum die benutzung von Matthäus 27, 64. 65 deutlich erkennen lassen, so ist klar, dass der verlorene erste auftritt nur eine auf dem bezeichneten passus des matthäusevangeliums beruhende verhandlung über die bestellung einer grabwache zwischen den Juden und Pilatus enthalten haben kann. Diese erklärung ergibt sich, wie mir scheint, völlig ungesucht aus den vorhandenen tatsachen, und ich begreife das verfahren Lazarche's und Coussemaker's, diesen vers als spielanweisung zu betrachten, um so weniger, als unterem voraufgehenden die entlehnung desselben aus Matthäus, wie seine daher genommene jedenfalls unrichtige und nutzlose ergänzung peior [prior] beweist, nicht unbekannt war und eine auffassung desselben im sinne einer direktive für die schauspieler geradezu unmöglich ist. — Ob dieser auftritt das ganze verschwundene blatt ausgefüllt habe, lässt sich natürlich nicht sagen; ich möchte es indessen nicht glauben, da Pilatus in anderen dramen, z. b. dem Innsbrucker (Mone, ABL schausp. s. 110 ff.) und den wieder (Hoffmann, Fundgr. 2, s. 298 ff.) durchaus keine schwierigkeiten erhellt, dem wunsche der Juden zu willfahren, und weiterzugehen, wie sie hier durch die anwendung von boten, die beratung der Juden, das markten um den sold für die wächter u. s. w. gesucht und erreicht werden, in c schwerlich schon eingang gefunden hatten.

Von offenbar gleichem inhalt, wie in c, ist der erste auftritt in dem verlorenen klosterneuburger osterspiele gewesen, von dem durch die bemühungen Pez'ens einige, wenn auch leider allzu dürftige, immerhin schätzbare mitteilungen zu unserer kenntnis gelangt sind. Seine angaben sind folgende. ,Insignis in his [veil. exemplis paschalium ludorum] est ludus paschalis in codice claustroneoburgensis canonicis quingentorum annorum, in quo resurrectionis dominicae historia perelimanti ac pio dramate proponitur. Incipit in hunc modum:

Primo producatur Pilatus cum respondents:

Ingrediens Pilatus.

et sedent in loosum sibi praesidevationem. Post haec ... PONTIFICES cantant:
O domine, recte meminimus,
quod a turba saepe audivimus,
seductorem consuetum dicere:
O post tres dies volo resurgere.

Respondet PILATUS:
Sicut mihi dictat discretio etc.

In fine:

Et populus universus laus certissimus de domino, CANTOR sie imponit:
Christ, der ist irstanden etc.'

Das spiel begann demnach mit dem erscheinen des Pilatus, welcher unter dem vorantritt seiner leibwache, — worauf ich das ,producatur' beziehe, — und dem herzugange der antifone Ingrediens Pilatus nach ev. Nicod. 29, den für ihn bestimmten platz einnahm. Die übrigen mitspielenden personen hatten entweder schon aufstellung genommen, da das auftreten der pontifices, welche unmittelbar darauf den dialog eröffnen, nicht besonders erwähnt wird, oder sie folgten jenem während des gesanges in gestalt einer prozession und in der reihenfolge, in welcher sie nachher auftreten mussten, auf die bühne, um sich hier auf die ihnen voraus bezeichneten stände zu verteilen. Alsdann beginnt die aktion, indem die pontifices den Pilatus an die voraussage Kristi, dass er nach drei tagen wieder auferstehen würde, erinnern; die verse aber, welche ihnen in den mund gelegt werden, sind zweifelsohne aus jener mehrfach genannten stelle des matthäusevangeliums Domine, recordati sumus quia seductor ille dixit adhuc vivens Post tres dies resurgam hervorgegangen. Die ersten auftritte können also auch im klosterneuburger spiele nur die bestellung der grabwache zum gegenstande gehabt haben, und da sie mit c auf derselben bibelstelle basieren und deren eigene worte, wie dort, zu verwerten ersichtlich beflissen sind, so dürften sie sich auch in ihrer speziellleren anlage und ausführung von denen in c nicht wesentlich unterschieden haben, wenn nicht gar auch hier wieder einmal eine wechselwirkung oder ein direkter austausch zwischen Frankreich und Deutschland statt gefunden hat.

Der zweite akt gliedert sich hauptsächlich in drei szenen. In der ersten sehen wir zunächst die drei Marien auftreten, die beiden ersten, M. Magdalena und M. Jacobi mit salbengefässen, M. Salome mit dem rauchfass versehen. Sie scheinen von ausserhalb der kirche hereinzukommen und als sie ,ante bostium ecclesie' sichtbar werden, heben sie, mit den strofen alternierend, den hymnus Omnipotens pater altissimus an zu singen, dessen bearbeitung in diesen dramen wir zuerst 02—4 angetroffen haben. Nachdem sich die frauen damit eingeführt, ihre absicht, den leichnam Jesu zu balsamieren, kund gegeben und die situation in eine mit dem ersten akte stark kontrastierende stimmung versetzt haben, entspinnt sich die kaufmanns-szene, bei der die spielanweisungen leider so kurz gehalten sind, dass man die abwickelung derselben auf der bühne durch die kombinaison verschiedener andeutungen zu gewinnen versuchen muss. — Wir sehen nach einander zwei krämer auftreten; der erste, welcher durch den gesang der Marien von ihrem vorhaben vernommen, fordert sie auf, an seinen laden zu kommen und von seinen salben eine zu kaufen. Da er v. 41 ,mercator invenit' genannt wird und nicht ohne einen anflug grossmärchischen wesens die vortrefflichkeit seiner spezereien anpreist (vgl. bes. v. 46—51), so ist anzunehmen, dass wir in ihm nur den kaufburschen und handlanger des meisters zu erblicken haben, der in der abwesenheit des letzteren die gelegenheit wahr-nimmt, den herrn zu spielen und sich wichtig zu machen. Darüber kommt jedoch der meister selbst herzu, fragt die Marien nach ihrem begehr und wird ohne langes feilschen handelseinig mit ihnen, v. 53—63. Wir sehen also, dass der verfasser, den vorgang auf der bühne durch die zugabe eines komischen inter-mezzos der drastischen wirklichkeit des marktlebens näher zu bringen und damit einen besondern effekt bei seinen zuschauern zu erreichen beabsichtigte, die sich trotz der noch zaghaften form dieses zwischen-spiels und der übrigens durchaus ernsthaften haltung des ganzen auftritts, falls die rollen der krämer in die hände für sie passender und geschickter schauspieler gerichten, einer gelinden heiterkeit über die wichtigmacherei des burschen und die wortlose überlegenheit seines geschäftsmässigen herrn kaum erwehrt haben werden. Es ist dies der erste anlauf zur verfolgung komischer tendenzen im geistlichen drama des mittelalters. Ist er auch noch schwach, so wird man dem dichter doch nachrühmen müssen, dass er sehr wohl die notwendigkeit erkannte, als das richtige mittel fand, einer marktszene, die ob ihrer alltäglichkeit an sich ein tieferes interesse nicht hatte, dramatisches leben zu geben, ohne die zinnale grünze zu ver-letzen, welche die sprödigkeit seines stoffes zumal nach der humoristischen seite ihm zog.

Nach empfang der salben setzen die Marien ihren weg zu der richtung zum grabe fort. Die ge-sänge, welche sie dabei anstimmen, geben aufs neue ihrem schmerz über den verlust des meisters aus-druck, bis sie z. 73, 74 ,sed iam, eate, iam properemus ad tumulum, unguentes dileti corpus sanctissimum, selbst ihre ankunft am ziele und den zweck ihrer wanderung bezeichnen. Z. 69—74 dieser gesänge stimmen mit b, dem bruchstück aus Orléans (vgl. oben s. 96), wörtlich überein, welches jedenfalls noch ganz lateinisch und mit c entweder identisch, oder ihm doch nahe verwant gewesen sein wird. — Den kern des nun folgenden auftritts bildet die ursprüngliche osterfeier, die begegnung des engels und der frauen am grabe. Die fett gedruckten sätze z. 93, 94, 99—104 sind sofort als die originale fassung der von uns unter der ersten rezension begriffenen dramen erkennbar, welche hier nur durch einige zum teil schon frühzeitig verwertete ergänzungen aus den evangelien erweitert erscheint. Diese szene macht jedoch nur den zweiten wichtigsten teil der begegnung aus; ihr voran geht eine andere, die ihr zwar gleichartig ist, aber in den bisherigen stücken nicht einmal andeutungsweise, oder im keime vorgebildet vorhanden war. Nachdem nämlich die Marien, beim grabe angekommen, jenes ,iam iam, eate etc. gesungen, antwortet der engel Nos egri unguentum, quia Cristus de monumento rexerit nere: iamus rece! unitis, unitis, videte' c 75—77. M. Magdalena und M. Jacobi nähern sich dem grabe, schauen hinein und, da sie Jesu leichnam nicht finden, kehren sie zu M. Salome zurück. Alsdann singen sie abwechselnd drei hymmenstrofen, in denen M. Magdalena in neue klagen über den verlorenen meister ausbricht, c 78—81, M. Jacobi ihre ab-sicht, den leichnam Kristi zu salben, kund gibt, c 82—84, woran M. Salome mit der aufforderung zurück-zukehren sich anschliesst, seitdem sie durch den engel die gewissheit von Jesu auferstehung erlangt haben, c 85—88. Nun erst folgt der oben besprochene hauptteil dieses auftritts. Der engel befiehlt ihnen nicht zu erschrecken, noch sich zu fürchten, denn ego sum Michael arcangelus; dixite nichi, quem queritis, and quem vultis videre? c 89—92. M. Magdalena erwiedert schüchtern O deus, quis revolunt nobis lapidem ab

bis *) einschalten zu müssen. Dass er dies keineswegs in geschichtlicher weise begonnen, zeigt indessen die genauere betrachtung.

Falls die gesänge c 64—74, mit denen die Marien von laden der salbenhandler zu ihre wanderung zum grabe fortsetzen, noch nicht im stande gewesen waren, die aufmerksamkeit des publikums auf den ernst der handlung zurückzulenken, so musste dies mit einem schlage geschehen, wenn nach dem gemeinsamen aufruf der frauen c 73. 74 *iam iam, ecce, iam properemus ad tumulum, unguentis dileti corpus sanctissimum* plötzlich die sonore stimme des engels, der bis dahin von dem velum vor dem eingange des grabes verborgen sein mochte, einfiel *Non est unguentum, quia Cristus de monumento surrexit nec, iam ecce: venite, venite, videte'* Wenn aber nunmehr M. Magdalena und M. Iacobi, wie die spielanweisung vorschreibt, hinzugeben „illerm sepulcrum, non invento corpore' aber wiederum zu M. Salome zurückkehren, um den heimweg anzutreten, so ist es doch einerseits fraglich, ob nicht dadurch die wirkung des folgenden anstatt vorbereitet und erhöht zu werden, vielmehr vorweggenommen und gebrochen wird; andererseits aber ist es nicht zu begreifen, wie der dichter dieses betreten des grabes und die verkündigung von Jesu auferstehung des vorspiels mit dem ganzen folgenden, inhaltlich gleichem, dritten teile dieses auftritts in einklang zu bringen gedacht hat. Denn wie können die Marien nun noch zweifelnd fragen *O deus, quis revolvet nobis lapidem ab hostio monumenti?* c 93. 94, da sie doch schon im grabe gewesen, und wie darf der engel erst jetzt nach ihrem begehr forschen *Dicite, quem queratis in sepulcro, o cristicole?* c 98, nachdem er dasselbe schon vorher erkannt und beantwortet hatte? Man sieht, dieses vorspiel ist so vollständig verfehlt, dass man an demselben dichter, der auch das übrige schuf, kaum zutrauen und es lieber für das machwerk eines ungeschickten dritten halten möchte, der von den intentionen jenes so wenig, als von dramatischer ökonomie überhaupt eine vorstellung besass. Allein man wird in dieser zeit einen starken missgriff auch bei einem begabteren manne gewärtigen müssen und ich glaube nicht, dass man bloss um seiner ungeschicklichkeit willen diesen absatz dem unbefugten eingriff eines stümpers aufzubürden das recht hat. Auch würde die spielbarkeit des ganzen auftritts durch die stoffliche kongruenz seiner teile gewiss nicht verhindert. Wenn die Marien schon nach der ersten aufforderung des engels c 76. 77 zu ihm eingetreten, um sich von der abwesenheit des leichnams Jesu zu überzeugen, so brauchte sich diese handlung bei der zweiten c 91 und dritten c 102 nicht zu wiederholen, und da entsprechende spielanweisungen fehlen, so scheint der engel die ganze partie von dem *Non est hic* etc. bis zu dem *fuistes tristes iam mutate* in einem ununterbrochenen gesprochen zu haben, während die frauen, auf einer stelle verharrend, seine botschaft in empfang nahmen. Die späteren entwickelungen der bei ihm, von den angegebenen vollständig runddieutlichen aus den evangelien geschöpften ergänzungen abgesehen, in ihrer ursprünglichen reinheit erhalten ältesten fassung der lateinischen osterfeier scheinen bis in die gegend, in welcher der dichter lebte, noch nicht vorgedrungen zu sein, und es ist zu bedauern, dass er die so mühsam errungenen vorteile, oder auch ihm diese für einen angemessenen rückung der frauen gewahrt haben würden, nicht kannte. Der dritte actus dieses aktes, das erwachen und die rückkehr der wächter zu Pilatus, beginnt unmittelbar nach den letzten versen des engels, ohne dass man zunächst weiss, ob die Marien bis auf weiteres beim grabe verblieben, oder ob und wohin sie sich schweigend entfernen sollten. Aus der spielanweisung zu v. 141 ist erst nachträglich zu schliessen, dass sie sich „in sinistram partem occlesiæ' zurückziehen mussten.

Der folgende auftritt c 109—140 ist vollständig gereimt. Die soldaten erheben sich und beklagen ihr missgeschick, dass sie den, welchen sie zu bewachen ausgesandt waren, verloren. V. 114—116, welche sich c 130—132 wiederholen, sind offenbar aus dem responsorium hervorgegangen, welches im offertorium der feria secunda post pascha statt findet und nach ev. Matthäus 28, 2 ff. verfasst ist. Angelus domini descendit de coelo et dixit mulieribus Quem queritis? surrexit, sicut dixit, alleluia! Ausserdem ist der nenge nach ev. Matthäus 28, 11—15 gebildet ... ecce, quidam de custodibus venerunt in civitatem et nuntiaverunt principibus sacerdotum omnia, quae facta fuerant. 12 Et congregati cum senioribus, consilio accepto, pecuniam copiosam dederunt militibus, 13 dicentes Dicite quia discipuli eius nocte venerunt et furati sunt eum, nobis dormientibus: 14 et si hoc auditum fuerit a praeside, nos suadebimus ei et securos vos faciemus. 15 At illi, accepta pecunia, fecerunt, sicut erant docti. Der dichter hat sich jedoch hier weniger strenge an seine vorlage gehalten, als beim ersten akte; er lässt die wächter nicht, wie Matthäus berichtet, zu den häuptern der jüdischen priesterschaft zurückkehren, sondern zu Pilatus, dem daher auch die aufgabe zufällt, sie durch bestechung und durch einschüchterung vor der rache der priester zu überreden, die wahrheit zu verschweigen und zu sagen, dass die jünger den leichnam Jesu gestohlen. Nachdem also die söldner ihren klagegesang c 109—118 beendigt und bei Pilatus angekommen sind, wurden sie von diesem angeredet ,ihr römische soldaten, empfanget den lohn und berichtet mir nun, was euch begegnet ist'. Die wächter antworten klagend Proh, quae gentiles fuimus! ein donnerschlag hat uns, während wir das grab bewachten, zur erde geworfen. Legem non habuistis; daher mögt ihr lügen und vorgeben, dass die jünger kamen und den leichnam gestohlen haben, rät Pilatus. Die söldner aber widerstreben Non veritatem dicimus: de arte uenit angelus etc., worauf ihnen Pilatus, ihnen das gold aushändigend, im tone des befehlers, wie ein mann, der an solche mährchen nicht glaubt, den wohlmeinenden rat gibt, davon zu schweigen, da sie ihnen bei den judenpriestern zum unheile gereichen könnten, falls sie im volke ruchbar würden. — An zwei stellen scheint mir der handschrift text verderbt, nämlich c 110, wo omnibus ebenso wenig am platze ist, als c 176 das einen hier ganz unpassenden gegensatz ausdrückende sed; ich habe für ersteres onus nichi, für das letztere ei in den varianten vorgeschlagen, wodurch wenigstens der ansatz, welchen man beim lesen an ihnen nehmen muss, beseitigt ist, wenn sie auch den urtext nicht wiederherstellen mögen.

Der dritte akt führt uns mit der erscheinung Jesu am ostermorgen auf die höhe der entwickelung unseres dramas, wenn ich so sagen darf, zur katastrofe. Die erscheinungsscene war, wie wir gesehen haben, die wichtigste gemeinsame neuerung, welche die stücke der vierten gruppe vor denjenigen der übrigen auszeichnete. Allein schon dort machte sich eine wesentliche verschiedenheit zwischen den vorwiegend deutschen QRT und den französischen stücken UVWX bemerkbar, insofern das auftreten Jesu in den ersteren durch den hymnus Cum venissem saguw mortuam, in den letzteren durch eine zweite engelsscene eingeleitet und vorbereitet wurde, und diese engelsscene ist es auch, welche in c, nur in ähnlicher weise wie der zweite des vorigen erweitert, den ersten auftritt des dritten aktes bildet. Sie beruht der hauptsache nach auf ev. Joh. 20, 11—13, hat aber aus ev. Lukas 24, 5. 6 noch einen zusatz erfahren, welcher aus besonderen, oben s. 86 dargelegten gründen, ihre komposition und einfügung in die lateinischen osterfeiern auf ihren verfasser zurückzuführen und die überlieferung in c 185, 186 als die originale fassung anzunehmen gestattete. Diese scene ist der unversehrte feste kern unseres auftritts, seine erweiterung nächst der lyrischen einleitung im wesentlichen nur eine zum teil wörtliche wiederholung desselben (vgl. c 204, 205 mit c 185, 186), von welcher der dichter auch die veränderte inscenierung, in folge deren sie aller wahrscheinlichkeit nach entstand, den vorwurf nutzloser dehnung und störender gleichförmigkeit nicht hat abzuwenden vermögen. Leider sind auch hier wieder die spielanweisungen, welche vielleicht eine genauere erklärung dieser wiederholungen aus der aufführungsweise zu geben vermöchten, allzu dürftig und ebenso wenig wird man aus dem texte selbst, in der wichtigste auftritt dieses aktes, das zusammentreffen Jesu und Magdalenens, auf welches der erste auftritt hinsteuert, fehlt, keinen sicheren schluss ableiten können. Soweit man nach lage der sache urteilen darf, geschah die darstellung, wie folgt. Zuerst tritt Maria Magdalena, scheinbar allein, auf, denn die spielanweisung zu c 141 ff. spricht nur von

auskunftsmittel, diesen passus auf rechnung eines unverständigen interpolators zu setzen, halte ich, so lange tauglichere gründe, als dass diese wiederholung an dieser stelle ganz unpassend ist, fehlen, für allzu leicht bei einer handschrift, die, noch dem 12. jahrhundert angehörend, der zeit des dichters selbst sehr nahe stehen muss und so starken eingriffen kaum schon ausgesetzt gewesen sein dürfte.

Der zweite auftritt des dritten aktes, der, wie schon bemerkt, verloren ist, bestand ohne allen zweifel in der begegnung Jesu und Magdalenens und hat ebenso gewiss — denn auch darin ist nach der bisher beobachteten übereinstimmung der älteren teile in c mit den übrigen lateinischen osterfeiern ein irrtum kaum möglich — der hauptsache nach dieselbe auf ev. Johannes 20, 14—17 beruhende form inne gehalten, welche uns aus QRTUVWX hinlänglich bekannt ist. Immerhin mag diese, die notation einbegriffen, nicht ausgereicht haben, zwei blätter der handschrift zu füllen und die neigung des dichters hat sich vielleicht auch hier in einer anzahl eigener zusätze genüge getan. Ueber die art indessen, wo und wie dies geschehen, wird man sich vager vermutungen füglich entschlagen müssen, da es durchaus an passenden analogien zu ihrer begründung gebricht.

Auch der dritte auftritt ist bis auf die wenigen zeilen c 212—219 verloren, von denen die drei ersten nicht einmal ein indicium darbieten, die person, welche spricht oder angesprochen wird, geschweige denn die beschaffenheit der ganzen szene zu erkennen. Lazarche hat sie dem Petrus zugewiesen und gemäss der folgenden spielanweisung ,Et reversus interroget', wonach c 212—214 derselben rolle zufallen, wie c 215, nämlich eben derjenigen des Petrus, wahrscheinlich mit recht. Allein auch wenn dieses richtig ist, bleibt der auftritt selbst und seine verknüpfung mit dem vorangehenden grösstenteils dunkel. In allen übrigen lateinisch-dramatischen osterfeiern tritt Petrus bloss in seinem bekannten wettlauf mit Johannes auf; was sie dabei zu reden haben, beschränkt sich regelmässig auf das an das volk gerichtete *Cernitis, o serii* etc. bei vorzeigung der von dem engels empfangenen linnen, und der XII fand sich eine neue komposition dieser szene mit einigen gereimten wechselreden, welche die apostel am grabe führten. Stammen auch die drei verse c 212—214 aus einer wettlaufszene her, — und ich wüsste in der tat nicht, in welcher anderen beziehung der dichter ein auftreten des Petrus an dieser stelle bewerkstelligt und motiviert haben könnte, — so können sie nicht an Johannes, sondern, so weit ich urteile, nur an die M. Magdalena gerichtet gewesen sein, und dass sind dieselben dahin zu erklären, dass Magdalena ihre botschaft von der auferstehung Jesu zunächst dem Petrus und zwar ihm, da er nach der spielanweisung zu c 243 auch allein zurückkommt, allein zurückbringt, worauf dieser mit °—214 erwidert und, im begriffe zur grabstätte zu eilen, sich nochmals an Magdalena zurückwendend (so ist dann das ,reversus' aufzufassen) fragt *Dic michi, soror Maria, quod iter incipiam?* und diese ihn anweist *Vade cito hanc per viam, unde nunc regressa sum* etc. c 216—219. Auch die antwort der Magdalena spricht für diese darstellung; denn der weg, den sie dem Petrus einzuschlagen befiehlt, ist derselbe, auf welchem sie selbst so eben zurückgekommen, und kann doch wohl kein anderer sein, als der weg zum grabe. Ziemlich sicher ist also, dass c 212—219 aus einem auftritt herrühren, welcher den wettlauf des Petrus behandelt, der aber anstatt jener älteren, dem dichter vielleicht unbekannten abfassung *Ad monumentum* etc., *Currebant duo simul* etc., *Cernitis, o serii* etc., eine neue von dem verfasser selbst erfundene komposition hatte, über deren einzelheiten, ihre verbindung mit dem vorhergehenden und ihre textliche gestaltung wir daher nichts anderes wissen können, als was uns in der handschrift selbst erhalten ist.

Der vierte auftritt ist mehr einfach und sehr kurz, gewissermassen nur eine variation des vorigen, indem M. Magdalena ihre botschaft, welche sie nach vorschrift des engels vor allem dem Petrus zu verkündigen beauftragt war, nun auch den übrigen jüngeren mitteilt. Während sie also dem herrn sich nähert, kommen ihr die apostel (ausser Petrus), in zwei gleiche scharen geteilt, entgegen, zuerst sechs

berühren; Thomas ist erschüttert, er fällt Jesu zu füssen und ruft dreimal laut *Dominus meus et deus meus. Alleluia!* Jesus antwortet mit sanftem vorwurf *Quia vidisti me, Thomas, credidisti* etc. Thomas aber singt frohlockend zum volke gewant mit erhobener stimme *Mihi dignitas meus in figuram clausorum et mortuus meus in loco etc., et dixit Dominus meus et deus meus. Alleluia!*

Dass dieser akt mit solchem lebhaften wechsel tiefster und energischester seelischer bewegungen bei geeigneter darstellung auch nach der imponierenden wirkung des vorigen noch einen bedeutenden effekt ausüben und das publikum in steinloser spannung erhalten konnte, wer möchte das bestreiten? Die apostel in trauriger haltung über den verlust ihres meisters versammelt, die plötzliche erscheinung Jesu nach traditioneller anschauung in seinem irdischen habit mit kreuz und kleidung, ihr schreck und das freudige erkennen; dann die karakteristische gestalt des Thomas, sein klagender gesang, seine kühle zurückhaltung gegenüber der fast unglaublichen mitteilung der aufgeregten genossen, das abermalige erscheinen Jesu, diesmal in den glänzendsten priestergewändern, des Thomas Unflnnerote erschütterung und begeisterte bekehrung, und alle diese eindrücke noch unendlich verstärkt und gehoben durch die zuerst geisterhafte, dann aber grossartig vergeistigte, gleichsam in überirdischem glanze strahlende gestalt des heilandes: was kann man sich denken, das auf die gemüter einer andächtigen, solchen schauspiels ungewohnten menge packenderen und erschütternderen eindruck gemacht hätte? — Allein auch der dichter selbst hat die dramatische gewalt, welche in diesem stoffe lag, deutlich empfunden. Nicht allein beweist er in den zusätzen, welche er zur ergänzung einiger lücken in der führung des dialogs, wie ihn die evangelien darboten, zu machen genötigt war, eine gegenüber seiner früheren, oft störenden weitschweifigkeit vorgenommene mässigung und beschneidung, sondern er hat sich sogar zu wiederholter kürzung des bibeltextes verstanden und man ist unwillkürlich erstaunt über die klarheit der intuition, mit der er seinen immerhin rohen stoff durchdrang, in seinen treibenden momenten erfasste, reinigte, ergänzte und zu vollkommener dramatischer prägnanz, spannung und rundung herausarbeitete. Und wie vortrefflich ihm diese arbeit auch nach dem urteile seiner zeitgenossen und seiner nachfolger auf dem felde der geistlich-dramatischen dichtung gelang, geht am besten daraus hervor, dass von den leistaren unter den zeuerungen des dichters kaum, selbst nicht die kaufmannsscene, gleich sehr der nachahmung würdig befunden, verbreitet und bis in die zeiten der grossen fronleichnamspiele erhalten wurde, bisweilen sogar (z. b. im egerer) mit grosser treue wenigstens in der bewahrung des textes. Es ist daher doppelt interessant und wichtig die quelle und das werk des dichters in genauere vergleichung zu setzen, damit man vollständig erkenne, wie viel er tat, um aus dem rohen stoffe die geläuterte form des dramas zu schaffen.

ST. LUKAS XXIV, 36—46.	ST. JOHANNES XX, 19—23.	x 244—247.
36 Dum haec autem loquuntur, Iesus stetit in medio eorum et dicit eis Pax vobis: ego sum, nolite timere. 37 Conturbati vero et conterriti existimabant se spiritum videre. 38 Et dixit eis Quid turbati estis et cogitationes ascendunt in corda vestra? 39 Videte manus meas et pedes, quia ipse ego sum: palpate et videte, quia spiritus carnem non habet, sicut me videtis habere. 40 Et cum hoc dixisset, ostendit eis manus et pedes.	19 Cum esset ergo sero die illo una sabbatorum et fores essent clausae, ubi erant discipuli propter metum Iudaeorum, venit Iesus et stetit in medio et dicit eis Pax vobis. 20 Et hoc cum dixisset, ostendit eis manus et latus. Gavisi sunt ergo discipuli, viso domino. 21 Dixit ergo eis iterum Pax vobis: sicut misit me pater, et ego mitto vos. 22 Hoc cum dixisset, insufflavit et dicit eis Accipite spiritum sanctum: 23 quorum remiseritis peccata, remitten-	... emisit IESUS, dalmatica indutus, loretas in manibus ornatus, dicat: Pax vobis: ego sum: nolite timere! videte manus meas et pedes meos quia ego ipse sum: palpate et videte quia spiritus carnem et ossa non habet, sicut me videtis habere. Alleluia! DISCIPULI sistant eum et osculentur et dicant:

EV. JOHANNIS XX, 23—29.

tur eis, et quorum retinueritis, re-
tenta sunt. 24 Thomas autem,
unus ex duodecim, qui dicitur
Didymus, non erat cum eis,
quando venit Iesus. 25 Dixerunt
ergo ei alii discipuli Vidimus
dominum. Ille autem dixit eis
Nisi videro in manibus eius
fixuram clauorum et mittam
digitum meum in locum clauorum
et mittam manum meam in
latus eius, non credam. 26 Et
post dies octo iterum erant discipuli eius intus et Thomas cum
eis. Venit Iesus, ianuis clausis,
et stetit in medio et dixit Pax
vobis. 27 Deinde dicit Thomae
Infer digitum tuum huc et vide
manus meas, et affer manum tuam
et mitte in latus meum, et noli
esse incredulus, sed fidelis.
28 Respondit Thomas et dixit ei
Dominus meus et deus meus.

29 Dicit ei Iesus
Quia vidisti me, credidisti:
beati, qui non viderunt et
crediderunt.

c 249—251.
Ecce, deus noster!
Surrexit dominus de sepulchro,
qui pro nobis pependit in ligno.
Alleluia, alleluia, alleluia'
THOMAS quaerit quaerendo:
Thomas dicit Didimus.
omnes legam capimus ...
Et DUO DISCIPULI audunt et di-
cunt ei:
Thomas, uidimus dominum:
THOMAS incligmium dicit eis:
Nisi videro in manibus eius fixuram
clauorum
et mittam manuum
meam in latus eius, non credam.
Tunc uenias IHESUS ad discipulos,
ianduios incredulibus rennisiuatis condi-
dis, et dicat eis Iesum:
Pax uobis: ego sum, alleluia! no-
lite timere, alleluia!
Deinde dicat ad Thomam:
Thomas, mitte manum tuam et
cognosce loca clauorum, alleluia!
et noli esse incredulus, sed fidelis.
Alleluia!
Tunc ostendat ei et THOMAS credat
ad pedes eius et dicat tribus uicibus:
Dominus meus et deus meus.
Alleluia!
DOMINUS respondit:
Quia uidisti me, Thomas, credidisti:
beati, qui non uiderunt et crediderunt. Alleluia!
Et THOMAS, uersa facie contra populum, dicat alta uoce:
Nisi digitum meum in fixuram
clauorum et manum meam in latus
eius, et dixi Dominus meus et deus
meus. Alleluia!

Diese Übersicht zeigt uns, dass die darstellung des Johannes, obschon hauptsächlich dialogisch
verfasst, dennoch mehrere lücken enthielt, welche einer anderweiten ergänzung bedurften. Die rede Iesu
bei seinem erstmaligen erscheinen liess sich allerdings bequem und mit der erzählung jenes übereinstimmend aus dem evangelium des Lukas ersetzen, bei der erwiederung der jünger, dem auftreten des Thomas
und dessen schliessender rede zum volke dagegen musste der dichter mit seiner eigenen erfindungsgabe
eintreten. Und wie im ersten falle der blosse ausruf Ecce, deus noster und das responsorium aus der
ostermesse Surrexit dominus de sepulchro etc. c 249—251, welches wir schon in den ältesten und einfachsten osterfeiern zur verwendung kommen sahen, der geeignetste ausdruck freudigen erkennens war, so
konnte im letzten die tiefinnerste und begeisterte überzeugung des Thomas, den aus dem grabe auferstandenen herrn wirklich und wahrhaftig gesehen zu haben, nicht anschaulicher, eindringlicher und ergreifender

hebliche zusätze und minderungen eines wegen seinem dramatischen gehaltes für den niedergang der handlung (die katabasis) vortrefflich ausgewählten aktes, sein kunstwerk zu einem gleicherweise spannenden und rührenden, erschütternden und erhebenden und endlich die herzen seiner zuschauer erlösenden und begeisternden abschlusse führte.

Denn mit diesem vierten akte ist das eigentliche schauspiel zu ende. Der fünfte akt, die sequenz *Victimae paschali* mit dem *Te deum*, der zwar zu scharf gegen den vorigen sich abgränzt, um mit diesem als eine bloße szene verbunden zu werden, ohne jedoch den vollen wert einer abteilung der eigentlichen dramatischen handlung zu besitzen, hat unzweifelhaft in folge der tradition aus der vorlage des dichters aufnahme gefunden. Und wenn auch die symbolische hinweisung auf das leere grab und die engel, die vorzeigung der schweißtücher und des kreuzes als die mittelbaren zeugen der auferstehung nach den mehrmaligen auftreten Jesu als verspätet und überflüssig gelten müssen, so ist doch anzuerkennen, daß den dichter ein richtiges gefühl leitete, wenn er seine zuschauer nach den aufregenden szenen des vorigen aktes nicht von sich entließ, sondern ihnen eine gelegenheit gab, von den wunderbaren und gewaltigen ereignissen, die sie geschaut und in andachtsvoller, tiefinnerlicher erschütterung und begeisterung selbst nun erlebt hatten, auszuruhen und die wogenden empfindungen unter den mächtigen klängen dieser siegesgesänge mählig sich beschwichtigen und anklingen zu lassen.

H. ERGEBNISSE.

Am schlusse unserer umfangreichen und detaillierten untersuchung sei es gestattet, den verlauf derselben kurz zu rekapitulieren und ihre ergebnisse etwas übersichtlicher zusammenzurufasen. Dabei mögen auch die fragen stärker herausgehoben und der aufmerksamkeit der für diesen zweig unserer literatur sich interessierenden besonders empfohlen werden, welche zum teil aus mangel einer genügenden anzahl oder doch der für ihre entscheidung notwendigen karakteristischen formen der lateinisch-dramatischen osterfeier hier noch nicht ausreichend beantwortet werden konnten, zum teil erst durch die auffindung historischer zeugnisse ihre lösung erwarten, die sich dem gerade danach suchenden meist hartnäckig verbergen, um gar oft an entlegenen orten unvermutet sich zu ergeben.

Ausgehend von der voraussetzung, daß die von den urhebern jener drei für die entstehung der lateinisch-dramatischen osterfeier ausgebenden urelemente in folge der verhältnismäßig geringen zahl auf des teilweise außerordentlich hohen alters unserer denkmäler entweder selbst als ein integrierender bestandteil der letzteren erhalten, oder doch die gründe erkennbar sein müssen, welche die spätere ausscheidung derselben begreiflich machten, schien eine sorgfältige vergleichung sämmtlicher stücke am ehesten und sichersten zur bestätigung einer jener ansichten, oder zur entdeckung einer anderen besser begründeten entstehungsweise zu führen. Diese vergleichung ergab, daß in der tat vier sätze gemeingut aller szenarien sind, die zusammen einen kurzen dialog, eine dramatische szene ausmachen und bei den älteren und einfacheren stücken das ganze drama repräsentieren. Sie beruhen auf dem evangelium des ersten ostertages Markus 16, 1—7 mit benutzung von ev. Matthäus 28, 6, und zeigen eine vom evangelischen texte so erheblich abweichende, unter einander jedoch in allem wesentlichen so übereinstimmende fassung, daß sie nur als verschiedene lesarten einer ursprünglich von einem verfasser herrührenden komposition betrachtet werden können. Diese feier, zu der sich als koraler schlußgesang noch das *Te deum* gesellte, war schon im 11. jahrhundert in Deutschland und Frankreich, im 12. auch in Holland verbreitet. Daß sie wirklich auch einem dramatischen zwecke diente, beweisen die auf die agierenden personen, ihre kostüme, die bühne und die aktion bezüglichen spielanweisungen, weshalb wir sie mit sicherheit als die älteste form des osterschauspiels beanschaen durften. — Eine kleine vervollständigung erhielt diese name wahrscheinlich sehr bald nach ihrer ersten abfassung durch hinzufügung des satzes *Quis revolvet nobis lapidem* ab *ostio monumenti* aus ev. Markus 16, 3, der von ihrem urheber kaum übersehen, sondern auffallender weise absichtlich übergangen worden war. Wir besitzen sechs denkmäler, welche die osterfeier, ganz geringfügige selbständige änderungen und zusätze abgerechnet, in dieser form überliefern, nämlich A|BCE|S noch ohne das *Quis revolvet* etc., das deutsche D mit demselben, und die s. 36—39 (vgl. s. 66) als erste gruppe zum abdruck gebracht worden sind.

Dieselbe zuerst angestellte vergleichung brachte zugleich auch schon einen bedeutenden entwickelungsfortschritt zum vorschein; denn jene fünf sätze des primitiven dramas wissen in einer ziemlichen anzahl von stücken nicht mehr die älteste fassung, sondern eine stilistische überarbeitung derselben auf, die ihnen fülle und rundung und einen erhabenern oratorischen schwung geben sollte. Zunächst diesem, dass aber auch die alsbald sich erhebende gleichartige weitere entfaltung gestaltete, die dramen FGHIKLMN in einer zweiten gruppe zusammen zu fassen. Diese ausdehnung vollzog sich in mehreren stufen und die nächste veranlassung dazu war eine lücke in der komposition des dramas, das mit der antwort des engels *Ite, nuntiate quia surrexit* schloss und die frauen schweigend von der grabstätte zurückkehren liess, so dass der an der dramatischen handlung unbeteiligte kor das festliche *Te deum* anstimmen musste, obschon er die verkündigung des engels eigentlich noch nicht kannte. Diesem doppelten, störenden unebenheit, die sich bei den aufführungen frühzeitig fühlbar gemacht haben wird, hatte man schon im 11. jahrhundert dadurch abzuhelfen gesucht, dass man die frauen auf ihrem rückwege ein osterresponsorium (*Surrexit dominus de sepulchro* etc.) singen und damit die früher bei ihrem abtritt entstehende pause ausfüllen und dem kore, d. h. den jüngern, die auferstehung Jesu mitteilen liess. Allein dieses so wenig, als die antifone *Dicant nunc Iudaei* etc. (FGMN) hatte sich eines allgemeinen beifalls zu erfreuen und man entschloss sich daher schon im 12. jahrhundert einen eigenen, auf ev. Johannes 20, 1 gestützten und in seiner stilisierung mit der zweiten recension übereinstimmenden satz, das *Ad monumentum* etc., zu verfassen, dem sogleich auch die weiteste verbreitung zu teil wurde (G). Diesem folgte kurz darauf als zweiter das *Cernitis, o socii* etc., mit welchem die frauen die verzeigung der vom grabe mitgebrachten schweisstücher begleiteten und ihre bedeutung erklärten (H), und da ihre botschaft, das *Ad monumentum* etc., zunächst für die jünger bestimmt war und nach Johannes 20, 4—8 nicht sie, sondern die apostel Petrus und Johannes die binden im grabe auffanden, so erforderte nunmehr die treue der dramatischen darstellung das wirkliche auftreten dieser und die inszenierung des wettlaufes, welche sehr einfach vermittelst des korgesanges *Currebant duo simul* etc. bewerkstelligt wurde (JKLMN).

Einen von diesen verschiedenen weg der entwickelung betraten die beiden französischen dramen OP. Sie bewahrten die älteste name in ursprünglicherer fassung und form, wodurch sie für die erneuerung derselben eine besondere wichtigkeit erhielten, vgl. oben s. 60 f. Was aber in der vorigen gruppe durch den wettlauf der apostel bewirkt werden sollte, suchten sie in allerdings einfacherer aber auch weniger dramatischer weise durch den dialogischen vortrag der sequenz *Victimae paschali* von Maria Magdalena und zwei den Johannes und Petrus darstellenden geistlichen zu erreichen. O verwante die ganze sequenz, P nur die zweite dialogisch gehaltene hälfte und es konnte aus mehreren gründen wahrscheinlich gemacht werden, dass zuerst diese allein und dann erst auch die erstere zur aufnahme gelangte.

Die stücke der vierten gruppe schienen bei der betrachtung die eigentümlichen entwickelungsprodukte der zweiten und dritten zum grösseren teile verschmolzen zu haben, und ausserdem noch durch die aufnahme der erscheinungsscene zwischen Jesu und M. Magdalena in der allgemeinen entfaltung um einen schritt weiter geführt worden zu sein. Unsere untersuchung lehrte indessen das gerade gegenteil

vertretene standpunkt, sie aus altkirchlichem, auf dem osterevangelium des Marcus beruhenden ritus hervorgehen zu lassen, kommt wenigstens im allgemeinen der wahrheit am nächsten. Allein, wenn schon die ansichten Mone's und Schönbach's dazu angetan waren, die anschauungen über den ursprung und die entwickelung dieser dramen zu verwirren und auf abwege zu leiten, so blieb doch auch die von Wilken wiederum betonte gegenteilige behauptung für die aufklärung des tatsächlichen verhältnisses ohne reale bedeutung, wenn nicht zugleich auch die beweise für ihre richtigkeit beigebracht werden. Von diesen aber findet sich doch bei ihm keine spur, und dass er von den primitivsten formen der lateinischen osterfeier und ihrer schrittweisen entfaltung in mehreren gruppen so wenig als irgend ein anderer eine entfernte ahnung gehabt habe, zeigt seine bloss über den inhalt von fünf deutschen stücken referierende darstellung, die Z und a, welche mit unseren dramen wahrscheinlich gar nichts zu schaffen haben, als zwei eine besondere staffel in ihrer entwickelungsgeschichte ausmachende denkmäler behandelt und von den französischen stücken vollständig absehen zu dürfen glaubt.

Die aufführungszeit und nächste veranlassung der dramatischen osterfeier war, wie wir oben s. 5 und 22 sahen, von Gustav Freytag, Griesbaber, Alt, Hase und Wilken mit der feierlichen aufhebung eines kruzifixes am ostermorgen, welchen man, zur symbolisierung der bestattung des leichnams Jesu, am karfreitag zu grabe getragen, dadurch in verbindung gesetzt worden, dass man dem volks, anstatt es, wie ein wormser synodalbeschluss v. j. 1316 befahl[1], wegen seines abergläubischen zudranges von dieser ceremonie völlig auszuschliessen, das unverstandene und daher abergläubischen missdeutungen ausgesetzte symbolische ritual durch hinzufügung einer dramatisierung des osterevangeliums zu veranschaulichen und zu erklären versucht habe. Dem entgegen ist die einschaltung des dramas in die matutin (oder die messe) des ersten ostertages sowohl aus dem reste des rituals dieses frühgottesdienstes, welche in mehreren handschriften mit den dramen verbunden sich vorfanden (vgl. KLNS), als aus der wiederholten und bestimmten anweisung, dass die dramatische darstellung nach dem dritten responsorium (der matutin nämlich, vgl. HW) anfange, wie endlich aus dem sämmtliche stücke beschliessenden Te deum erwiesen worden, insofern dieses nach der kirchlichen auffassung des mittelalters in der stunde gesungen wurde, in welcher einst Kristus aus dem grabe erstand, die daher auch mit recht als die geeignetste zeit für die dramatische darstellung dieses ereignisses betrachtet wurde.

---

1. Quum a matria autecessoribus ad eos eosque pervenerit, ut in sacra nocte dominicas resurrectionis ad restollendam crucifixi imaginem de sepulcro, ubi in paraceves hausta fuerat, tumis virorum et mulierum concursitus, certatim sese compristando, exclusius simul cum canomicis et vicariis intraire nitantur, optimates errorem, quod si videssut crucifixi imaginem mutelli, eruderent hoc ausu imperitiales morris harum. His itaque obviantus statuimus, ut resurrectionis mysterium solis ingressum plebis in ecclesiam peregatur. Synod. Diocces Wormat. ad annum 1316. Vgl. Alt, Teater und kirche, s. 345.

ANHANG.

Diese tatsache, dass nämlich die entstehung der lateinischen dramatischen osterfeier auf die hier der kreuzesenthebung und die dabei vorkommenden missbräuche weder zurückgeführt, noch mit ihr in irgend einen unmittelbaren zusammenhang gebracht werden darf, empfängt durch die in diesem anhange abgedruckten rituale noch eine nachträgliche und mit unserer früheren beweisführung vollkommen übereinstimmende bestätigung. Ich habe die auch wegen ihrer bedeutung für die deutsch-lateinischen oster- und passionsspiele, bei welchen wir auf dieselben noch öfter werden zurückkommen müssen, wichtigen rituale für die sepultura domini am karfreitag und die elevatio crucifixi in der osternacht namentlich, um die bisher so dunkeln und verworrenen anschauungen über das gegenseitige verhältniss zwischen kirche und drama endgültig klar zu stellen, schon hier abdrucken lassen, woraus man nunmehr ersieht, dass die kirchlichen feiern der elevatio crucis und resurrectio zwei der sache und der zeit nach ganz verschiedene gebräuche sind, von denen der erste den eigentlichen akt der auferstehung zum gegenstande hatte, aber noch in der osternacht und nur in gegenwart eines teiles oder sämmtlicher geistlichen des klosters, aber unter ausschluss der gemeinde begangen wurde, während man den letzteren, die matutin, den frühgottesdienst am ersten ostertage, als die offizielle feier der auferstehung im beisein des volkes feierte, indem man die auferstehung selbst als schon stattgefunden voraus setzte. Schon daraus ergibt sich, dass unsere dramatischen osterfeiern mit der elevatio crucis gar nicht in verbindung gesetzt werden konnten, dass auch sie nicht die auferstehung als solche, sondern die nächsten ereignisse nach derselben zur darstellung zu bringen. Dem entsprechend tritt das drama in den folgenden ritualen stets als eine einschaltung in der matutin des ersten ostertages auf und zwar, wie schon Durandus angab (vgl. ob. s. fol. 91) nach dem dritten responsorium und vor dem Te deum laudamus, dessen gewaltigen hörn, wie vorher den gottesdienst der matutin, so nun das drama in feierlichster und erhabendster weise abschlossen.

Nummern I, III, IV dieses anhangs sind von mir erst aufgefunden worden, als der grössere teil dieser abhandlung schon gedruckt war, so dass sie in den tabellarischen abdruck der stücke der ersten und zweiten gruppe, deren entwickelungsformen sie darbieten, nicht mehr aufgenommen werden konnten. Ebenso erhielt ich no II, für welchen ich der überaus entgegenkommenden gefälligkeit der herren professor Heinzel und dr Sauer in Wien zu dank verpflichtet bin, in dieser hinsicht zu spät, weil ich mich leider nicht früh genug entschloss, auf die güte dieser herren zu rekurrieren. No V stimmt im text mit II, dem mysterium aus Rouen überein und ist hier nur wegen seiner von diesem abweichenden spielanweisungen wiederholt worden, nachdem es bei dem abdruck der stücke der vierten aus typografischen rücksichten hatte ausgeschlossen werden müssen. Ueber seine geschichtliche stellung ist dagegen oben s. 65 ff. gebührend gehandelt worden.

L.

[ORDO WIRCEBURGENNIS I, c. a. 1400.]

1. SEXTA FERIA IN PARASCECE ORDO OFFICII.

Post sermen paream linthoum poneter super altare. Deinde SACERDOS, indutus casula rossides et casula nigra, accedens altare, non dicit Confiteor, sed tamen osculatur altare et legitur tertio sine titulo:

1 In tribulatione.

Tractus:

2 Domine audivi.

3 Ore(fol. LXb)mus.

4 Flectamus genua.

Oratio:

5 Deus a quo et Iudas.

Altera lectio sine titulo.

6 Dixit dominus ad Moysen.

Tractus:

7 Eripe me.

Quo finito, legitur Passio secundum Iohannem absque titulo:

8 Egressus Ihesus.

Finita passione, PRESBYTER sine (finitione confitenes) recitat alta voce super altare:

9 Oremus dilectissimi.

SACERDOS, portando crucem casula velatam, dicit versum et in fine aliquantulum promendit:

10 Popule meus, quid feci tibi aut in quo contristavi te? responde mihi, quia eduxi te de terra Egypti, parasti crucem salvatori tuo?

DUO PUERI respondent:

11 Agios o theos. Agios ischyros. Agios athanatos eleyson ymas.

CHORUS:

12 Sanctus deus. Sanctus fortis. Sanctus immortalis miserere nobis.

Et, quotienscumque hoc versus Sanctus repetitur, ad genua veniam petunt. Versus, in cuius fine progreditur psalatim

[SACERDOS:]

13 Quia eduxi te per desertum quadraginta annos et manna cibavi te (fol. LXIa)baui te, et introduxi te in terram satis optimam, parasti crucem salvatori tuo?

Respondent PUERI:

14 Agios.

Et CHORI'n:

15 Sanctus.

BAICLI CRUCIS cantans tertium versum:

16 Quid ultra debui facere tibi et non feci ego quidem: plantaui te vineam meam speciosissimam et tu facta es mihi nimis amara: aceto namque sitim meam potasti, et lancea perforasti latus salvatori tuo.

[DUO PUERI:]

17 Agios.

[CHORUS:]

18 Sanctus.

CRUCIS BAIULI, cantato tertio versu, ceu progredinatur, sed quando tertia vice a choro cantatur cenetur et immortalis, tunc tres tenent ad gradum veniant. Et, finito tertia vice Sanctus, velamen a ministerio sursum usque supra pedes crucifixi tenetur, et crucem ostendentur Antiphonam:

19 Ecce lignum crucis, in quo salus mundi pependit: venite, adoremus.

Versus.

20 Deus misereatur nostri et benedicat nobis: illuminet vultum suum super nos et misereatur nostri.

Altius leuant velamen, ostendentur faciem et caput (fol. LXIb) crucifixi, repetendi antiphonam:

21 Ecce lignum.

Versus:

22 Beati immaculati in via, qui ambulant in lege domini.

His relaxatum a ministerio tollitur et totus crucifixus ostenditur. Antiphonam:

23 Ecce lig(num.)

Et subsequenti antiphona et versu Crux fidelis PRESSYTER, se inclinando ad crucifixum, dicit infrascriptas tres orationes. Antiphonam:

24 Dum fabricator mundi mortis supplicium pateretur in cruce, clamans voce magna tradidit spiritum, et ecce velum templi divisum est, monumenta aperta sunt, terre motus enim factus est magnus, quia mortem filij dei clamabat mundus se sustinere non posse: aperto ergo lancea militis latere crucifixi domini, exiuit sanguis et aqua in redemptionem salutis nostre.

Versus:

25 O admirabile precium, cuius pondere captivitas redempta est mundi, tartarea confracta sunt claustra inferni, aperta est nobis ianua regni.

Versus Fortunati:

26 Crux fidelis inter omnes arbor vna nobi(fol. LXIIa)lis etc.

In prima genuflectione:

27 Domine Iesu Christe, deus verus de deo vero, qui pro redemptione generis humani, serpentina suasione decepti, mosaicus erroribus implicatam (Damiasco et crucis (fol. LXIIa) patibulum subire voluisti, ut et lignam ligno viscera, et peccati hereditariam mortem morte potentissima superares: exaudi me miseram

prostratum ante oculos benignissime maiestatis tue,
et adorantem te, et benedicentem nomen sanctum
tuum atque terribile, et concede mihi, te puro corde
amare, te laudare et predicare et per vexillum huius
sancte crucis, quam hodie in nomine tuo adoraturus
adueni, mentem meam corpusque sanctifica, uesto
fidei tue me circumcinge, galeam salutis mihi im-
pone, gladio spiritali accinge, vt contra hostem ne-
quissimum pugnaturus et tue muniar miserationis
auxilio et salutifere crucis vexillo, cunctique tuo
sancto nomine insigniti ab hostis perfidi sint incursione securi. Per te, Iesu Christe, saluator mundi,
qui viuis et regnas in secula seculorum. Amen.

In secunda genuflexione oratio:
28 [fol. LXIIIb] DEus, qui Moysi, famulo tuo, in via
squalentis heremi serpentem eneum in medio populi
multitudine ad liberandas letali viro infectas animas
exaltari iussisti, vt, si quis mortifero vulnere inflictus,
ad eum respexerit, et venenum exitiale euaderet, et
optate salutis vitam adipisceretur, significasti teipsum
futura longe post curricula pro tui plasmatis salute
crucis extollendum patibulo, vt, quos diabolus armis in-
sidiis captium morsu, tua desiderabilis passio ad patriam
reuocaret, concede tamen mihi misero peccatori, quam
omnibus tuo cruore mercatis, qui hodie sanctam passionem tuam supplicire veneramur, lignum quoque
vite adoraui. vt dyabolicas insidias, te adiuuante.
vincamus, et eterne vite participes esse mereamur.
Qui cum deo patre.

In tertia genuflexione oratio:
29 [fol. LXIIIIa] DOmine Ihesu Christe, qui ore per
crucis passionem hodierna die de diabolica seruitute
liberasti, vt, quo die hominem condideras, eodem et
reformares, exaudi me miserum peccatorem coram
hoc signaculo crucis confitentem et deprecantem, vt
huius venerabilis et vitalis ligni tuitione munitus,
et hostis nequissimi ferrea tela repellere, et ab in-
flictis enacuari valueribus, et ad vitam eternam valeam
peruenire. Per te, Iesu Christe, saluator mundi.
Qui cum deo patre et spiritu sancto viuis et regnas
deus, per omnia secula.

Tunc, resumpto misisterale, PRESBYTER intret sacrarium,
ubi positum fuit corpus domini, quod pridie remansit. Cande-
labrum, illud deferat super altare et talia properante more
solito. Deinde dicat:
80 Confiteor.

qui facie, corpus domini et calicem solito more super,
summoque adhibito et istis digitis vendicari ven (?).
LXIIIIb[ma]:
31 Oremus. Preceptis salutaribus etc. [moniti et
eius institutione formati, audemus dicere]
32 Pater noster.
per totum et:
33 Libera nos quesumus, domine
usque Per omnia secula. Et corpus domini diuidat, et a
inde toto mundauri cum casta feriali dicat:
34 Per omnia secula seculorum.
Responsorium:
Amen.
Nunat SACERDOS sciliam partiunium et, per quas
partes calicis cruce facta, pouat calicem nihil dicens, ita e
cruce uult dicens. In nomine patris et filii et spiritus
Non dicitur Pax domini, quia non datur hodie osculum pa
Et communicat ipse et alii, qui voluerint, cum silentis !
caudatur corpus domini in sepulchro cum Responsorio [Ver
35 Sicut ouis ad occisionem ductus est et, dum ma
tractaretur, non aperuit os suum,
[Responsorium:]
Traditus est ad mortem, vt viuificaret populum suu
Versus:
36 In pace factus est locus eius, et in Syon ha
tatio eius.
Responsorium:]
Traditus est ad mortem etc.]
Antiphona:
37 In pace in idipsum dormiam et requiescam.
Antiphona:
38 Caro mea requiescet in spe.
Sacerdote incensato fine, cantfol. LXVa]atur hic comple
39 Sepulto domino, signatum est monumentum. P
nentes milites, qui custodirent illud,
Statim leguntur vespere in eodem loco, scilicet psalm
40 Confitebor [tibi, domine, in toto corde m
quoniam audisti verba oris mei etc.]
cum quatuor sequentibus, dno Gloria patri. Sequn
41 Magnificat.
42 Pater noster.
Psalmus:
43 Miserere [mei, deus, secundum magnam mise
cordiam tuam etc.]
Versus:
44 In pace factus est locus eius.
[Responsorium:]
Et in Syon habitatio eius.

2. ORDO VISITATIONIS SEPULCRI IN DIE PASCE.

Summo mane, antequam pulsetur ad matutinas, sacerdotal
clerus et, QUI VOLUERINT INTRARE SEPULCRUM, induant
rumus sana et veniant ante principale altare vel prope sepul-

chrum et legant septem psalmos penitentiales[fol. LXV a
Quibus finitis, dicunt:
1 Kirieleyson. Christeleyson. Kyrieleyson.

2 Pater noster.

Preces: [Versus:]

3 Exurge, domine, adiuva nos,

[Responsorium:]

Et redime nos propter nomen tuum.

[Versus:]

4 Exurge, gloria mea,

[Responsorium:]

Exurge, psalterium et cythara.

[Versus:]

5 Exurgam diluculo,

[Responsorium:]

Confitebor in populis, domine.

[Versus:]

6 Domine, exaudi orationem meam,]

[Responsorium:]

Et clamor meus ad te veniat.]

[Versus:]

7 Dominus vo[biscum,]

[Responsorium:]

Et cum [spiritu tuo.]

8 Oremus.

Oratio:

9 Exaudi, quaesumus, domine, supplicum preces et confitentium tibi; parce peccatis, ut pariter indulgentiam tribuas benignus et pacem. Per Christum.

Deinde dicunt:

10 Confiteor deo patri.

Facta confessione, vadant ad sepulcrum dicendo psalmum:

11 Domine, quid multiplicati sunt, qui tribulant me? etc.]

Sequatur antiphona, quam cantent sub silentio:

12 Ego dormivi et somnum cepi et exurrexi, quem dominus suscepit me. Alleluia, alleluia!

Et tollentes inde corpus domini, redeant in chorum, cantando submissa voce antiphonam:

13 Cum rex gloria,

Dimissa fialdem sepultio, statim cum redierint in chorum, ortumus sacramentis, sicut [fol. LXXVIa] fit in missa. Deinde

canticatur matutina. Lecta tertia lectione, duo vadant ad sepulcrum, induti cappis albis, expectantes chorum iuxta consuetudinem. Et CELICOLE in sepulcro interrogant per versum:

14 Quem quaeritis in sepulcro, o christicole!

Respondent:

15 Iesum Nazarenum crucifixum, o colicole!

CELICOLE versus:

16 Non est hic, surrexit sicut praedixerat;

17 Ite, nuntiate quia surrexit de sepulcro.

CELICOLE, tamen intus volventes sepulcro superponitam, dant cis sudarium cantando antiphonam:

18 Venite et videte locum, ubi positus erat dominus. Alleluia, alleluia!

Accepto sudario, redeant in chorum. Et cantent voce sonore antiphonam:

19 Dicant nunc Iudei Quomodo milites custodientes sepulcrum perdiderunt regem ad lapidis positionem? Quare non servabant petram iusticie? Aut sepultum reddant, aut resurgentem adorent nobiscum dicentes: alleluia, alleluia!

Venientibus ad chorum, vatibus vero ad chorum ante missam [fol. LXXVIb]am altare, expanso sudario cantent CHRISTICOLE antiphonam:

20 Surrexit dominus de sepulcro
qui pro nobis pependit in ligno.

Alleluia!

CHORUS, antiphonam:

21 Surrexit Christus et illuxit populo suo, quem redemit sanguine suo. Alleluia!

CHRISTICOLE cantent antiphonam:

22 Surrexit enim sicut dixit dominus et praecedet vos in Galileam, alleluia!
ibi eum videbitis. Alleluia, alleluia, alleluia!

Deinde prorumpunt:

23 Te deum laudamus.

Hac praescripta visitatio sepulcri observatur servandum consuetudinem ecclesiae sepultio.

Anhang I, 1, 1—8 vgl. Missale verdense.... Commata Opsletis in urbe Magdeburch Arte et ingenio Mauricij Brandis Anno incarnacionis virginis marie post partu vitra | Millesimo Quarto ornatius nonogesimotercio Die vero tune sinodi paschuo. 8°, fol. 70b—76a. 1, 1, I Cmn 6, 1—6. I, 1, 6 Exod. 15, 1—11. I, 1, 7 psalm 120, 1—14. I, 1, 8 ev. Johannes 18. I, 1, 22 psalm 116. I, 1, 24 vgl. ev. Matth. 27, 50, 51 and ev. Joh. 19, 34. I, 1, 31 vgl. cnh. III, 1, 0. I, 1, 35 vgl. cnh. III, 1, 10. I, 1, 35 nach Esaias 63, 0, 7. I, 1, 36 nach psalm 75, 8. I, 1, 39 nach ev. Matth. 27, 56. I, 1, 40 psalm 127, 1 ff. I, 1, 45 psalm 50, 5 ff. I, 1, 46 vgl. anhang 1, 1, 36. Anhang 1, 8 psalm 48, 20. I, 8, 4 psalm 107, 3. I, 8, 6 psalm 107, 3, 4. I, 8, 6 psalm 101, 9. I, 8, 11 psalm 6, 8 ff. I, 8, 13 psalm 6, 6. I, 8, 15 vgl. cnh. III, 8, 0.

Die beiden vorstehenden rituale sind der Agenda: sive Exequiale sacramentorum[1]. Et eorum que ecclesijs parrochialibus aguntur. entnommen, deren druckort und jahr ich leider nicht angeben kann, weil

[1]. Die bekannte figurae des rom in sacramentorum und eorum, welche das original darbietet, habe ich, weil in der druckerei die entsprechenden typen fehlen, meistens weisen. Im übrigen werde ich jedoch die buchtitel, um die identifizierung zu erleichtern, so genau als möglich wiederzugeben versuchen.

das letzte blatt, auf welchem sich die schlussschrift des druckers ohne zweifel befand, in dem mir vorliegenden wolfenbütteler exemplar fehlt. Ihre übereinstimmung mit den im anh. VI, 1. 2 abgedruckten würzburger ritualen gibt der vermutung raum, dass dieser druck aus Würzburg stammt und für die würzburger diözese bestimmt war, weshalb ich sie unter hinzufügung eines ? und eckiger klammern als Ordo Wirzeburgensis bezeichnet habe. Diese agenda ist jedenfalls noch im 15. jahrhundert gedruckt worden. Das erste stück gibt das rituale des gottesdienstes, wie er in der kirche, für welche diese agenda bestimmt war, in der sechsten feria des karfreitages gehalten zu werden pflegte und besteht aus der adoratio crucis und der symbolischen bestattung, hier nicht des kruzifixes, sondern des kelches mit einer hostie (vgl. anhang I, 1, 35—39), an welche die vesper sich unmittelbar anschliesst. Das zweite zerfällt ebenfalls in zwei teile, die elevatio crucis, d. h. hier calicis, und die matutin des ostermorgens, welche die visitatio sepulchri im engeren sinne, d. i. die dramatische osterfeier, nach der dritten lektion aufnimmt. Die aufführungszeit der ersteren pflegt sonst nicht wie hier (vgl. anhang I, 2, 1) bloss allgemein als ‚summo mane antequam pulsetur ad matutinum‘, sondern ‚in nocte sancta pasce‘, die matutin mit der visitatio dagegen ‚in sancto resurrectionis die‘: bezeichnet zu werden, so dass also die elevatio crucis und die visitatio sepulchri, welche zumal im vorliegenden drucke durch die zusammung des als bekannt vorausgesetzten stehenden rituales der eigentlichen matutin in eins zusammengezogen erscheinen, auch zeitlich als zwei durchaus getrennte und verschiedene gottesdienstliche handlungen angesehen wurden.

Die dramatische osterfeier, welche also, wie wir das früher bei HWY schon beobachtet haben, mit der dritten lektion ihren anfang nimmt, gibt der hauptmasche nach die älteste form des dramas in ihrer ursprünglichen fassung, d. h. in der ersten rezension und noch ohne das Quis revelavit etc., wieder und ist mithin ein neues beweisstück für die richtigkeit der im ersten abschnitt des dritten kapitels (vgl. oben s. 26 ff.) unternommenen untersuchung und ihrem ergebnisse. Sie hat jedoch diese form durch eine reihe späterer zusätze erweitert, von welchen das Venite et videte etc. offenbar aus demselben oben s. 40 erörterten grunde aufnahme gefunden, wie E6. Das Dicant nunc Iudei etc. anhang I, 2, 19 stellt diese feier zu FGMN in nähere beziehung, während anh. I, 2, 20 Surrexit dominus de sepulchro etc., ein als in der ostermesse bekanntes responsorium. schon D6, E7 und in etwas anderer form C7 und demnach überall sich findet, jedoch für eine besondere verwandtschaft mit diesen stücken so wenig etwas bedeutet, als in anderen, anh. I, 2, 22 mit LMNB oder mit Wien II (vgl. L15, M10, N19, R27 und anhang II. 10). Sie haben wahrscheinlich ebenso unabhängig von der beeinflussung fremder osterfeiern eingang gefunden als das responsorium Surrexit dominus et illuxit etc. anh. I, 2, 21, welches hier zum ersten male in den dramen erscheint. In der gesamtreihe der entwickelungsformen würde diese würzburger zwischen E und F ihre stelle erhalten müssen.

Die schlussbemerkung ‚Hec prescripta visitatio sepulcri‘ etc. beweist, dass diese feier in die kirche der diözese, für welche diese agenda bestimmt war, nicht etwa als ein neuer gebrauch eingeführt wurde, sondern ein altes, lange geübtes gewohnheitsrecht schon besass.

II.
WIEN II, XV. JRDT.

Responsorium [Versus:]	Versus:
1 Dum transisset sabbatum, Maria Magdalena et Maria Jacobi et Salome emerunt aromata,	2 Et valde mane una sabbatorum ueniunt ad monumentum, orto jam sole.
Responsorium:	[Responsorium:]
ut uenientes ungerent Ihesum.	ut uen[ientes ungerent Ihesum.]

(Versus:)
3 Dum transisset [sabbatum, Maria Magdalena et
Maria Iacobi et Salome emerunt aromata,
Responsorium:
et venientes ungerent Ihesum.
Versus:
4 Et valde mane una sabbatorum veniunt ad monumentum, orto iam sole,
Responsorium:
ut venientes ungerent Ihesum.]
Exacto responsorio cum Gloria patri, iterum repetitur.
(Versus:
5 Dum transisset sabbatum, Maria Magdalena et
Maria Iacobi et Salome emerunt aromata,
Responsorium:
ut venientes ungerent Ihesum.
Versus:
6 Et valde mane una sabbatorum veniant ad monumentum orto iam sole,
Responsorium:
ut venientes ungerent Ihesum.
Versus:
7 Gloria patri [et filio et spiritui sancto,
Responsorium:
sicut erat in principio et nunc et semper et in secula seculorum. Amen.]
Sicque, ut mos habet, sepulchrum visitatur. Ibique clero
in duas partes diviso, ut fieri solet in choro, imponat CANTOR
antiphonam(?:)
8 Maria Magdalena [et alia Maria ferebant diluculo
aromata, dominum quaerentes in monumento.]
Tum DUO vel TRES PRESBYTERI, ad hoc officium dispositi, portantes thuribula et incensum et incensato ad sepulchrum ad invicem cantent:
9 Quis revolvet nobis lapidem ab ostio monumenti?

Et DIACONUS, vollem pal veste amictus et textis angulorum
residens, in parvum angeli respondeat:
10 Quem queritis, o tremule mulieres, in hoc
tumulo gementes?
Item PRESBYTERI in parvum mulierum aromata ferentium respondeant:
11 Ihesum Nazarenum crucifixum querimus.
ANGELUS respondit:
12 Non est hic, quem queritis;
13 sed cito euntes nunciate discipulis eius et
Petro, quia surrexit Ihesus.
Et, abscedente angelo, PRESBYTERI ad populum se vertentes cantent: '
14 Ad monumentum venimus gementes, angelum domini sedentem uidimus et dicentem
quia surrexit Ihesus.
Et illis absentibus, imponitur antiphonam:
15 Currebant duo simul et ille alius discipulus precucurrit cicius Petro et uenit prior
ad monumentum. Aevia!
Interim, dum cantur hec antiphona, DUO PRESBYTERI,
sub persona IOHANNIS et PETRI ad sepulchrum venientes,
tollunt sudarium et ad clerum populumque uersi protendant
sic decantantes:
16 Cernitis, o socii! ecce lintheamina et sudarium, et corpus Ihesu non est in sepulchro
inuentum.
Tum CLERUS verninit omnis antiphonam(?:)
17 Surrexit enim sicut dixit dominus et precedet [vos]
in Galyleam. Aevia!
Hec autem finita, imponitur ymnus:
18 Te deum laudamus.
Ac deinde, preclare clero, exordeat POPULUS:
19 Christ ist irstanden,
clero in chorum redeunte. Mox autem Laudes teil quos
ordine peragemus.

Für eine sorgfältige abschrift dieses, als ein von Denis, Codd. theol. manusc. II, col. 2054 zwar
erwähntes aber bis jetzt ungedrucktes oben s. 26 schon verzeichnetem mysteriums habe ich der güte des
herrn dr Sauer in Wien herzlichen dank zu sagen. Es steht in der wiener handschrift no 1768, fol. 190 a β.
Die einleitung, wenn man so sagen darf, bilden auch hier die responsorien der matutin mit dem Gloria
patri, woraus wiederum diese als die für die aufführung festgesetzte zeit sich ergibt. In seiner besonderen
fassung stimmt es mit den stücken der zweiten gruppe IKLMN im ganzen genommen überein. Auffallend
ist nur, dass der erste satz des dramas Quis revolvet etc. anh. II, 9 gegenüber der sonst vollständig
durchgeführten zweiten recension, die ältere mit ev. Markus 16, 5 übereinstimmende form bewahrt. Man
wird darum jedoch nicht annehmen dürfen, dass dieser anfänglich gefehlt habe, weil man alsdann folgern
müsste, dass zuerst die ursprüngliche des Quis revolvet etc. noch entbehrende fassung allein in die zweite
recension übertragen, darauf die aufnahme des Quis revolvet etc. gemäss Markus 16, 3 erfolgt (welchen
stadium Wien II repräsentieren würde) und dann erst auch dieser satz seine überarbeitete form erhalten
hätte. Dieser prozess ist zwar möglich, allein durch dieses vereinzelte stück noch nicht erwiesen und in
anbetracht der allgemeinen überlieferung in GHKLN auch nicht wahrscheinlich, um so weniger, als gerade

zwischen N und dem vorliegenden stücke eine sehr enge verwantschaft besteht. Beide stimmen nämlich nicht bloss im texte, sondern auch in den spielanweisungen von anfang bis zu ende fast wörtlich überein. nur dass auch N10 die zweite rezension darbietet und N15 *Venite et videte* etc. und N20 *Dicant eas Iudei* etc. in unserem stücke fehlende erweiterungen sind, wofür wiederum diesen *Krist ist erstanden* u. s. w. am schlusse hinzugefügt hat. Beide müssen mithin auf derselben vorlage beruhen, welche entweder, wie N10, auch das *Quis revelvit* schon in zweiter rezension enthielt, da es, wenn man auch dieser vorlage das *Quis revelvit* etc. in erster rezension vindizieren wollte, schwierig sein würde, das eindringen der zweiten in N10 zu erklären, während ein zurückgreifen auf die auténtische fassung des evangelischen textes in unserem drama leichter begreiflich erscheint. Oder es bestand die ganze älteste szene in dieser vorlage noch in der ersten rezension, so dass die zweite, als sie in diesen gegenden bekannt wurde, in N vollständig, in unserem stücke dagegen nur teilweise aufgenommen wurde. Und diese auffassung möchte ich in diesem falle für die richtige halten, da auch M aus jenen gegenden herrührt, mit N (vgl. M10 und N20) ebenfalls nahe verwant ist und die älteste szene in der fassung der ersten rezension vollständig erhalten hat. Die handschrift des vorliegenden stückes stammt, zufolge für mich von herrn professor Heinzel gütigst eingezogener erkundigungen, aus Nieder- oder Oberösterreich und gelangte nach aufhebung der dortigen klöster am ende des vorigen jahrhunderts in die hofbibliothek zu Wien. Demnach sind M, das vorliegende drama und N drei in einzelnen punkten verschieden entwickelte zweige desselben stammes, dem auch L entsprossen sein wird, was besonders darum interessant ist, weil es beweist, dass dem auszuge der die erste rezension noch darbietenden und in M sich wiedersufindenden gemeinsamen vorlage in Oesterreich, die zweite auf dem fusse dahin gefolgt ist, da L wie M dem 12. jahrhundert angehören.

III.

ORDO AUGUSTENSIS I, 1487.

1. IN DIE PARASCEVES.

Quoniam expertum est, insuatsllos pro huius diei officij ordinis errum, proosedendo utilius in reium modo alio consertando, casue tamen alia casus non erolitur, quam quae negligentes miserulis vas percuppam ad officium accedunt, in rubricis et signaturis nele nove propeviiates. Ne linque talis error iterum dabitad, volumus, ut quisquis servabit, nen tamen pro his, sed ut alijs dinbus rubricas diligenter speraister. Appensibus liuque ordinum offerij in parascevs huis obsequiali propter talem errorem seria ints. In primis, postquam chorus se supaiimerit de hortionibus, ornioubus et reaatius, prout in nisiwali treditur, revelitae toaan ad locum satatatiouio [fol. XVb] et cantando respameurio:

1 **Ecce lignum crucis**

presbyter cum ministerio, nullis psallhus, eruatus primum cum tribus subscriptis orationibus ai genuflexione aderat, deinde chorus ex posten populus, CIBOSI Interim cantanto antiphenans:

2 **Dum fabricator mundi.**

Et post eam cantatur hymnus:

3 **Crux fidelis.**

usque in finem eius, que omnia habentur in missalibus.

Prima oratio:

4 O domine Ihesu Christi, adoramus te in cruce

pendentem et coronam spinnam in capite portantem deprecamur te, ut tua crux libera nos ab angelo percutiente. Amen.

Secunda oratio:

5 O domine Ihesu Christe, adoramus te in sepulchro positum, mirra et aromatibus conditum, ad inferos descendentem et inde captivos redimentem: deprecamur te, vt tua mors sit vita nostra. Amen.

Tertia oratio:

6 O domine Ihesu Christe, propter illam amaritudinem tuam, quam pro nobis sustinuisti in cruce maxime quando nobilissima anima tua egressa est de sanctissimo corpore tuo: miserere animabus nostris in egressionibus suis et perduc eas ad vitam eternam. Amen.

His completis, SACERDOS accipiat corpus Christi ad altare velut previssime pallo portione portando, dicat eius cantando:

7 Hoc corpus, quod pro nobis tradetur, hic calix novi testamenti est in meo sanguine, dicit dominus.

Hoc facite, quotiescunque sumitis, in meam commemorationem.

Deinde oblatis [fol. XVIa] digitis ponat hostiam, quare proicitteti dia, scilicet in casu domini praestructi et manadextram reverendit, ad locum aptum et cofol)parint eam folio. Deinde proporeri caliceo cum vine et aqua more solito, nihil tamen dicendo, et prena calicem in locum debitum et super eum ponat follam, paleno abstenure sabtus corporali, et dimi complecrit manibus:

8 In spiritu humilitatis et in animo contrito suscipiamur, domine, a te, ut sic fiat obsequium nostrum, ut a te suscipiatur hodie, et placeat tibi, domine deus.

Postas dicat humili descritiore vine motivos rabiola, elevatis brachijs:

9 Oremus. Preceptis salutaribus moniti et divina institutione formati audemus dicere

10 Pater noster.

Recipiendo patenam, elevatis manibus dirat:

11 Libera nos quaesumus, domine, ab omnibus malis preteritis, presentibus et futuris et intercedente beata et gloriosa semper virgine dei genitrice Maria et beatis apostolis tuis Petro et Paulo atque Andrea cum omnibus sanctis.

Osculando patenam signa te ipsum dicendo:

12 Da propicius pacem in diebus nostris, ut ope misericordie tue adiuti [fol. XVIb] et a peccato simus semper liberi et ab omni perturbatione securi.

Hic prunule ad divisionem hostie more solito, dishlende bostiam in tres partes, et dic:

13 Per eundem dominum nostrum Ihesum Christum filium tuum, qui tecum vivit et regnat in unitate spiritus sancti deus.

Hic dic alta voce:

14 Per omnia secula seculorum. Amen.

Fac tres rruces cum particula retunda in manibus super calicem nihil dicendo, sed cogitando illud Pax domini sit semper vobiscum. Nec dicas illud Pax der mamristio sta. Et sic per constantam particula consacratis sanctificatur vinum in calice, sed non consacratur. Ideo obvallantur ille crationes in quibus sed non consacratur.

Et missio de magnina separatio. Imiliantes ad altare, osilamentis manibus dicat:

15 Perceptio corporis tui, domine Ihesu Christe, quam ego indignus sumere presumo, non mihi veniat ad iudicium vel ad condemnationem, sed pro tua pietate prosit omni sancte ecclesie ad perpetuam pacem et omnibus fidelibus defunctis animabus ad requiem sempiternam et mihi misero peccatori ad tutamentum mentis et corporis. Qui vivis et regnas deus per omnia secula seculorum amen. Ave in cum sanctissima caro, in perpetuum mihi summa dulcedo.

Recipe sacramentum cum patena:

16 Panem celestem accipiam do menus domini et nomen domini invocabo. Domine, non sum dignus, ut intres sub tectum meum, [fol. XVIIa] sed salutam me fac et salvus ero, quoniam laus mea tu es.

Fat cristem cum patena et sacramento, dicens:

17 Corpus domini nostri Ihesu Christi sit mihi ad remedium sempiternum in vitam eternam, in remissionem omnium peccatorum suorum. Amen.

Hic crucs sacramentum, post hon rusus calicem, nihil dicendo, quia sanguis ibi non est, scilicet separatim, sed vinum per particula consacratis sanctaque et sanctificatum. Nec dicitur Placeat ubi sanctu trinitas, quia hodie sacrificium non offertur, sed sumitur in casu domini oblatum. Post comptionem calicis, si casant preparati ad communicandum, communicat in timore dei, et post ea promulgter sisitim ad locum, vbi habetur memoria dominicae sepulture, et fiat post responsorium:

18 Recessit pastor

digentur vespere per omnia, vt in misualibus signantur sine benediction.

Et sosta diligentur, quad corpus Christi non est divellendum per illud triduum in loco sepulture, sine reponitum sit sub forma revtacdie et testibes sen custodibus circa illud paulis gibes adhibitia. Altoe vero, vbi bsbumendi custodia so praelembum vigilia non fuerit adhibita, sacerdos, finitis vesperis, corpus dominicam in cum salibum reconvente reportet reservaterium, vbi bono summe commentatur.

8. COMMEMORATIO DOMINICE RESURRECTIONIS.

IN NOCTE SANCTA PASCE SIC ELEVETUR CORPUS CHRISTI DE SEPULCHRO, SI ALIQUIBUS OPPIDANIS PLACUERIT SIC COMMEMORARI DOMINI RESURRECTIONEM

SACERDOS, [fol. XXXVb] indutus stola, cub palidibus matutinarum, antequam congregetur chorus, cum processione sibi pamorum adiacentiorum et duobus lamialibus, faribus eminnis diaonis, accendas tollas sacramentum de sepulchro et portet illud ad altare chori, et antequam tollat, dicatur psalmus:

1 Miserere mei deus, miserere mei: quoniam in te confidit anima mea. Et in vmbra alarum tuarum sperabo donec transeat iniquitas.

[cupus in finem psalmi:]

2 Gloria patri et filio etc. [et spiritui sancto.

Sicut erat in principio et nunc et semper et in secula seculorum. Amen.]

3 Kyrieleyson, Christeleyson, Kyrieleyson.

4 Pater noster.

Et ne nos inducas etc.

Verus:

5 In resurrectione tua, Christe, alleluia!

[Responsorium:]

Celum et terra letentur. Alleluia!

[Versus:]
6 Domine, exaudi orationem meam,
[Responsorium:]
Et clamor meus ad te veniat.
Versus:
7 Dominus vobiscum
[Responsorium:]
Et cum spiritu tuo.]
8 Oremus. Gregem tuum, pastor bone, placatus intende, et oues, quas precioso sanguine redemisti, diabolica ... incursione lacerari. Qui cum deo (patre et spiritu sancto vivis et regnas deus per omnia secula.]

Aspergatur, thurificetur ... ut ...

9 Cum rex glorie etc. [Christus, infernum debellaturus intraret,
Et chorus angelicus ante faciem eius portas principum tolli preciperet,
Sanctorum populus, qui tenebatur in morte captiuus, voce lachrymabili clamauerunt
Aduenisti desiderabilis, quem expectabamus in tenebris, vt educeres hac nocte vinculatos de claustris,
Te nostra vocabant suspiria,
Te larga requirebant lamenta,
Tu factus es spes desperatis, magna consolatio in tormentis.]

... OFFICIATOR ... cantet antiphonam:

10 Tollite portas, principes, vestras, et eleuamini porte eter[fol. XXXVIb]nales,
CHORUS:
Et introibit rex glorie.

... LEUITA IUNIOR ...

11 Quis est iste rex glorie?
CHORUS respondeat:
12 Dominus fortis et potens, dominus potens in prelio.

Secundo ... OFFICIATOR cantet antiphonam:

13 Tollite [portas, principes, vestras, et eleuamini porte eternales,]

vt supra, ... sub antiphonam ad iterum clamans, CHORO respondeat:

[Et introibit rex glorie.]
et LEUITA querens:
[14 Quis est iste rex glorie?]
et CHORO iterum respondeat, vt supra:
[15 Dominus fortis et potens, dominus potens in prelio.]

Tercio ... OFFICIATOR ... antiphonam:

[16 Tollite portas, principes, vestras, et eleuamini porte eternales,
CHORUS:
Et introibit rex glorie.]
et diaconus [seu LEUITA] dicat:
17 Quis est iste rex glorie?
CHORUS respondeat sub priori melodia:
18 Dominus virtutum iste est rex glorie.

... antiphona:

19 Cum rex glorie
...
20 Domine, probasti me et cognouisti me, tu cognouisti sessionem meam et resurrectionem meam.
[Psalmus canatur usque in finem.]
21 Gloria patri et filio et spiritui sancto,
Sicut erat in principio etc. [et nunc et semper et in secula seculorum. Amen.]
22 Kirieley[son,] Christe[leyson,] Kirieley[son.]
23 Pater noster.
Et ne nos indu[cas.]
Versus:
24 Surrexit dominus de sepulchro, alleluia!
Qui pro nobis etc. [pependit in ligno, alleluia!]
[Versus:]
25 Domine, exaudi [orationem meam,
Responsorium:
Et clamor meus ad te veniat.]
[Versus:]
26 Dominus vobiscum
[Responsorium:
Et cum spiritu tuo.]
27 Oremus. Deus, qui ad eternam vitam in Christi resurrectione nos reparas, erige nos ad consisentem in dextera tua nostre salutis auctorem, vt, qui propter nos iudicandus adueni(t), pro nobis iudicaturus adueniat Ihesus Christus, dominus noster, qui tecum etc. [vivit et regnat in vnitate spiritus sancti deus per omnia secula seculorum. Amen.]

Aspergatur sacramentum et ... quod in processione [fol. XXXVIIa] ... portatarum post ...

et ante altare deponerent, et thurificetur. Postea denique episcopus vel OFFICIATOR incensat sacramentum in capsa vel, si super hoc hebuntur licentia, in monstrantia, se vertendo ad populum, et cantat ter semper altius:

R̃. O vere digna hostia,
[per quam fracta sunt tartara:]
CHORO cum terminante:

[redempta plebe captivata,
redit ad vite premia.]

Quibus finitis, dominus episcopus cum officiator exuat et. Et incipiantur mutatoria et peragantur usque ad visitationem sepulchri, que fit post ultimum responsorium et ante Te deum laudamus.

5. AD VISITANDUM SEPULCHRUM IN DIE SANCTO PASCE.

Factis et cantatis mutationibus in choro, ad ultimum responsorium et cantando ipsum, fiat processionaliter, precedentibus duobus cerofarariis cum luminibus. ad locum sepulchri, vbi fit statio per chorum. DUO SACERDOTES, induti simpliciter camisiis super superliciis suis, repraesentantes mulieres, que manu remissant ad monumentum, remanent in choro, et hi, facta ultimo responsorio, cantant [mulieres cantant:]

1 Quis revoluet [nobis ab ostio lapidem, quem tegere sanctum cernimus sepulchrum?]

et sequitur. Quibus respondent DUO LEUITE, induti dalmaticis super superliciis suis, qui sedere debent in sepulchro, et repraesentant angelos, cantando [angeli cantant:]

2 Quem queritis, o etc. [tremule mulieres, in hoc tumulo plorantes?]

Tunc iterum DUO SACERDOTES in choro cantant [mulieres cantant:]

3 Ihesum crucifixum [Nazarenum quertens.]

Iterum respondent angeli, scilicet LEUITE in sepulchro, cantantes [angeli cantant:]

4 Non est hic, [quem queritis;
5 sed cito euntes nunciate discipulis eius et
Petro quia surrexit Ihesus.]

Tunc mulieres, scilicet DUO [fol. XXXVIIIb] SACERDOTES, in choro cantant [mulieres cantant:]

6 Ad monumentum venimus [gementes, angelum domini sedentem vidimus et dicentem quia surrexit Ihesus.]

Tunc DUO CANTORES incipiunt antiphonam [a cantores antiphonam:]

7 Currebant duo [simul,]
CHORO prosequente:

[et ille alius discipulus precucurrit citius
Petro et venit prior ad monumentum. Alleluia!]

Postquam statim DUO SENIORES SACERDOTES accedentes sepulchrum et linthorum sepulchri tollentes, ad chorum se vertentes et ostendentes cantant [sacerdotes cantant:]

8 Cernitis, o socij, [ecce, lintheamina et sudarium, et corpus non est in sepulchro inuentum.]

Quo finito, CANTORES ter cantant [a antiphonam [cantores ter cantant, semper altius incipiendo antiphonam:]

9 Surrexit dominus de sepulchro,
semper altius incipiendo et CHORO prosequente:
qui pro [nobis pependit in ligno. Alleluia!]

Officiator accedit ad altare, asperguendo et thurificando crucifixum. Deinde crucifixum reportatur ad locum suum solitum et CHORO cantat:

10 Victime paschali
cum cantico:
11 Cristi ini creiandor etc.
[Sequitur:]
12 Te deum laudamus[]

Formabitur tamen alijs, qui forsan huiusmodi personas non habent, vt suis alijs personis et etiam mortbus huiusmodi locum et dimensio, huiusmodi visitationem sepulchri sequuntur.

Anhang III, 1, 1 vgl. anh. 1, 1, 19. 21. 23.   III. 1, 3 vgl. anh. 1, 1, 84.   III, 1, 3 vgl. Daniel, Thesaurus hymnol. I, 161; Mone, Lat. hymnen n° 101; Wackernagel, Das deutsche kirchenlied I, 64.   III, 1, 7 oorb cr. Lokus 23, 39. 20.   III, 1, 9 vgl. anh. 1, 1, 31.   III, 1, 11 vgl. anh. 1, 1, 33.   III, 8, 1 vgl. anh. 1, 1, 65.   III, 8, 3 vgl anh. 1, 2, 8.   III, 2, 9 Augustinus, Serm. de temp. 187; vgl. Daniel, Thesaurus hymnol. II, 316.   III, 8, 10—18 nach psalm 84, 7—10 und cr. Nicacoul [ed. Timbrendorf] cap. XXXIII; vgl. anim a. 120.   III, 8, 20 psalm 196.   III, 8, 25 vgl. anh. 1, 2, 6   III, 2, 80 Daniel, Thesaurus hymnol. I, 87; Mone, Lat. hymnen no 101; Wackernagel, Das deutsche kirchenlied I, 81; vgl. anh. VI, 2. 10.

Die schlusschrift der mit miniulbuchstaben schwarz und rot gedruckten agende, aus welcher die vorstehenden rituale herrühren, lautet fol. xcv a: Obsequialis sed'm dioecesis Augustsd. more) apprime laudabilem opusculum pro sacram° iorum et sacramentalium administratione ne-cessarium: et ad veterä exemplarium instar fide li studio vigilantiaq cura emendatum atq̃ re uisuȝ explieti feliciter: Erhardi ratdolz Augu- ster. viri solertis exinia industria: et mira im-primendi arte: qua nap venetijs: nunc Au- guste excollen aequisitissimer. Cal. february. | Anno salutis. M.cccc.lxxxvij.   Laus deo et virgini diue 4°.

Das karfreitagsrituale ist von demjenigen im anhange I, 1 mitgeteilten in mehrfacher hinsicht verschieden. Diese verschiedenheit entstand jedoch zum teil nur durch unterdrückung einzelner als bekannt vorausgesetzter und deshalb einer besonderen aufzeichnung nicht bedürftiger abschnitte, welche dort dagegen vollständig mit aufgenommen waren. Man beschränkte sich eben hier auf die wiedergabe derjenigen partien, welche die geistlichen wegen mangelhaften studiums der messbücher nicht ordentlich kannten und irrtümern verfallen waren, ,propter tales errores evitandos' (vgl. anh. III, 1, 1). Daher brauchte der anfang des rituales mit den worten ,In primis, postquam chorus se expediuerit de lectionibus, orationibus et canticis, prout in missali traditur' und durch verweisung auf das messbuch zur angedeutet zu werden, so dass die aufzeichnung erst da beginnt, wo erfahrungsmässig irrtümer vorzukommen pflegten. Von da an (anh. III, 1, 1—14) stimmt es im wesentlichen mit anh. I, 1, 23—34 (nur die gebete bei der adoratio crucis sind als besondere eigentümlichkeiten der verschiedenen diözesen verschieden) überein und wird darum aus diesem nach vorne hin ergänzt werden dürfen. Die kommunion geschieht darnach im ersteren schweigend (vgl. anh. I, 1, 35), in letzterem unter hersagung der worte des priesters anh. III, 1, 15—17. Alsdann findet die niederlegung der hostie im grabe statt und das dazu gehörige ritual, welchen sich anh. I, 1, 36—44 vorfindet, ist im vorliegenden wiederum nur mit den worten ,Post sumptionem calicis, si assuet preparati ad comunicandum, comunicent in timore dei, et post ea procoditur statim ad locum, ubi habetur memoria dominice sepulture' angedeutet worden. Ganz identisch scheinen jedoch die beiden rituale in diesem abschnitt nicht gewesen zu sein, da das responsorium *Recessit pastor* anh. III, 1, 18 in jenem fehlt.

Sehr abweichend von dem früheren ist jedoch das zweite, die elevatio corporis Christi in nocte sancta pasce betreffende rituale. Jenes enthielt mehrere responsorien, die in den deutsch-lateinischen osterspielen bei der szene, welche die eigentliche auferstehung Jesu behandelt, benutzt worden sind, so besonders das *Ego dormivi* anh. I, 2, 12. Anstatt dieser bietet uns dagegen das vorliegende in dem abschnitt anh. III, 2, 9—19 die grundlage für die dramatische darstellung der discensio Iesu ad inferos und zwar in einer hier schon durch die verteilung der rollen, den ort und die weise des vortrags so dramatischen verfassung, dass sie, von den deutschen übertragungen abgesehen, beinahe unverändert im drama wiedergefunden wird und sicherlich eine der grossartigsten und wirkungsvollsten episoden desselben ausmachte. Das ritual selbst ist hervorgegangen aus der dem Serm. de temp. 137 des Augustinus entlehnten antifone *Cum rex glorias* etc. (vgl. Daniel, Thesaurus hymnologicus II, pag. 315), und dem schlussverse des 24. psalms 7 *Attollite portas, principes, vestras, et elevamini portae aeternales, et introibit rex glorias.* R *Quis est iste rex gloriae? Dominus fortis et potens, dominus potens in prœlio.* 9 *Attollite portas, principes, vestras, et elevamini portae aeternales, et introibit rex glorias.* 10 *Quis est iste rex gloriae? Dominus virtutum, ipse est rex gloriae,* vgl. ev. Nicodemi (ed. Tischendorf) cap. XXIII. Diese verse sind im rituale an den episcopus oder officiator, welcher Kristum, den kor, welcher die Jesum begleitenden engel, und den levita, der den teufel vertritt, ausgeteilt; in gestalt einer procession sieht man, voran das sakrament von einem priester, dass das kruzifix von der beichorzunft getragen, zur äussersten kirchenpforte, welche verschlossen ist und das höllentor darstellen soll, hinter dem sich der levita an Lucifers stelle befindet. Während des zuges wird die antifone *Cum rex glorias* etc. gesungen, von welcher die zweite hälfte (*Advenisti* etc.) dem die ankunft des herrn erkennenden Adam in den schauspielen zugewiesen zu werden pflegt. Bei der tür angekommen, singt der episcopus oder officiator *Tollite portas* etc., indem der kor einfällt *Et introibit* etc., der levita mit rauher stimme fragt *Quis est iste rex gloriae?* und der kor wiederum antwortet *Dominus fortis* etc. Dieser wechselgesang wird dreimal wiederholt, jedesmal in einer höheren, die steigende erregung gleichsam eines kampfes ausdrückenden tonlage, wobei der bischof zuerst einmal, dann zweimal, zuletzt dreimal mit seinem stabe auf die pforte schlägt. Nach dem dritten gesange öffnet sich die türe (im schauspiel pflegt sie eingeschlossen oder eingetreten zu werden) und die prozession zieht, wie sie gekommen, zum altar im kor der kirche zurück, wo die feier nach einigen responsorien und einem gebet mit der strofe *O vere digne hostia* endigt (im schauspiel schließt dieser auftritt mit der hinüberführung der seligen ins himmelreich durch Jesum[1]).

Dieses rituale zeigt uns auf das schlagendste, welcher art eine mit dieser, durch die worte ,in sacra nocte dominicae resurrectionis ad aufollendam crucifixi imaginem de sepulcro' des vormaer synodalbeschlusses bezeichneten, kirchlichen feier zu verbindende dramatische darstellung gewesen sein müsste, und dass unsere lateinische dramatische osterfeier, — was Freytag, Griesshaber, Alt, Haass und Wilken doch wollten, — nach der dogmatischen anschauung des mittelalters absolut nicht mit derselben in beziehung gesetzt werden kann. Zugleich aber enthält das *Obsequiale diocesis augustensis* die *visitatio sepulchri* in die sancto pascae, d. i. unsere lateinisch-dramatische osterfeier und zwar verknüpft mit der matutin des ersten ostertages, in welcher sie, wiederum mit auslassung des eigentlichen bekannten rituales, nach dem dritten responsorium und vor dem *Te deum laudamus* eingeschaltet erscheint, vgl. anh. III, 2 am schlusse. Sie findet sich im druck doppelt verzeichnet, zuerst fol. xxxviii a b eine ausführliche beschreibung der ganzen zeremonie, in welcher die gesungenen sätze nur durch die anfangsworte bezeichnet sind, und unmittelbar darauf der vollständige text mit musiknoten. Beide sind im voranstehenden abdruck so mit einander verbunden, dass die aus der zweiten, im texte vollständigen, darstellung sich ergebenden ergänzungen der ersteren in eckigen klammern hinzugefügt wurden. Die abfassung des dramas ist im ganzen mit derjenigen in den stücken IKLN in der zweiten gruppe gleichlautend, nur dass hier noch die sequenz *Victimae paschali* anh. III, 3, 10 und in verbindung damit das lied *Crist ist erstanden* etc. als bemerkenswerte neuerungen hinzukommen, neben denen die verteilung des *Chorvebant duo simul*, anh. III, 3, 7, an die apostel und den kor besonders deshalb interessant ist, weil die älteren erhaltenen denkmäler das ganze entweder den aposteln (LM), oder dem kore (IKNB) allein zuweisen und eine teilung dieses satzes an beide bisher nur aus dem französischen osterspiel Les trois Maries (vgl. Commemaker, Drames liturgiques p. 279) bekannt war. — Zu beachten ist auch die schlussbemerkung, der zufolge es bei solchen kirchen, welche die zu dieser aufführung notwendige zahl von geistlichen nicht hatten, erlaubt war, personen des laienstandes in derselben mitwirken zu lassen.

IV.

ORDO AUGUSTENSIS II, 1580.

2. ORDO SERVANDUS AD VISITANDUM SEPULCHRUM, UT VOCANT, IN DIE SANCTO PASCHAE.

Peractis, ut dictum est, in choro matutinis, et procumtibus duabus caroltariis, cum solennis protendo ad sepulchrum domini tendit, cantatur hievus invitans et visim tuo responsorium, et stadie apud imum capellari ab omnibus celebratur. Ubi servari solet ceremonia quaedam in maioribus ecclesiis, ut piarum mulierum, angelorum et apostolorum, qui circa sepulchrum domini versabantur, quaedam fiat repraesentatio, eoque convenienter et commodius, ubi fieri solet, raticentur. In persona mulierum i QUIBUSDAM [SACERDOTIBUS' hoc votari ex more cantatur in choro:

---

[1]. Für das germanistere ist es von speziellem interesse, dass in den deutsch-lateinischen osterspielen in dieser etwas besonders die Urstende (vgl. Hahn, Gedichte des XII. und XIII. jahrhunderte, s 133, v 8 ff.) und die Krönung (bay von K. Bartsch, v 4008 ff.) benutzt worden sind. Das genauere hierüber werde ich im folgenden kapitel darzulegen haben.

17*

1 Quis revolvet nobis ab [p. 605a] ostio lapidem, quem tegere sanctum cernimus sepulchrum?

ANGELI verò in sepulchro cantant sequenti modo:

2 Quem quaeritis, o tremula mulierem, in hoc tumulo plorantes?

Respondent MVLIERES illorum in choro:

3 [p. 606] Jesum crucifixum Nazarenum quaerimus.

Rursus ANGELI de sepulchro cantant:

4 Non est hic, quem quaeritis; 5 sed cito euntes nunciate discipulis eius et Petro quia surrexit Iesus.

.p. 607 Iterum autem in persona MVLIERVM ex choro cantatur:

6 Ad monumentum venimus gementes, angelum domini sedentem vidimus et dicentem quia surrexit Iesus.

CHORUS ita cantat:

7 Currebant duo simul et ille [p. 608] alius

discipulus praecucurrit citius Petro et venit prior ad monumentum. Alleluia!

Requies cantat APOSTOLORVM ante ingressum sepulchri:

8 Cernitis, o socij, ecce linthea-[p. 609]mina et sudarium, et corpus non est in sepulchro inuentum.

Porrovvo CHORVS ter cantat et subinde altius incipit hanc versum:

9 Surrexit dominus de sepulchro, qui pro nobis pependit in ligno. Alleluia!

p. 600 Sacerdos interim ad altare prouoluit et thurificationem facit venerabili sacramento et imaginei crucifixi, que in loco aliquo, vbi servari aliquoplo solet, reponitur. Hinc cantat CHORVS notam sequentem:

10 Victimae paschali etc.

et cinqualia alius veruditas interpanitur cantionem germanicam, quod alias à populo celebriter domatatur:

11 Christ ist erstanden.

Postrevvò à CHORVS devantatur:

12 Te deum laudamus.

Die vorstehende dramatische osterfeier findet sich in dem RITVS ECCLE-;SIASTICI AVGVSTEN-SIS | EPISCOPATVS, TRIBVS PARTI- bus sine libris comprobatari, nuncque | primùm recogniti, editi atque | promulgati. | AVCTORITATE REVE-rendiJ. J Illustriſ. in Christo Patris ac | Domini D. MARQVARDI Epi- scopi Augustensis, J' Prepo- siti Bomberyensis. | DILINGÆ | Excudebat Ioannes Mayer. | M. D. LXXX. 4°. Dieselbe agende enthält nach einem Ordo servandvs feria sexta parasceues pag. 515—517 und einen Ordo ad elevandam crucem de sepulchro in sancta nocte paschae, qui dicitur et commemoratio dominicae resurrectionis pag. 502—503 zum teil mit musiknoten. von denen sich der erstere von dem im sah. III, 1 mitgeteilten nur durch grössere kürze (er besteht nur aus dem hymnus Crux fidelis und den drei zur adoratio crucis gehörenden gebeten. sah. III, 1, 3—5) unterscheidet, während der andere mit dem rituale sah. III, 2 bis auf die den geistlichen instruierenden stellen ganz identisch ist, so dass eine wiederholung derselben überflüssig erschien. Auch die voranstehende osterfeier hat ihre um fast ein jahrhundert ältere vorlage sah. III, 3 bis auf die spielanweisungen unverändert erhalten nur dass hier jene kleinen nuancen im vortrag des Currebant duo simul etc. und des Surrexit dominus de sepulchro etc. wieder verwischt sind. Die sequenz Victimae paschali und das Christ ist erstanden werden, was aus der spielanweisung des älteren druckes nicht zu erkennen war, so gesungen, dass je eine strofe der sequenz mit einer solchen des deutschen liedes, bei welchem das volk, die gemeinde, mit elastimmte, wechselte. Bekanntlich hat Hoffmann aus der anwendung dieses, auch das verschollene klosterneuburger drama beschliessenden, liedes geschlossen, dass dasselbe zum teil in deutscher sprache abgefasst gewesen sein möchte (vgl. ob. s. 26 und anm. 6); wir sehen jedoch aus diesen beiden so viel späteren augsburger stücken, dass das vorkommen des deutschen liedes allein zu einer so weit gehenden folgerung keineswegs schon berechtigt. Das lied selbst gehört zu den ältesten volksmässigen deutschen kirchengesängen und kommt in zahlreichen verschiedenen versionen vor, die Hoffmann in seiner Geschichte des deutschen kirchenliedes, 3. ausg., unter no 9. 80—85 und 92 zuerst bekannt gemacht hat. Auch in diesem Ritvs ecclesiastici avgvstensis episcopatvs findet sich im neunten kapitel, welches De germanicis cantionibus populo in ecclesia permittendis handelt, auf s. 98, 99 ein abdruck desselben, der im texte und in der anordnung der strofen mit demjenigen bei Wackernagel, Das deutsche kirchenlied II, no 946 vollständig übereinstimmt und ohne zweifel dieselbe fassung darbietet, welche in der voranstehenden dramatischen lateinischen osterfeier gebraucht wurde.

V.

V, BIGOT, XIII. JHDT.

OMNIA FESTIVE FIANT IN NOCTE PASCHE
ANTE TE DEUM LAUDAMUS.

TRES MULIERES ad introitum chori, hanc antiphonam cantantes usque ad sepulchrum:

1 Quis revolvet nobis lapidem ab ostio monumenti?

Hoc dicto, QUIDAM PUER, loco angeli, albis indutus, tenens palmam in manu ante sepulchrum dicat:

2 Quem queritis in sepulchro, o christicole?

Tunc MULIERES respondeant:

3 Ihesum Nazarenum crucifixum, o celicola.

Iterum ANGELUS, aperiens sepulchrum, dicat hos versibus:

4 Non est hic, surrexit enim sicut dixit;

5 Venite et videte locum, ubi positus fuerat,

6 et cantes dicite discipulis eius et Petro quia surrexit.

Tunc, angelo obtinente claustrando, mulieres intrent sepulchrum; dum non invenient, dicant DUO RESIDENTES:

7 Mulier, quid ploras?

Tunc una ex illis, loco MARIE MAGDALENE, respondeat:

8 Quia tulerunt dominum meum et nescio, ubi posuerunt eum.

DUO ANGELI, istas sepulchrum ostendentes, ita cantent:

9 Quem queritis? viventem cum mortuis? non est hic, sed surrexit!

10 Recordamini, qualiter locutus est vobis, dum adhuc in Galilea esset, vobis dicens, quia oportet, filium hominis pati et crucifigi et die tercia resurgere.

Hoc dicto, Marie exeant de sepulchro. Post apparent DOMINUS in sinistro cornu altaris, dicat vero illis dicens:

11 Mulier, quid ploras? quem queris?

Tunc convertet ad eum dicens [L dicat MARIA MAGDALENA:]

12 Domine, si tu sustulisti eum, dicito michi, et ego eum tollam.

Hic ostendat crucem [er. DOMINUS] et dicat:

13 Maria!

Que, ut audierit, cito se offerat pedibus eius, clamando [er. MARIA MAGDALENA:]

14 Rabboni!

Ipse [er. DOMINUS] vero recrotrahens, dicat hec:

15 Noli me tangere: nondum enim ascendi ad patrem meum, vade autem ad fratres meos et dic eis Ascendo ad patrem meum et patrem vestrum, deum meum et deum vestrum.

Iterum DOMINUS in dextra cornu altaris apparens dicens:

16 Avete! nolite timere: ite, nunciate fratribus meis, ut eant in Galileam; ibi me videbunt.

Tunc, domino discedente, TRES MARIE ad chorum loquentes, dirigentes hanc alte voce:

17 Alleluia! Resurrexit dominus! Surrexit leo fortis, Christus, filius dei.

et CHORUS dicat:

18 Te deum laudamus.

Post dicatur a tribus clericis, collocat ab illis MARIIS pro femebusemen:

19 Resurgente etc.

VI.

ORDO WIRCEBURGENSIS II, 1564.

1. IN FERIA SEXTA PARASCEVES.

FERIA SEXTa in parasceve SACERDOS cum ministris diaconali, crucem dextra rubea coopertam, et ante crucem candelas deferendo incipiat, paulatim procedentes:

1 Popule meus, quid) feci tibi, aut in quo contristavi te? responde michi, quia eduxi te de terra Egipti,

CHORUS:

Pa(lei. CLXXVIIa)raus crucem salvatori tuo?

Postes DUO IUUENES maism:

2 Agyos o theos, Agyos yschyrus, Agyos athanathos eleyson ymas.

CHORUS respondet:

3 Sanctus deus. Sanctus fortis. Sanctus immortalis [fol. CLXXVIIb] miserere nobis.

Pro secunda statione SACERDOS incipit antiphonam:

4 Quia eduxi te per desertum quadraginta annos et manna cibaui te et introduxi in terram satis optimam,

CHORUS:]

Para[a]ti crucem saluatori tuo?]

Respicitur [w. DUO IUUENES cantant:]

5 Agyos,

et [CHORUS respondet:]

6 Sanctus.

et supra. Pro tertia statione SACERDOS:]

7 Quid ultra debui facere tibi et [fol. CLXXVIIIa] non feci? ego quidem plantaui te, uineam meam speciosissimam, et tu facta es mihi nimis amara, aceto namque sitim meam potasti, et lancea perforasti latus

CHORUS:

Salußtoris tui.

Respicitur [w. DUO IUUENES cantant:]

8 Agyos,

et [CHORUS respondet:]

9 Sanctus.

et supra. Quibus finitis, SACERDOS cum MINISTRIS, bracchiis nudatis crucem, cantant:

10 [fol. CLXXVIIIb] Ecce lignum crucis, in quo salus mundi pependit: venite, adoremus.

et CHORUS respondens versum:

11 Beati immaculati in via, qui ambulant in lege domini.

et hoc ter tribus vicibus, SACERDON respondens:

12 Ecce lignum.

Deinde ponant ipsam crucem in locum preparatum, et adoretur antiphona:

13 Dum fabricator mundi,

antiphona:

14 O admirabilis,

et hymno:

15 Crux fidelis,

Interim subinctio, infra quam SACERDOS tres genuflexiones crucem adorando facint. In prima genuflexione oratio:

16 [fol. CLXXIXa] Domine Iesu Christe, deus verus de deo vero etc.

[fol. CLXXIXb] In secunda genuflexione oratio:

17 Domine Iesu Christe, qui Moysi, famulo tuo, in vita squalentis etc.

In tertia genuflexione oratio:

18 Domine Iesu Christe, qui non per crucem passionem hodiernam die etc.

Quo finito, redeant ad chorum, relicta cruce in loco suo, et sacerdos et ministri reinduamur indumentis. Et SACERDOS induta casula, corpus domini cum calice et corpore[?] earundem deferat super altare, humine et lavrum promptis. ad peragendum officium (missae), restaumis missam saex:

19 Hoc corpus, quod pro vobis tradetur, hic calix novi testamenti est [fol. CLXXXb] in meo sanguine, dicit dominus: hoc facite, quotienscumque sumitis, in meam commemorationem.

Deinde sacerdos peraget officium (missae), et paxat in missali, qua finita et populo communicato, PRESBYTER cum MINISTRIS, elevatos crucem, lavramo et lumine procedentibus ad locum sepulchri cantio [et versus cantantes:

20 Ecce, quomodo moritur iustus et nemo percipit corde viri iusti tol[fol. CLXXXIa]lantur, et nemo considerat à facie iniquitatis ablatus est iustus,

Responsorium:]

Et erit in pace memoria eius.

Versus:]

21 In pace factus est locus eius et in Sion habitatio eius.

[Responsorium:]

Et [erit in pace memoria eius.]

Responsorium [versus:]

22 Sicut ouis ad occisionem ductus [fol. CLXXXIb] est et, dum male tractaretur, non aperuit os suum.

[Responsorium:]

Traditus est ad mortem, et uiuificaret populum suum.

Versus:]

23 In pace factus est locus eius etc.

[Responsorium:]

Tra[ditus est ad mortem etc.]

Imposita cruce in sepulchrum et cooperta, sacerdos thurificent et aqua benedicta aspergat. Et tunc cantatur responsorium [versus:]

24 [fol. CLXXXIIa] Sepulto domino, signatam est monumentum, voluentes lapidem ad ostium monumenti.

[Responsorium:]

Ponentes milites, qui custodirent eum.

Versus:]

25 Ne forte veniant discipuli eius et furentur eum et dicant plebi, surrexit a mortuis.

[Responsorium:]

Pone[ntes milites, qui custodirent eum.]

Finito responsorio, PRESBYTER dicat versum:]

26 In pace factus est locus eius,

Respondeant CETERI:

Et in Sion habitatio eius.

2. ORDO AD ELEUANDAM CRUCEM DE SEPULCHRO IN SANCTA NOCTE PASCHAE.

Primo, cum ante matutinarum psalmdicam domini ad elemationem crucis fuerint congregati, duobus sibi carreferatijs praecuntibus, ad sepulchri locum descendant et ibidem legant psalmum 5. silicet:

1 Domine, quid multiplicati.

Psalmus 117:

2 Confitemini domino, quoniam bonus, quon:

Psalmus 116:

3 Laudate dominum omnes gentes.

et psalmus 138:

4 Domine, probasti me etc.

Quibus dictis, dicatur antiphona:

5 Ego dormiui et somnum cepi, et exurrexi, quoniam dominus suscepit me. Alleluia, alleluia.

Deinde thuribulum apprehendens et incendens, accipiens sacramentum (et) alium sacerdos accipiet crucem et cum processione [fol. CCXb] vadunt ad summum altare, ibidem sacramentum ludando et subinlens cum cuncto cantatur antiphona:

6 Cum rex gloriae etc.

Et postquam sacramentum reseratur locatum fuerit, cum eadem processione itur ad locum ecclesiae et incurtur, cum crece ad quamlibet ianuam ter trudendo, dicat:

7 Tollite portas, principes, vestras et eleuamini portae aeternales.

Tunc alius, intus SATHANAE, fariс locum respondeat:

8 Quis est iste rex gloriae?

SACERDOS dicat:

9 Dominus fortis et potens, dominus potens in praelio.

[fol. CCXIa] Quibus completis, ponatur crux ante summum altare, ut ibi ab omni clero et populo adoretur, et interea ob renouationem sacramenti flexis genibus hij cantentur versus ex hymno. Ad cenam agni:

10 O vere digna hostia,
per quam fracta sunt tartara,
redempta plebs captiuata,
redit ad vitae praemia.
Cum surgit Christus tumulo,
victor redit de barathro,
tyrannum trudens vinculo
et reserans paradisum.
Quaesumus, auctor omnium,
in hoc paschali gaudio,
ab omni mortis impetu
tuam defende populum.
Gloria tibi, domine,
qui surrexisti à mortuis,
cum patre et sancto spiritu
in sempiterna secula. Amen.

Quibus dictis, incipiatur prosa vel sequentia:

11 Victimae paschali laudes immolent christiani.

Et POPULUS ad quamlibet versum semper eam vulgarem cantilenam subiungat cantando:

12 Christ ist erstanden etc.

Hic finita, incipiantur ad matutinum.

Anhang VI, 1, 1—16 vgl. anh. I, 1, 10—19. 21 · 20.
57, 1.   VI, 1, 21 vgl anh I, 1, 25. 64.   VI, 1, 23—24 vgl. anh I, 1, 65. 66. 59   VI, 1, 25 nach ev. Matth. 27, 64.
VI, 1, 26 vgl. VI, 1, 21.   VI, 2, 5 vgl. anh. 1, 2, 14.   VI, 2, 6 · 9 vgl. anh. III, 2, 9—16.   VI, 2, 16, vgl.
anh. III, 2, 23.

VI, 1, 19 vgl. anh. III, 1, 7.   VI, 1, 20 nach Esaias

Aus der AGEN-DA ECCLE-SIASTICA, SECVN-DVM VSVM ECCLESIAE, | VVyrczeburgensis. | Quae Caeremoniae, Bene-dictiones alijq) ritus mystici, qui maxi-me circa diuinorum Sacramentorum | administrationem obseruandi sta) v-surpandi sunt, comprehenduntur. | Iussu & authoritate Reuerendissimi | in Christo patris ac Domini, D. FRI-DERICI Episcopi VVyrczeburgen. | & orientalis Franciae Ducis inclyti, denuò diligenter recognita, & plu-rimis in locis cum pijs quibusdam | orationibus, tum vulgaribus ad populum exhortationibus aucta | & illustrata. 2°. Datum der Praefatio: VVyrczeburgo die 27. Mensis Iunij, Anno Domini 1564. Auch mit anderer vorrede (TYPOGRAPHVS AD CHRISTIANVM LECTOREM.) unter dem titel AGEN-DA ECCLE-SIASTICA, SIVE | Caeremoniarum, Bene-dictionum aliorumque mysticorum ri-tuum, quibus Catholica Ecclesia maxi-me circa diuinorum Sacramentorum | administrationem vti solita est, | LIBER: | Plurimis in locis cum pijs quibusdam | Orationibus, tum vulgaribus ad popu-lum exhortationibus ita auctus & illu-stratus: vt facile in quoslibet Dioecesi | ab omnibus pijs Sacerdotibus ac | pastoribus obseruari atque | vsurpari possit. | VVYRZEBVRGI | Excudebat Ioannes Hamman, Anno Dni. | M. D. LXIIII.

2°. Diese beiden rituale stimmen mit den in anh. I, 1, 2 abgedruckten der hauptsache nach überein und es ist daher nicht unwahrscheinlich, dass die letzteren ebenfalls aus Würzburg stammen. Ich habe mich nach langem bedenken dennoch zu ihrer aufnahme entschlossen, weil sie in den oster- und passionsspielen der ausgangspunkt oder die grundlage einiger szenen geworden sind und der einblick in die vollständige rituale und zeremonien erst eine richtige anschanung über das gegenseitige verhältnis von kirche und schauspiel hervorbringen wird, was die an den besäglichen stellen ausserhalb ihres zusammenhanges angeführten responsorien etc. allein nicht vermöchten. L'ohordien enthalten diese rituale auch mehrere wichtige responsorien, welche in den früheren fehlten. Anh. VI, 1, 20 *Ecce quomodo moritur iustus* etc. werden wir in den passionspielen in der die bestattung des leichnams Jesu behandelnden szene wiederholt antreffen, wie wir anh. VI, 1, 20 *No forte veniant discipuli* etc. als den ausgangspunkt für den ersten akt des mysteriums aus Tours schon kennen gelernt haben, vgl. oben s. 112. Aber auch für die lateinischen osterfeiern sind sie nicht ohne interesse. Durch die aufnahme der vollständigen sequenz *Victimae paschali* und des vom volke mit gesungenen *Christ ist erstanden* ist die offizielle auferstehungsfeier gegen die regel aus der matutin in die feier der kreuzerhebung verlegt worden, welche sonst ganz in der stille vor tagesanbruch und vor ankunft der gemeinde von den klostergeistlichen allein begangen zu werden pflegte. Und wenn die im anh. I, 1, 2, 3 mitgeteilten rituale sich wirklich als aus Würzburg herrührend ergeben, so erhalten wir hier zugleich ein zeugnis, dass in dieser diözese die noch am ende des 15. jahrhunderts übliche dramatische osterfeier im jahre 1564 aufgegeben war und dafür die gemeinde schon bei der kreuzerhebung zugelassen wurde, an der sie durch die mit dem *Tollite portas* etc. (anh. VL 2, 7 f.) verbundene prozession und die abwägung der sequenz und des *Christ ist erstanden* tätigen anteil nahm. — Der hymnus *Ad cenam agni providi*, jedoch ohne die letzte strofe, steht bei Daniel, Thesaurus hymnologicum I, pag. 87; bei Wackernagel, Das deutsche kirchenlied I, s. 81 fehlt auch die vorletzte; ob Mone no 161 vollständig ist, kann ich, da mir der leider sehr einiger zeit vorgriffene erste band seiner lateinischen hymnen fehlt, nicht angeben.

Auch das ORSEQVIALE SI-VE BENEDICTIONALE, | QVOD AGENDAM APPELLANT SE- cundum ritum & consuetudinem S. Metropolitanae | Pragensis Ecclesiae. | PRAGÆ, | APVD MICHAELEM PETERLE. M. D. LXXXV. 2° enthält die obigen rituale in die paraeceves fol. cxxI b ff., De sepultura domini fol. cxxviii a ff. als unmittelbare fortsetzung jenes und De sepulchri visitatione in nocte sancta paschali fol. cxIII a ff. Die ersten beiden sind der obigen im ganzen gleich und auch hier erscheint das *No forte veniant discipuli* etc., das letzte dagegen ist von dem obigen völlig verschieden und nur etwa wegen der darin vorkommenden antifonen *Regina caeli* (vgl. Daniel, Thesaurus hymnologicum II, 319) und *Speciosa facta est et suavis in deliciis tuis* für die passionsspiele von bedeutung.

Die von Dreux verzeichnete Visitatio sepulchri in nocte paschalis, welche oben s. 95 als noch nicht näher bekannt erwähnt wurde und in der wiener pergamenthandschrift no XXIII, einem missale aus dem 15. jahrhundert, pag. 46. 47 steht, ist, wie ich aus einer mir von herrn dr Bauer in Wien gütigst mitgeteilten abschrift ersehe, ebenfalls nur ein rituale ohne dramatische darstellung und ohne irgendwelche für die geschichte des geistlichen schauspiels bemerkenswerte texte oder gebräuche.